技术入股

温 明　张 军◎编著

知识产权出版社
全国百佳图书出版单位
——北京——

图书在版编目（CIP）数据

技术入股/温明，张军编著. —北京：知识产权出版社，2022.1
ISBN 978 - 7 - 5130 - 7777 - 4

Ⅰ.①技… Ⅱ.①温… ②张… Ⅲ.①技术入股—企业法—研究—中国 Ⅳ.①D922.291.914

中国版本图书馆 CIP 数据核字（2021）第 208006 号

内容提要

本书聚焦以技术成果入股（包括出资、增资、股权置换）这一类实操业务，从界定出资主体的范围入手，结合各地的实践，对技术标的、出资比例、财税环节、国有资产处理、相关风险等内容进行了系统的揭示。全书附列了中央、地方与技术入股相关的法律法规和地方规范性意见，为相关从业人员深入了解技术入股的实务、流程以及现行法规政策提供了必要参考。

责任编辑：卢海鹰　　　　　　　　　　责任校对：谷　洋

执行编辑：武　伟　　　　　　　　　　责任印制：刘译文

技术入股

温　明　张　军　编著

出版发行：知识产权出版社 有限责任公司	网　　址：http：//www.ipph.cn
社　　址：北京市海淀区气象路 50 号院	邮　　编：100081
责编电话：010－82000860 转 8122	责编邮箱：lueagle@126.com
发行电话：010－82000860 转 8101/8102	发行传真：010－82000893/82005070/82000270
印　　刷：天津嘉恒印务有限公司	经　　销：各大网上书店、新华书店及相关专业书店
开　　本：720mm×960mm　1/16	印　　张：15.5
版　　次：2022 年 1 月第 1 版	印　　次：2022 年 1 月第 1 次印刷
字　　数：360 千字	定　　价：88.00 元

ISBN 978 - 7 - 5130 - 7777 - 4

序

技术入股是市场主体的法定出资形式之一，也是一种重要的技术成果转移转化方式。通过技术入股，企业不仅可以引进先进技术，增加资本和信用保障，而且可以通过股权激励的方式留住技术人才，充分吸纳、整合其所带来的外部资源。技术入股后各方"共同投资、共同经营、共担风险、共负盈亏"，可促使科研人员尽到最大的勤勉义务，有效参与收益的分配，最大限度地实现自身价值。国家和地方高度重视技术入股，积极修改法律法规，不断出台配套政策措施，逐步破除制度性障碍。科技型企业、科研院所、高校、科研工作者等各方对技术入股给予了前所未有的关注。

近年来，有越来越多的客户前来咨询、委托办理技术入股事宜，几乎每次交流后都深深为当事人捏一把汗：委托人往往对自身的权利义务认识不够充分、透彻，处置上往往过于简单、笼统，操作欠缺周密细致的安排和统筹。技术入股在法律上较为复杂，涉及各类市场主体法、知识产权法、合同法、担保法、税法等多部门法律以及相关经验的综合运用和细节上的技术性处理。与有形物、货币不同，技术成果还存在法律交付和事实交付的区别，其出资入股完全不同于物质资本那样现实、确切，这给企业资本确定、资本维持、资本不变等原则带来了一定的挑战，由此也给当事人增添了特殊权利、特殊义务与特殊的法律责任。实践中，技术入股的当事人甚至包括个别法律工作者对部分法律的理解和适用也不尽统一，易于忽略或不能正确处理上述特殊性，无法有效识别和控制风险，如简单类比有形物出资订立协议条款、制作法律文件，加之入股程序上的复杂性，在细节上很容易产生疏漏和分歧，甚至酿成未来纠纷隐患。

借助本书创作的机会，作者基于之前的业务积累，收集、梳理了技术入股基本的内容、程序和相关法律文件，对相关风险进行了系统、充分的揭示，特别是对一些具体的、难以确定的且有普遍性的问题，在通过深度的文献与案例研究、法规调研，或专门走访、咨询专家和政府主管部门的基础上，作了核实解答，并就各地的不同做法如实进行了记录。

全书最突出的特点有两点：其一是"实"。通篇以务实为第一要务，内容来源于法律、法规、规范性文件的现行规定，经过实践验证的现实操作和主管部门的指导意见，力求实用，可操作性强。全书写作基于客观存在，杜绝掺杂主观判断成分。其二是"全"。第一，所涉及的技术类型全面，专利、技术秘密、植物新品种等权利类型全部覆盖；第二，涉及的市场主体类型全面，不仅聚焦于公司这一主要商事主体，还兼顾到合伙企业、农民专业合作社等主体，全面覆盖了所有工商登记的主体；第三，对程序的归纳全面，就技术入股实务流程进行了准确复盘，不遗漏环节、事项，且不冗赘；第四，撰写的视角全面，摆脱了以往技术入股作品大多仅局限于公司法等单一层面进行研究探讨的定势，从技术合同管理、国资处置、工商行政管理、税法等多角度触及技术入股，以满足读者的多方需求；第五，汇编的法规、规范性文件全面，包括国家行政地域范围内，上自国家法律，下至地方主管部门的规范性文件，已更新至 2021 年，时空两方面都尽量做到全面覆盖。

作者谨识
2021 年中

前 言

时至今日，市场的差异化竞争要求日渐提高，企业的持续发展与创新能力存在重要关系，研发、技术对于企业的重要性日益增加。特别是科技类企业，技术已成为其最重要的核心竞争力。技术与货币、实物等产业资本有机结合，形成了源源不断的生产力。

从来源看，企业自身的技术积累固然很重要，但是"拿来主义"同样重要，相当多的技术可通过转让取得，甚至有的技术骨干本身就是带着技术成果被引进的。在存在技术交易引进的情况下，仅给予现金物质回报已经远远满足不了技术人才的需要，与人才管理匹配的手段开始向股权、期权之类的资本领域延伸。技术入股是绕不开的话题。

本书主要探讨将技术成果（也可称作"科技成果"或"科研成果"等）以财产权的形式向企业等市场主体作价出资（也包括增资）的行为。这种行为在本书中称为"技术入股"，或技术投资、技术入资、技术参股。参照中华全国律师协会《律师办理技术合同非诉讼法律业务操作指引》，技术出资入股是指以技术成果作为资产投入企业，折算并取得企业的股份或股权的一种技术转让或许可行为。另外，从财务会计角度看，技术成果一般可归类于无形资产，所以以技术成果投资是将技术成果以无形资产的资产形态投资入股。为了行文方便，本书也将技术成果所对应的技术类无形资产简称为"技术资产"或"技术"。

什么是技术成果？《最高人民法院关于审理技术合同纠纷案件适用法律若干问题的解释》（以下简称《技术合同司法解释》）第一条中给出了技术成果的概念："技术成果是指利用科学技术知识、信息和经验作出的涉及产品、工艺、材料及其改进等的技术方案。"而至于技术成果包括什么，根据《中华人民共和国民法典》（以下简称《民法典》）第一百二十三条，参照《杭州市技术成果作价入股的实施意见》《贵阳市知识产权入股管理暂行办法》等规范性文件，用于作价入股的技术成果一般涉及以下几类：①发明、实用新型、外观设计等专利技术；②计算机软件；③植物新品种；④集成电路布图设计；⑤作品；⑥技术秘密。

技术成果本身具有技术性、非标准化、无固定形态、可复制性和产业实用性等特征，且一般经过权利化形成相应的知识产权，便于交易推广。在技术成果交易实践中，承载技术成果的载体通常体现为知识产权。从实体角度考察，知识产权源于技术成果，其根本属性是一种法律拟制的权利，是由一国的法律体系就人类创造性的智力成果所赋予的权利，具有强制他人为或不为一定行为的法律效力。

技术入股的实现，往往以知识产权为交易形式，甚至在外就表现为知识产权入股。所以从业者提出以技术成果入股，即是知识产权入股。但笔者认为除专利权、技术秘密权、集成电路布图设计专有权、植物品种权以外，知识产权在外延上一般还包括商标权、经营秘密权等其他与技术并不相关的下位权利类型。所以，尽管绝大部分技术入股与技术类知识产权入股在实质上并无不同，但整体而言，知识产权入股与技术入股还不能完全等同，且技术入股在类型、范围上要小于知识产权入股。不过，鉴于二者在实践中绝大部分的内容、规则、处置措施等都可以通用，本书一般不再区分。

一般而言，资本是企业正常运转的基础，也是对外承担责任的保障。出资是股东基本的、也是最重要的义务之一，出资不仅关系到股东身份及股权结构，同时与企业的资本制度密切关联。在法定资本制度下，资本确定、资本充实和资本维持原则正是通过股东出资行为的规则实现的。根据我国现行法律法规，企业登记的出资方式可分为货币出资、非货币出资方式两种。非货币出资方式又可分为实物出资、土地使用权（类似还有采矿权、水域使用权等）出资、知识产权出资等。技术入股在形式上属于知识产权出资入股。与实物资产可以不依赖其他方式而独立、排他性地占有不同，无形资产无法做到绝对排他性地独立占有，其权利的内容、完整程度更加依赖于法律的设定和保护，所以技术成果出资存在相对独特的规律和特征，不可简单套用有形资产出资。

需要注意的是，市场经济中还存在一种容易引起混淆的"技术"入股现象，即日常生活中提到的某人在某行业掌握某方面的技术。例如，某人会操作某项工艺、使用某机器设备从而能制造某种产品，以其所掌握的技术出资，与其他人共同设立企业，享有一定的股份，拿到一定的分红。这种案例似乎也是"技术入股"，但其法律性质与本书探讨的技术成果入股并不相同。借用我国古代山西商号的股权设计，"出资者为银股，出力者为身股"，技术入股也可分为银股、身股。上述某人以技术骨干的身份通过使用脑力所获得的股权，其实质应当属于"身股"。若对这类"技术"在法律性质上进行界定，一般归类于技能。而技能、劳务之类的客体，往往对技术人员的经验、个人禀赋乃至身心状态都有较强的依附性，是个人独有的、不可复制的个体经验、个体技能，不易重复实现，不便交易，且不易用货币估价，有使用价值而难有交换价值。所以，在我国目前市场主体出资的立法体系中，一般将此类劳务归于可出资标的之外，尤其是不能用于公司这类法人企业的出资（合伙企业可以接受技能之类的劳务出资）。

综上所述，技术"身股"属于以其自身的技术、技能出资，在法律上往往表现为人身权，尚不能作为出资、入股的标的，而且与技术成果入股并不直接相关，性质不同，本书暂不涉及。

继续借用晋商"身股""银股"的说法，本书探讨的技术入股指的是技术"银"股。这个"银"并非货币资本，也不是实物资本，而是特定形态的"银"，即无形资产。它属于可以为企业带来经济利益且可供交易的一类财产。技术入股一般见于企业创立之初或企业增资扩股、股权转让时。依照《中华人民共和国公司法》（以下简称《公司法》）等法律法规，结合笔者的观察和实践，技术入股在注册登记中是一个上位概念，具体表现为技术出资、技术增资、技术转股三类。

技术出资，是技术成果持有人将能够依法转让的技术成果作价，投入拟设立企业以获取标的企业股权的行为。

技术增资，是已存续企业在增加注册资本时，技术成果持有人将能够依法转让的技术成果作价，投入已设立企业，以获取标的企业股权，并在标的企业取得相应股权的行为。

技术转股，指在企业股东实施股权转让过程中，技术成果持有人以能够依法转让的技术成果作为对价，受让标的企业股权，从而完成技术入股的行为。

以技术出资设立企业以及在企业运营过程中，技术出资方（本书也称为"技术供方"）和接受技术出资方（本书也称为"技术受方""受让企业""受资企业"）不仅要遵守《公司法》、《中华人民共和国合伙企业法》（以下简称《合伙企业法》）等市场主体法律法规的规定，而且受到知识产权、技术交易法律法规的规制，程序较为复杂，一定程度上也会导致履行瑕疵概率的增加，存在一定的交易风险。实践中企业登记机关对技术入股往往难以统一把握，各地的操作方法也不一而足，业界讨论也不尽充分，这不仅可能给当事人带来一定的困惑，甚至容易引发潜在的矛盾和纠纷。本书以这些内容为核心展开梳理分析。书中所述技术投资入股行为，仅指的是境内投资，并不涉及向境外投资。

目 录

第一部分 实 务

第二部分 相关法律法规及规范性文件

第一部分

实　　务

第1章 技术转让，还是技术入股

对于技术供方和引进技术的企业而言，这是一道选择题。一家企业要合法地使用他人的技术成果，主要可以通过两种途径：一是通过交易由供应方将该技术转让（含许可）给企业；二是将技术成果转让给企业使用，同时技术供方转变为股东，以知识产权（本书也称为"技术产权"）的形式向企业完成投资。技术转让和技术入股的法律性质不同，产生的后果也不尽相同。了解这一点，企业、股东需要就如何利用外来技术成果作出对自己有利的选择。

我们常听到的技术转让，很多情况下是一种广义的概念，严格地说其包括转移技术所有权的技术转让和仅仅转移技术使用权的技术使用许可。当技术供方将技术产权的所有权或使用权转移给企业后，企业作为技术承受方应将转让费或使用许可费支付给技术供方，因此，转让人的经济利益是通过受让方支付相应价款而不是投资分红实现的。转让费或使用许可费一般是从企业成本中列支，一次或逐次按年由转让方或许可方提取。当企业出现亏损时，其仍然应当按照合同从企业成本中列支转让费或使用许可费，转让方或许可方在合同条件下（如以销售额、销售数量提成），仍可能获得知识产权转让或使用许可应得的利益。如果企业因亏损以至于资不抵债而进入破产清算程序，转让方或许可方在未得到按合同应得的全部转让费或使用许可费的情况下，可以作为债权人参与分配企业的剩余财产。

而技术入股不仅是一项技术转让行为，也是一项投资行为。技术入股主要由技术权利人以技术成果作为对企业的投资从而取得企业股权，技术供方成为企业股东，技术权益转移到企业名下，股东享有的是企业的股权。

从技术需方的角度看，技术转让和技术入股各有利弊。通过转让购买技术大致属于"一锤子买卖"，只需依照合同支付交易对价即可，一手交钱一手交技术。交易发生后，企业经营成果、利润分红大都与技术供方无直接关系。技术资产买回去后，发生转化上的技术问题如再需要供方进一步技术辅导、转化为现实的生产力，在转让的情境下可能会存在一定不确定性。而通过技术入股引入的技术则是永久性的，企业如不解散，技术供方作为投资人非经法定程序不得从企业中收回这部分财产，其永远都是股东，可按股权比例享受经营成功的收益，同时按份承担经营失败的风险。与此相适应的是，受让企业技术团队的积极性、合作的活跃度，乃至成果转化效率都会得到一定程度的提升。在这种激励机制下，技术供方会形成较强的风险共担意识，引进的不仅是技术成果，还包括技术供方的科技资源❶、研发能力。技术供方一般会继续发挥其技术研发方面的长项，为企业解决技术问题，并对引进的技术加以持续改进，从而使企业有机会得到持续的、超预期的收益。此外，在技术入股的方式下，技术引进方无须借助资金就可以获得技术所有权或使用权，可以节省一笔不菲的当期无形资产购置支出，这对技术引进方来说，也是一种明显的竞争优势。当然，通过引入技术，受资企业还可以合理改善资产结构，提高企业自身信用，优化市场形象。

从技术供方的角度看，无论是技术转让还是作价入股，都会与企业的利益、风险发生捆绑形成利益共同体；但前者是松散型的利益共同体，后者是紧密型的利益共同体。对于前者，技术供方无须融入受资企业中去，不参与企业的日常经营，对企业如何使用科技成果、开发新技术与新产品无从决策、施加影响，也无须接受企业的规管。科技成果一经转让，则不再归技术供方掌控，该技术是否得到实施应用，在市场中升值或贬值，技术供方都无合法理由主动或全面干预。所以从理论上讲，其提成收益也难以得到完全充分的保障。而技术入股则不同。通过技术换取股权，技术供方将以股东的身份与企业形成长期合作的关系，融入受资企业，参与科技成果转化的实施以及新技术、新产品的研究开发，主动与企业共同承担技术开发应用的风险。技术入股的回报及收益具有更大的弹性及不确定性，若技术供方充分看好自己的技术、市场和企业其他股东的资信情况，特别是受资企业后续发展强劲，则技术供方可以获得相比技术转让更加丰厚的利润回报。当然，如果入股的企业经营不善，则技术供方还将以其所出资的技术资产承担有限责任。如果企业资不抵债，被宣告破产，清算组可依法将该入股技术作价变卖用于清偿企业的债务。所以，作为股东的入股出资行为是需要承担风险的。当然，由于技术成果作价入股的技术供方已是企业的股东，因此除了共担风险，还将享有按出资比例行使利润分配和财产分配、股息红利和其他盈余分配权，享有股权转让、赠与、出质、被继承的权利，以及股东为企业和自身利益而行使的共益权，如知情权、股东会上的表决权、对董事的起诉权、企业剩余财产分配权等。而这一系列的股东权利，技术成果转让人自然无从享有。

最后，用几句话总结企业选择技术入股的考虑点以供参考：

① 技术入股计入实收资本，属于非货币出资，花小钱、办大事，既能满足

---

❶ 科技资源包括人才、技能、科研仪器设备、文献资料等。

企业登记注册资本要求、充实注册资本、扩大企业规模的需求，且不会给企业带来相应的资金压力。

② 通过出让股权固化合作模式，充分调动技术供方的积极性，有效且持续激发技术研发骨干工作热情，促进技术成果转化为现实生产力和收益。

③ 通过引入技术成果，整合互补性资源，优化技术供给，改善企业形象，提高资信，增强资质，增加竞投标、报项目和对外合作的筹码。

④ 通过无形资产为企业节税。无形资产入账后按年摊销，从而降低企业利润额，缓解企业所得税税负压力。此外，技术入股所得税都可享受递延纳税优惠，当期税负压力小。

以上是技术入股的优势，那么它的风险有哪些？可参见本书第 7 章。

第2章　相关市场主体

根据市场主体的法律性质不同，我国市场主体分为企业法人、非法人企业、个体工商户、农民专业合作社等类型。其中，企业法人除公司外，还包括非公司企业法人，即全民所有制工业企业、集体所有制企业（乡村、城镇）。非法人企业常见的有合伙企业、个人独资企业。关于技术或知识产权出资，根据市场主体不同，大致归纳如下。

2.1　企业法人

（1）公司

公司是最为常见的市场主体和企业类型。公司又分为有限责任公司和股份有限公司。《公司法》第二十七条是一切无形资产、知识产权、技术成果投资入股的逻辑起点。《公司法》第二十七条规定，"股东可以用货币出资，也可以用实物、知识产权、土地使用权等可以用货币估价并可以依法转让的非货币财产作价出资"。《公司注册资本登记管理规定》第五条也明确规定，股东或者发起人可以用货币出资，也可以用实物、知识产权、土地使用权等可以用货币估价并可以依法转让的非货币财产作价出资。

（2）全民所有制工业企业

《中华人民共和国全民所有制工业企业法》等法律法规及地方规范性文件没有关于技术或知识产权出资的规定。

（3）城镇集体所有制企业

《中华人民共和国城镇集体所有制企业条例》等法律法规及地方规范性文件没有关于技术或知识产权出资的相关规定。

（4）乡村集体所有制企业

《中华人民共和国乡镇企业法》《中华人民共和国乡村集体所有制企业条例》等法律法规及地方规范性文件没有涉及技术或知识产权出资的相关规定。

2.2 非法人企业

（1）合伙企业

根据《合伙企业法》第十六条，合伙人可以用货币、实物、知识产权、土地使用权或者其他财产权利出资，也可以用劳务出资。

（2）个人独资企业

《中华人民共和国个人独资企业法》等法律法规及地方规范性文件没有涉及技术或知识产权出资的相关规定。

2.3 个体工商户

根据国家市场监督管理总局《个体工商户登记管理办法》等规章、相关规范性文件，个体工商户不存在出资这一登记事项，所以也就不存在技术出资入股一说。

2.4 农民专业合作社

农民专业合作社作为一类市场主体，根据《中华人民共和国农民专业合作社法》第十三条，农民专业合作社成员可以用货币出资，也可以用实物、知识产权、土地经营权、林权等可以用货币估价并可以依法转让的非货币财产，以及章程规定的其他方式作价出资；但是，法律、行政法规规定不得作为出资的财产除外。《农民专业合作社登记管理条例》第八条规定："农民专业合作社成员可以用货币出资，也可以用实物、知识产权等能够用货币估价并可以依法转让的非货币财产作价出资。成员以非货币财产出资的，由全体成员评估作价。成员不得以劳务、信用、自然人姓名、商誉、特许经营权或者设定担保的财产等作价出资。"

2.5 外商投资企业

关于这部分，首先提请读者注意的是：依照现行法律和管理规定，外商投资企业已不再是一类独立的市场主体。因为按照2020年1月1日起施行的《中华人民共和国外商投资法》（以下简称《外商投资法》），《中华人民共和国中外合资经营企业法》（以下简称《中外合资经营企业法》）、《中华人民共和国外资企业法》（以下简称《外资企业法》）、《中华人民共和国中外合作经营企业法》（以下简称《中外合作经营企业法》）即行废止，中外合资经营企业、中外合作经营企业、外资企业等所谓"三资"企业即将成为历史概念。外商投资企业登记采取内外资一致的原则，设立、变更外商投资企业在组织形式等方面主要适用《公司法》的规定。但是根据《外商投资法》，该法施行前登记的"三资"企业，在该法施行后5年内可继续保留原企业组织形式。所以，为读者理解方便，本书还将外商投资企业继续作为一类市场主体加以保留。

2025年后，读者可忽略本部分内容。

（1）中外合资经营企业

根据《中外合资经营企业法》第五条，合营企业各方可以现金、实物、工业产权等进行投资。另据《中华人民共和国中外合资经营企业法实施条例》第二十二条，合营者可以用货币出资，也可以用建筑物、厂房、机器设备或者其他物料、工业产权、专有技术、场地使用权等作价出资。

（2）中外合作经营企业

根据《中外合作经营企业法》第八条，中外合作者的投资或者提供的合作条件可以是现金、实物、土地使用权、工业产权、非专利技术和其他财产权利。

（3）外资企业

外资企业投资者可以用工业产权、专有技术等技术类资产作价出资。根据《中华人民共和国外资企业法实施细则》第二十五条，外国投资者可以用可自由兑换的外币出资，也可以用机器设备、工业产权、专有技术等作价出资。

第3章　标的技术

用于入股的标的技术必须是一项或几项特定的技术成果，即某一种产品工艺材料及其系统，或者改进的技术方案。

首先，这一方案不是抽象的或原理式的，而是具有特定的技术名称、功能、技术指标、适用范围、使用或生产方法等具体特征的、完整的技术方案。

其次，标的技术必须是现有的技术方案。作为可以入股的技术成果，必须是供应方已经掌握的技术方案。一项技术方案如果仅仅是一种构想，供应方本人尚未掌握具体技术方案，无法应用于生产、科研实践，只能作为有待开发的技术，不论其理论多么完善，设想的实用价值多大，都无法入股转移给他人。

最后，标的大多是权利化的技术方案。所谓权利化的技术方案，是指那些通过法律、合同或行为合法设定了专利申请权、专利权、专利实施许可权、技术秘密使用权及转让权的技术方案。

3.1　技术成果的类型

参照国家有关规定，用于出资的技术成果一般包括如下类型。

3.1.1　专利技术

专利技术是受到专利权保护的发明创造，往往也被称为"专利"，具体是指一项发明创造向国家审批机关提出专利申请，经依法公开并审查合格后向专利申请人授予的在该国规定的时间内对该项发明创造享有独占的、排他性的专有权的技术方案。专利分为发明、实用新型和外观设计三类。根据《中华人民共和国专利法》（以下简称《专利法》），专利权又可分为三类：发明、实用新型、外观设计专利权。其中，发明是指对产品、方法或者其改进所提出的新的技术方案。实用新型，是指对产品的形状、构造或者其结合所提出的适于实用的新的技术方案。外观设计，是指对产品的整体或者局部的形状、图案或者其结合以及色彩与形状、图案的结合所作出的富有美感并适于工业应用的新设计。依照《专利法》规定，发明、实用新型、外观设计专利权的保护期限分别为20年、10年、15年，自申请日起计算。专利技术是技术出资中最常见一类的技术成果类型。在中国，以专利技术出资的形式也仅限于国家知识产权局授权的专利权或在审的技术方案，外方技术用于出资的，如仅在所在国取得了专利权，而在中国未申请专利保护的，则不可以专利技术的形式出资。

3.1.2 专有技术

可供出资入股的另一重要类型是专有技术（knowhow）。专有技术，在部分法律法规中也称作非专利技术，在我国的已废止立法体系中又被称为技术秘密，指不为公众所知悉、具有商业价值并经权利人采取保密措施的技术信息。这里所称的不为公众所知悉，是指该技术信息的整体、排列组合、要素并非通常可能涉及该信息的人所普遍知道或者容易获得。具有商业价值，包括能为权利人带来经济利益、使拥有者获得经济利益或者获得竞争优势。权利人采取保密措施，是指在正常情况下，该技术信息的合法拥有者根据有关情况采取的合理措施使该技术信息得以保密。

从外延上看，专有技术指基于某种产品或者某项工艺的技术知识、经验和信息的技术方案或技术诀窍，包括：结构、原料、组分、配方、材料、样品、样式、植物新品种繁殖材料、工艺、方法或其步骤、算法、数据、计算机程序及其有关文档等信息。它还涉及所衍生的设计方案、资料、实验数据、试验数据、操作参数、测试方法、测试数据、计算方法、技术规范、生产方法、制作工艺、装配工艺、工艺流程、材料配方、质量控制、维护保养和管理控制等方面。这些技术信息往往体现为文字、符号、图形、图片、表格、公式、视频、数据等形式载体，其物质载体包括以下五类：

① 以记录文字、图形、符号为主的纸介质载体，如文件、资料、文稿、档案、电报、信函、图表、地图、照片、书刊、图文资料等。

② 以磁性物质记录的载体，如计算机磁盘（软盘、硬盘）、磁带、录音带、录像带等。

③ 以电、光信号记录、传输的载体，如电波、光纤等。

④ 设备、仪器、产品等物理性载体。

⑤ 以云存储为载体，即以第三方托管的存放数据的虚拟服务器为载体。

相比其他类型的技术，非专利技术具有非物质性、事实独占性、保护无限期、保护的弱地域性、对保密措施的强依赖性等特征。非专利技术的实质内容与专利技术是类似的，区别在于非专利技术没有向国家知识产权局申请专利或未取得专利权或不受专利法保护，所以非专利技术涵盖范围非常广。大多数国家的公司法均认可股东以非专利技术出资，我国《公司法》也已用抽象概括的形式加以确认。非专利技术具备非货币资产的特殊属性，可以转移，能够成为股东的出资，但却具有价值不稳定性：一旦其先进性随着科技的发展而减弱，或保密性受到破坏，非专利技术价值也随之而减损；经营主体情况的变化和营业状况的兴衰也直接影响其价值的高低。工业产权出资的法律要求和规则一般可适用于非专利技术的出资。此外，非专利技术不具有独占性，以非专利技术出资后，原持有人仍然知晓相关技术内容，并且可能将相关技术秘密透露给其他人。知悉技术秘密的人不断增加，不但存在泄密的风险，还存在同业竞争隐患，所以一项技术是否能够作为"非专利技术"用于出资，必须经过全体股东的一致认可，同时还需要通过相关合同、承诺等法律措施对潜在的风险加以规制和预防。

3.1.3 工程技术作品

作为智力活动成果的重要组成部分，作品不仅仅局限在文学、艺术领域，还有相当一部分作品产生于工程技术领域。工程技术作品一般是指具有科学性或技术性、对拟建工程或拟生产实现某种功能的产品在技术上进行的创造性安排、图形编排，如包括立体表现形式的模型。在类型上包括工程设计图及其说明、产品设计图及其说明、地图、示意图等图形作品，模型作品，数据库等。这些工程技术作品以技术方案为表达源头，受到《中华人民共和国著作权法》（以下简称《著作权法》）及其实施条例等法律法规的保护。工程技术作品作为一类技术成果的表现形式，其本身可以用货币估价并可以以著作权的形式依法转移[1]，可作为技术出资标的投入受资企业。

3.1.4 计算机软件

计算机软件指计算机系统中的程序及其文档。其中，程序是计算任务的处理对象和处理规则的描述；文档是为了便于了解程序所需的阐明性资料。1969年，美国国际商用机器公司（IBM）宣布，在出售计算机时把软件和硬件分开计价，计算机软件正式开始成为有价值、可单独出售的商品。计算机软件的研制开发需要耗费人力、物力，但它的复制却很容易，成本也极低。我国《著作权法》将计算机软件列为保护的作品，并通过《计算机软件保护条例》等专门的法规加以保护。作为一类研究开发的技术成果，计算机软件本身可以用货币估价并可以以著作权的形式依法转移[2]，是一类常见的可作价入股标的技术。

3.1.5 集成电路布图设计

集成电路，是指半导体集成电路，即以半导体材料为基片，将至少有一个是有源元件的两个以上元件和部分或者全部互连线路集成在基片之中或者基片之上，以执行某种电子功能的中间产品或者最终产品。集成电路布图设计（以下简

---

[1] 《著作权法》第十条规定："著作权人可以许可他人行使前款第五项至第十七项规定的权利，并依照约定或者本法有关规定获得报酬。著作权人可以全部或者部分转让本条第一款第五项至第十七项规定的权利，并依照约定或者本法有关规定获得报酬。"

[2] 《计算机软件保护条例》第八条规定："软件著作权人可以许可他人行使其软件著作权，并有权获得报酬。软件著作权人可以全部或者部分转让其软件著作权，并有权获得报酬。"

称"布图设计")又称掩膜作品或拓扑图，是指集成电路中至少有一个是有源元件的两个以上元件和部分或者全部互连线路的三维配置，或者为制造集成电路而准备的上述三维配置。布图设计作为一种新生的智力劳动成果，是一种图形设计，但并非工业品外观设计，不适用《专利法》保护。同时布图设计是一种三维配置形态的图形设计，但是它不是一定思想的表现形式。此外，它是多个元件合理分布并相互关联的三维配置，是一种特殊的电子产品，不具有艺术性，也不适用于《著作权法》保护。布图设计并不取决于集成电路的外观，而决定于集成电路中具有电子功能的每一元件的实际位置，所以布图设计存在专门的法律保护体系。而布图设计需要大量的专业化劳动，经费较高，其实际价值在于提高集成度、节约材料、降低能耗，可以通过评估加以确定，而且布图设计可以通过集成电路布图设计专有权这一法律权利形式加以转移[1]，根据《公司法》第二十七条适宜为作价入股的技术标的。

3.1.6 植物新品种

所谓植物新品种，是指经过人工培育或者对发现的野生植物予以开发，具备新颖性、特异性、一致性和稳定性并有适当命名的植物品种。世界上许多国家建立植物品种保护制度。《专利法》第二十五条规定，对植物品种不授予专利权，但根据我国的相关条例，可以通过植物新品种权的形式加以保护。植物品种本身可以用货币估价并可以依法以植物品种权的法律权利形式进行转移[2]，故根据《公司法》，植物新品种属于可以作价入股的技术。

需要说明的是，为了充分发挥技术应有的作用，首先，作为出资标的，技术成果不能被分割出资，要不就不投入，要投入必须将其整体技术方案转移至受资企业，不能将受知识产权保护的技术方案的一部分用于入股，但计算机软件除外。其次，作为一类无形资产，技术资产具备非货币资产的独特属性，其价值存在不稳定性。比如，随着科技进步，技术原有的先进性逐渐减弱甚至灭失；技术资产具有依附性，技术资产被投入的经营主体的经营管理、营销能力直接决定技术资产价值的高低；专有技术信息发生泄密，技术方案不再处于保密状态甚至成为公知技术，该技术资产的价值也将发生大量缩水。

3.2 技术成果的所有权出资

由于承载和记录技术资产的技术信息载体具有可复制性，技术不像实物资产

---

[1] 《集成电路布图设计保护条例》第二十二条规定，布图设计权利人可以将其专有权转让或者许可他人使用其布图设计。

[2] 《中华人民共和国植物新品种保护条例》（以下简称《植物新品种保护条例》）第九条规定，植物新品种的申请权和品种权可以依法转让。

那样可轻易地被独占，无论是否在法律允许的范围内都大量存在使用权脱离技术所有人的可能性。所以，在用技术资产出资时，应明确是以技术资产的何种权利形式出资，即是以技术资产的所有权出资还是使用权出资。这一点有点像房屋买卖和房屋租赁的区别：买房子就是受让方取得了房屋的所有权，交易后房子归受让方所有；租房子是租客取得了房屋的使用权，但所有权还是归房东。从结构上看，技术资产的所有权包含占有、使用、收益和处分四项完整的权能。根据是否包含处分权能，一项技术资产往往可以呈现为所有权和使用权等不同的权利形态，故技术资产的法律权利也可区分为使用权和所有权。上文所述的专利技术、专有技术、工程技术作品、计算机软件、集成电路布图设计、植物新品种的法律权利相应分别为：专利权、技术秘密权、著作权、计算机软件著作权、集成电路布图设计专有权、植物新品种权。

　　类似于技术转移，技术在用于出资时的载体是如专利权、计算机软件著作权之类的知识产权，而这些法定权利中财产权相应地包括所有权和使用权。此外，在法律法规及地方规范性文件规定范围内的可供出资的技术资产，其所有权一般都可用于出资入股，这一点已属于行业惯例。如以所有权出资，需由技术成果持有人将技术资产的所有权出让给受资企业，该技术完整的所有权归受资企业所有，技术供方只享有以入资技术交换所得的股权，不再享有该技术成果的所有权，即不再持有该技术资产。在此情况下，技术供方自己不能以营利为目的擅自使用该项技术，也不能再将该技术成果的所有权或使用权转让或许可给其他人。此外，与技术有关的人身权利不能作为出资、入股的标的。

3.3　技术成果的使用权出资

　　如上所述，从权能的完整程度看，技术成果的法律权利可以分为技术成果的所有权和使用权。所以从法理上讲，技术成果出资依其对应的权利范围不同，可以分为所有权入股和使用权入股。美国标准公司法就确认技术使用权可以作为出资标的。我国现行法律法规允许股东以非货币资产出资，但对作为出资的知识产权应满足以下基本条件：①可以用货币估价；②可以依法转让。技术成果的使用权可以通过货币估价[1]，该权利一般也可以转移[2]，按照市场经济规律，技术使

---

　　[1] 《专利资产评估指导意见》第十一条规定："专利资产评估业务的评估对象是指专利资产权益，包括专利所有权和专利使用权。专利使用权的具体形式包括专利权独占许可、独家许可、普通许可和其他许可形式。"

　　[2] 《民法典》第八百六十三条规定："技术转让合同包括专利权转让、专利申请权转让、技术秘密转让等合同。"第八百六十四条规定："技术转让合同和技术许可合同可以约定实施专利或者使用技术秘密的范围，但不得限制技术竞争和技术发展。"

用权可以作为技术出资的一种方式，而且目前也没有禁止性规定限制技术许可权出资❶。故以技术成果的使用权投资时，技术供方仍有控制权或处分权，受资企业获得由于技术成果投入经营所带来的资本收益，技术供方转移的和企业获得的是合同或章程条件下的使用权。如果以使用权出资，则技术供方对该技术资产仍享有所有权，在不违反出资协议的情况下（如约定受资企业独占使用该技术资产），技术供方还可自己使用或许可给其他人使用该技术资产。

但在法规层面，对技术资产的使用权出资既无明文立法支持，也没有直接给予否定。诸如《注册资本登记制度改革方案》《国家知识产权战略纲要》《关于充分发挥工商行政管理职能作用鼓励和引导民间投资健康发展的意见》等均已直接或间接涵盖包括技术资产在内的知识产权使用权出资。中国证券监督管理委员会、科学技术部 2012 年印发的《关于支持科技成果出资入股确认股权的指导意见》的通知规定，以科技成果出资入股的，支持在企业创立之初，通过发起人协议、投资协议或公司章程等形式对科技成果的权属、评估作价、折股数量和比例等事项作出明确约定，形成明晰的产权，避免今后发生纠纷，影响企业发行上市或挂牌转让。另据原国家科学技术委员会、原国家工商行政管理总局印发的《关于以高新技术成果出资入股若干问题的规定》（已失效）第六条规定："以高新技术成果出资入股，成果出资者应当与其他出资者协议约定该项成果入股使用的范围、成果出资者对该项技术保留的权利范围等，以及违约违任等。"由上可以推理得出，成果出资者在以技术出资入股时，只要能就科技成果的权属、评估作价、折股数量和比例等事项作出明确约定，形成明晰的产权，在避免今后发生纠纷的前提下，可以保留一定权利，而只以约定期间、空间和权利范围的技术成果的使用权出资。《最高人民法院关于审理技术合同纠纷案件适用法律若干问题的解释》第十六条规定："当事人以技术成果向企业出资但未明确约定权属，接受出资的企业主张该技术成果归其享有的，人民法院一般应当予以支持，但是该技术成果价值与该技术成果所占出资额比例明显不合理损害出资人利益的除外。"在实践中，法院在处理与之相关的纠纷时，对专利使用权出资的效力予以确认。如嘉兴市佳惠畜禽食品有限公司诉嘉兴市华经科工贸有限公司（以下简称"华经公司"）股东出资纠纷案中，华经公司投入的专利技术系华经公司从专利权人刘某某处取得的专利使用权。由此可见，司法实务上是认可技术使用权出资的。

关于技术成果的使用权能否作为出资，各地政府、市场监督管理部门掌握的

---

❶ 《公司注册资本登记管理规定》第五条规定："股东或者发起人不得以劳务、信用、自然人姓名、商誉、特许经营权或者设定担保的财产等作价出资。"从上述条款可以看出，专利许可使用权并没有在"劳务、信用、自然人姓名、商誉、特许经营权或者设定担保的财产"等不得作为出资的财产范围内。

尺度不一。

深圳市人民政府发布的《深圳经济特区技术成果入股管理办法》第四条规定："技术出资方可以用下列技术成果财产权作价入股：（一）发明、实用新型、外观设计专利权；（二）计算机软件著作权；（三）非专利技术成果的使用权；（四）法律、法规认可的其他技术成果财产权。"

原上海市工商行政管理局2011年发布的《上海市工商局关于积极支持企业创新驱动、转型发展的若干意见》第十二条规定："鼓励公司股权出资、债权转股权，盘活公司资产，促进公司财产性权利转化为资本。扩大知识产权出资范围，开展专利使用权、域名权等新类型知识产权出资试点工作。"上海市长宁区人民政府办公室转发的《关于支持区域经济创新驱动、转型发展试行意见》也提出上述意见。

厦门市人民政府办公厅转发的《关于贯彻厦门市深化两岸交流合作综合配套改革试验总体方案的若干措施》第13条提出，"开展软件著作权、集成电路布图设计专有权、植物新品种权、域名权、非专利技术等新类型知识产权出资试点工作。出资人可凭相关权利证书（或对该新类型知识产权拥有许可实施处置权的声明）、被投资公司全体股东确认权利已移交的无异议声明、验资报告等有效证明文件办理该知识产权的到资登记。出资人及被投资公司股东出具的上述相关声明需经公证、认证。"

湖南省科学技术厅、原湖南省工商行政管理局和湖南省知识产权局于2014年联合发布的《关于支持以专利使用权出资登记注册公司的若干规定（试行）》（已失效）中规定，在登记注册公司时允许专利权人用专利使用权作价出资，入股比例不受限制，但许可方式限于中国境内独占许可。基于该规定，湖南曾于2014年明确专利使用权可予以出资。

再如，武汉、石家庄、太原、贵阳等均出台了知识产权或技术成果投资入股登记办法，对技术出资的有关事项进行了规定，也允许以技术成果的使用权作为出资。具体可参见本书第二部分。

有调查者曾就实践中是否可以专利许可使用权出资的问题，电话咨询了部分省市的市场监督管理局及知识产权局。其中，北京接受咨询的人员表示，不允许股东以专利等技术的许可使用权出资，但海淀区市场监督管理部门则认可5年以上的独占许可使用权可以出资。上海接受咨询的人员表示，需要根据专利的实际情况判断能否以专利许可使用权出资。湖南接受咨询的人员表示，虽然政策上较为支持，但操作层面因缺乏先例并不鼓励。四川接受咨询的人员表示，投资者可自由选择出资形式，市场监督管理部门和知识产权局并不干涉。可见各地的实际操作不统一而且法规规定也并不一致。此外，根据《关于苏州罗普斯金铝业股份有限公司首次公开发行股票及上市之补充法律意见书》等证券信息披露文件，苏州罗普斯金铝业股份有限公司第四次增加注册资本时，其股东以专利许可使用权出资，专利许可使用权的性质为排他性许可，可见我国证券发行审查机构对技术使用权出资也不是一律持否定的态度。综上，在部分地区实践中技术使用权出资是可行的，且使用权能否出资很大程度上取决于主管市场监督部门的态度，所以，在技术使用权入股操作之前，宜先咨询受资方注册地市场监督管理部门。

需要注意的是，由于技术使用权类型不同，最终引进的技术的权利范围也各不相同。以专利为例，其常见实施许可使用权有三种类型：①独占性许可使用，被许可人可以使用专利技术，包括专利权人等其他方都不可以使用。②排他性许可使用，被许可人可以使用专利技术，专利权人也可以使用专利技术，此外任何第三人都不可以使用。③普通许可使用，被许可人可以使用专利技术，专利权人也可以使用，其他第三人经专利权人许可都可以使用。一般由合同各方通过约定确定许可使用方式。

最后需要明确，技术使用权的出资主体仅限于技术成果所有权人。也就是说，通过转许可所得的使用权一般认为不宜再作为出资标的投入企业。所谓转许可，是指在技术成果所有权人给予被许可人的在先许可基础上，被许可人再给予第三人的在后许可。简言之，经过从第三人实施许可所获得的技术使用权，不能再次用于出资。即技术成果所有权人可以用其技术成果的使用权出资，但是技术成果被许可人无权用其取得的技术使用权出资，不论该技术成果是否曾经用于出资入股。因此，一项技术资产如果在被入股前存在普通许可、排他许可，那么受资企业的市场布局和商业利益都会受到影响，在这种情形下，企业发起人就需要格外审慎考虑是否引进此类投资标的。

第4章 技术出资比例

我国《公司法》对技术出资比例的规定，存在一个发展的过程：从"工业产权、非专利技术作价出资的金额不得超过有限责任公司注册资本的百分之二十"（1993 年）到"全体股东的货币出资不得低于有限责任公司注册资本的百分之三十"（2005 年），再到现行《公司法》规定不再对包括技术出资在内的非货币出资的比例作限制。现行《中华人民共和国公司登记管理条例》以及国务院批准印发的《注册资本登记制度改革方案》也已放宽注册资本登记条件，不再限制公司设立时股东（发起人）的首次出资比例以及货币出资比例，从法规层面进一步保障和促进了技术出资的实施。2014 年修订后的《中华人民共和国外资企业法实施细则》取消了外资企业工业产权、专业技术最高投资比例的限制。因此，依据现行法律法规，只要符合法律的规定要件，技术出资的比例没有任何限制。2014 年 6 月 17 日发布的《商务部关于改进外资审核管理工作的通知》，取消对外商投资（含台、港、澳投资）的公司首次出资比例、货币出资比例和出资期限的限制或规定，改由公司投资者（股东、发起人）自主约定，并在合营（合作）合同、公司章程中载明。

第5章　国有科技成果处置

技术成果出资，往往会涉及一些高校和科研院所的科技成果转化项目，进而涉及职务科技成果、国有资产处理问题。目前，国家鼓励研究开发机构、高校采取转让、许可的方式，并试点采取赋予科研人员科研成果所有权或长期使用权的形式，促进高校向企业转移科技成果。此外，科技成果持有者采用以该科技成果作价投资、折算股份或者出资比例的方式进行成果转化也是一种典型的转化方式。

国家设立的科研院所和高校的实验室科研成果是职务发明，属于国有资产。按照《事业单位国有资产管理暂行办法》，事业单位负责办理本单位国有资产配置、处置和对外投资、出租、出借和担保等事项的报批手续；事业单位主管部门负责审核本部门所属事业单位利用国有资产对外投资、出租、出借和担保等事项；各级财政部门按规定权限审批本级事业单位利用国有资产对外投资、出租、出借和担保等事项。《事业单位国有资产管理暂行办法》第二十一条规定："事业单位利用国有资产对外投资、出租、出借和担保等应当进行必要的可行性论证，并提出申请，经主管部门审核同意后，报同级财政部门审批。法律、行政法规另有规定的，依照其规定。"

按以往政策规定，中央级研究开发机构、高校科技成果作价投资形成国有股权的转让、无偿划转或者对外投资等事项，需要按权限逐级报主管部门和财政部审批或者备案；科技成果作价投资成立企业的国有资产产权登记事项，需要逐级报财政部办理。为缩短管理链条，提高科技成果转化工作效率，国家在此方面给予了充分的授权。《事业单位国有资产管理暂行办法》以及《关于进一步加大授权力度　促进科技成果转化的通知》（财资〔2019〕57号）规定，国家设立的研究开发机构、高校对其持有的科技成果，可以自主决定转让、许可或者作价投资，不需报主管部门、财政部门审批或者备案，并通过协议定价、在技术交易市场挂牌交易、拍卖等方式确定价格。通过协议定价的，应当在本单位公示科技成果名称和拟交易价格。国家设立的研究开发机构、高校转化科技成果所获得的收入全部留归本单位。

2016 年，中共中央办公厅、国务院办公厅印发的《关于实行以增加知识价值为导向分配政策的若干意见》赋予了科研机构、高校更大的收入分配自主权，规定探索对科研人员实施股权激励，加大在专利权、著作权、植物新品种权、集成电路布图设计专有权等知识产权及科技成果转化形成的股权方面的激励力度；科研机构、高校应建立健全科技成果转化内部管理与奖励制度，自主决定科技成果转化收益分配和奖励方案，单位负责人和相关责任人按照《中华人民共和国促进科技成果转化法》（以下简称《促进科技成果转化法》）及《实施〈中华人民共和国促进科技成果转化法〉若干规定》予以免责，以科技成果作价入股作为对科技人员的奖励涉及股权注册登记及变更的，无须报科研机构、高校的主管部门审批。

据了解，各地和中国科学院也作了一些探索和尝试，北京、湖北、辽宁等省市已经开始取消此类审批和备案。2015 年天津市财政局、原天津市科学技术委员会等四部门共同发布的津财会〔2015〕28 号文规定，天津市属事业单位可以自主决定对持有的科技成果采取作价入股的方式开展转移转化，各单位主管部门和财政部门对科技成果的使用、处置和收益分配不再审批或备案；以科技成果作价入股，用于奖励人员的股权超过入股时作价金额 50% 的，按国家促进科技成果转移转化的有关规定，由单位职工代表大会讨论决定。2016 年中国科学院、科学技术部印发《中国科学院关于新时期加快促进科技成果转移转化指导意见》，规定简化中国科学院机关层面工作流程，将科技成果使用、处置和收益管理权利下放给院属单位；院属单位自主决策，中国科学院不再审批与备案。

为了鼓励科技成果转移转化，根据《实施〈中华人民共和国促进科技成果转化法〉若干规定》，国家设立的研究开发机构、高校对其持有的科技成果，可以自主决定转让、许可或者作价投资，除涉及国家秘密、国家安全外，不须审批或者备案。国家设立的研究开发机构、高校有权依法以持有的科技成果作价入股确认股权和出资比例，并通过发起人协议、投资协议或者公司章程等形式对科技成果的权属、作价、折股数量或者出资比例等事项明确约定，明晰产权。国家设立的研究开发机构、高校制定转化科技成果收益分配制度时，要按照规定充分听取本单位科技人员的意见，并在本单位公开相关制度。国务院部门、单位和各地方所属研究开发机构、高校等事业单位（不含内设机构）正职领导，以及上述事业单位所属具有独立法人资格单位的正职领导，是科技成果的主要完成人或者对科技成果转化作出重要贡献的，可以按照《促进科技成果转化法》的规定获得现金奖励，原则上不得获取股权激励。其他担任领导职务的科技人员，是科技成果的主要完成人或者对科技成果转化作出重要贡献的，可以按照《促进科技成果转化法》的规定获得现金、股份或者出资比例等奖励和报酬。依法对职务科技成果完成人和为成果转化作出重要贡献的其他人员给予奖励时，按照以下规定执行：以科技成果作价投资实施转化的，应当从作价投资取得的股份或者出资比例中提取不低于50%的比例用于奖励。在北京，政府设立的研发机构、高校，可以将其依法取得的职务科技成果的知识产权以及其他未形成知识产权的职务科技成果的使用、转让、投资等权利，全部或者部分给予科技成果完成人，并可同时约定双方科技成果转化收入分配方式。

特别是广东省人民政府印发的《关于进一步促进科技创新的若干政策措施》（粤府〔2019〕1号），明确"高校资产管理公司开展科技成果作价投资，经履行勤勉尽责义务仍发生投资亏损的，由高校及其主管部门审核后，不纳入国有资产对外投资保值增值考核范围，免责办理亏损资产核销手续"，这无疑给以科技成果出资的广东高校和负责人吃了一颗定心丸。

高校科技成果出资由于涉及高校科技成果转移转化收益奖励政策和职务成果分配制度，需进一步考虑学校和研发人员之间的利益分配，以及股权代持持股人的设置等问题。根据2016年教育部、科技部印发的《关于加强高等学校科技成果转移转化工作的若干意见》，高校对其持有的科技成果，可以自主决定转让、许可或者作价投资，除涉及国家秘密、国家安全外，不需要审批或备案。高校有权依法以持有的科技成果作价入股确认股权和出资比例，通过发起人协议、投资协议或者企业章程等形式对科技成果的权属、作价、折股数量或出资比例等事项明确约定、明晰产权，并指定所属专业部门统一管理技术成果作价入股所形成的企业股份或出资比例。高校职务科技成果完成人和参加人在不变更职务科技成果权属的前提下，可以按照学校规定与学校签订协议，进行该项科技成果的转化，并享有相应权益。高校科技成果转移转化收益全部留归学校，纳入单位预算，不上缴国库；在对完成、转化科技成果作出重要贡献的人员给予奖励和报酬后，主要用于科学技术研究与成果转化等相关工作。《深圳经济特区国家自主创新示范区条例》第十八条明确"高等院校、科研院所以及科研人员以知识产权设立公司或者入股公司的，可以分别独立持股，并按照约定的股权分配比例办理企业登记或者股权登记手续"。

国家设立的研究开发机构、高校将其持有的科技成果转让、许可或者作价投资给国有全资企业的，可以不进行资产评估；如作价投资给非国有全资企业的，由该单位自主决定是否进行资产评估。总之，决定是否需要评估的权利已下放给高校和研究开发机构。如不做资产评估，可以通过在技术交易市场挂牌、拍卖等方式确定价格，也可以通过协议定价。协议定价的，应当通过网站、办公系统、公示栏等方式在校内公示科技成果名称、简介等基本要素和拟交易价格、价格形成过程等，公示时间不少于15日。高校对科技成果的使用、处置在校内实行公示制度，同时明确并公开异议处理程序和办法。涉及国家秘密和国家安全的，按国家相关规定执行。

科技成果转化过程中，通过技术交易市场挂牌、拍卖等方式确定价格的，或者通过协议定价并按规定在校内公示的，高校领导在履行了勤勉尽职义务、没有牟取非法利益的前提下，免除其在科技成果定价中因科技成果转化后续价值变化产生的决策责任。以科技成果作价投资实施转化的，应当从作价投资取得的股份或者出资比例中提取不低于 50% 的比例用于奖励；担任高校正职领导以及高校所属具有独立法人资格单位的正职领导，是科技成果的主要完成人或者为成果转移转化作出重要贡献的，可以按照学校制定的成果转移转化奖励和收益分配办法给予现金奖励，原则上不得给予股权激励；其他担任领导职务的科技人员，是科技成果的主要完成人或者为成果转移转化作出重要贡献的，可以按照学校制定的成果转化奖励和收益分配办法给予现金、股份或出资比例等奖励和报酬。对担任领导职务的科技人员的科技成果转化收益分配实行公示和报告制度，明确公示其在成果完成或成果转化过程中的贡献情况及拟分配的奖励、占比情况等。

在实践中，高校一般会制定内部决策程序，对于职务技术成果投资入股事项进行审批，并由单位与职务技术成果完成人签订技术成果持股合同。此类合同一般包括以下条款：持股比例或者份额、收益的分配方式、职务技术成果完成人所持股份份额变动的条件、职务技术成果完成人离职后是否继续持有该股份、职务技术成果的保密、股权的行使方式、违约责任、争议的解决方式。持股主体一般可以是：高校的独资企业法人；或者经高校批准，将科技成果转让或授权给科技成果的完成人，由该完成人作为持股主体对股权进行代持。

第6章　财税处理

6.1　账务处理

技术出资和货币出资、实物出资一样，须在出资时交割完毕，核对确认知识产权出资清单、注册资本实收情况明细表或增减变动情况明细表、被审验单位的会计账户处理是否相符后，可由会计师验资后计入实收资本。受资企业在收到技术出资后账务上怎么处理？假设收到投资者的一项技术类无形资产如专利技术，且为所有权转移，根据该技术资产的评估价值或投资双方约定的金额，作如下会计分录：

借：无形资产——专利权

贷：实收资本

资本公积——股本溢价

如技术出资方是企业，以其某项专利技术对外出资，应根据股东确定的该技术的资产价值，其会计账目作如下会计分录：

借：长期股权投资

累计摊销

营业外支出

贷：无形资产——专利权

营业外收入

6.2　税务处理

6.2.1　增值税

从税法的角度看，技术作价入股，就是将技术成果进行转让以获取股权利益，属于有偿提供增值税应税服务的行为。尽管根据营业税相关规定，技术作价入股可以免缴营业税，但自2016年5月1日全面实施营改增以后，免缴营业税这一政策基础消失，故如果没有明确的转让技术免税优惠规定，根据《关于全面推开营业税改征增值税试点的通知》（财税〔2016〕36号）之附件1《营业税改征增值税试点实施办法》及附件2《营业税改征增值税试点有关事项的规定》，股东以技术投资入股属于销售无形资产的应税行为，应当缴纳增值税。根据上述规定缴纳增值税后，还须缴纳城市建设维护税（城建税）、教育费附加以及地方教育费附加。技术入股缴纳增值税大多实行简易计税方法。

需要注意的是，各地对增值税问题的理解与处理也不统一。例如《12366 南京市国税局热点问题集》（2013 年第三期）认为，企业以专利技术投资入股的行为，属于有偿提供应税服务，应按规定缴纳增值税。而上海等地的税务机关则在答复纳税人咨询时表示，上述问题尚需等国家有关部门进一步明确。其他一些地方如福建的税务局则认为：以技术资产投资入股适用《关于全面推开营业税改征增值税试点的通知》（财税〔2016〕36 号）之附件，技术入股被视为销售无形资产，根据《关于全面推开营业税改征增值税试点的通知》，可以申请免征增值税，但须履行备案程序；具体须持技术转让书面合同，到纳税人所在地省级科技主管部门按技术转让合同进行认定登记；认定后纳税人持有关的书面合同和科技主管部门审核意见证明文件报主管税务机关备查。具体需详细咨询所在地税务部门。

6.2.2　个人所得税

科技成果的作价投资＝科技成果的转让＋折算为股份或出资比例，即技术成果入股行为可分解为科技成果转让和以转让收入投资两个动作，是技术转让与投资同时进行的行为。因此，科技成果作价投资涉及税收问题，即以科技成果转让的税后收入进行投资。或者说，以科技成果作价出资折算的股权或出资比例计算应当缴纳所得税，不是以股权或出资比例纳税，而是以其面值或者公允的市场价折算为应纳税所得额。

个人以技术入股如何缴纳个人所得税？《中华人民共和国个人所得税法实施条例》规定，如系自然人以其持有的技术成果出资，需要依法缴纳个人所得税。个人用持有的技术成果对外投资取得股权，资产权属发生了变更，并且取得被投资企业的股权作为转让的对价，理应按照财产转让确认转让所得，适用 20% 税率缴纳个人所得税。关于应税所得额，个人以技术成果投资，属于个人转让技术资产和投资同时发生，对个人转让技术资产的所得，应按照"财产转让所得"项目，按评估后的公允价值确认技术转让收入，转让收入减除该技术成果原值及合理税费后的余额为应纳税所得额。个人应在发生上述应税行为的次月 15 日内向主管税务机关申报纳税。《国家税务总局关于个人非货币性资产投资有关个人所得税征管问题的公告》（国务税务总局公告 2015 年第 20 号）规定，非货币性资产原值为纳税人取得该项资产时实际发生的支出。纳税人无法提供完整、准确的非货币性资产原值凭证，不能正确计算非货币性资产原值的，主管税务机关可依法核定其非货币性资产原值；合理税费是指纳税人在非货币性资产投资过程中发生的与资产转移相关的税金及合理费用。

《财政部　国家税务总局关于个人非货币性资产投资有关个人所得税政策的通知》（财税〔2015〕41号）对包括技术在内的非货币性投资给予了5年的分期纳税优惠。个人以非货币资产作价入股获得公司的股权，按照应纳税所得额的20%缴纳个人所得税，一次性缴纳有困难的，可合理确定分期缴纳计划并报主管税务机关备案后，自发生上述应税行为之日起不超过5个公历年度内（含）。但是如果5年内企业发展不好，没有股份分红或者股权转让利润，还是存在缴纳困难的，《财政部　国家税务总局关于完善股权激励和技术入股有关所得税政策的通知》（财税〔2016〕101号）规定：个人以技术成果投资入股到境内居民企业，被投资企业支付的对价全部为股票（权）的，个人可选择继续按现行有关税收政策执行，也可选择适用递延纳税优惠政策。选择技术成果投资入股递延纳税政策的，经向主管税务机关备案，投资入股当期可暂不纳税，允许递延至转让股权时，按股权转让收入减除技术成果原值和合理税费后的差额计算缴纳所得税。一般理解应为技术成果所有权转让给被投资企业，因此，将技术成果使用权用于出资的行为无法适用递延纳税优惠政策，且被投资企业支付的对价应当全部为股票（权）的，才可以选择适用递延纳税优惠政策。此外，《国家税务总局关于股权激励和技术入股所得税征管问题的公告》（国家税务总局公告2016年第62号）规定，个人以技术成果投资入股境内公司并选择递延纳税优惠政策的，被投资企业须为实行查账征收的居民企业，且应于取得技术成果并支付股权之次月15日内，向主管税务机关报送《技术成果投资入股个人所得税递延纳税备案表》、技术成果相关证书或证明材料、技术成果投资入股协议、技术成果评估报告等资料。个人以技术成果投资入股取得的股票（权），实行递延纳税期间，扣缴义务人应于每个纳税年度终了后30日内，向主管税务机关报送《个人所得税递延纳税情况年度报告表》。

1999年《国家税务总局关于促进科技成果转化有关个人所得税问题的通知》（国税发〔1999〕125号）规定，科研机构、高校转化职务科技成果以股份或出资比例等股权形式给予科技人员个人奖励，经主管税务机关审核后，暂不征收个人所得税。1999年《财政部　国家税务总局关于促进科技成果转化有关税收政策的通知》（财税字〔1999〕45号）规定，科研机构、高校转化职务科技成果，以股份或出资比例等股权形式给予个人奖励，获奖人在取得股份、出资比例时，暂不缴纳个人所得税；取得按股份、出资比例分红或转让股权、出资比例所得时，应依法缴纳个人所得税。有关此项的具体操作规定，由国家税务总局另行制定。

综上，经向主管税务机关备案，投资入股当期可暂不纳税，即居民企业的技术出资人可以一直享受递延纳税，等到股权转让产生收入时再按股权转让收入减除技术成果原值和合理税费后的差额补缴个人所得税。

6.2.3 企业所得税

企业以技术成果投入其他企业，根据《财政部 国家税务总局关于非货币性资产投资企业所得税政策问题的通知》（财税〔2014〕116号）以及《国家税务总局关于非货币性资产投资企业所得税有关征管问题的公告》（国家税务总局公告2015年第33号），居民企业以技术成果投资其他企业，应当以非货币性资产对外投资确认的非货币性资产转让所得依法缴纳企业所得税。具体应对非货币性资产进行评估并按评估后的公允价值扣除计税基础后的余额，计算确认非货币性资产转让所得。实行查账征收的居民企业以技术成果所有权投资的，可在不超过连续5个纳税年度的期间内，分期均匀计入相应年度的应纳税所得额，按规定计算缴纳企业所得税。2016年《财政部 国家税务总局关于完善股权激励和技术入股有关所得税政策的通知》也涉及企业技术投资有关企业所得税征管问题。自2016年9月1日起，企业以技术入股可以选择递延纳税优惠政策，投资入股当期可暂不纳税，允许递延至股权转让时，按股权转让收入减除技术成果原值和合理税费后的差额计税。《国家税务总局关于非货币性资产投资企业所得税有关征管问题的公告》规定，企业选择适用上述方式进行税务处理的，应在非货币性资产转让所得递延确认期间每年企业所得税汇算清缴时，填报《中华人民共和国企业所得税年度纳税申报表》（A类，2014年版）中"A105100 企业重组纳税调整明细表"第13行"其中：以非货币性资产对外投资"的相关栏目，并向主管税务机关报送《非货币性资产投资递延纳税调整明细表》。

6.2.4 印花税

技术入股一般会涉及专利权转让、专利申请权转让、专利实施许可和非专利技术转让等技术转让，根据《中华人民共和国印花税暂行条例》及其施行细则，以及《国家税务局关于对技术合同征收印花税问题的通知》，为这些不同类型技术转让所书立的凭证，按照印花税税目税率表的规定，分别适用不同的税目、税率。其中，专利申请权转让、非专利技术转让所书立的合同，适用"技术合同"税目，纳税义务人为立合同人；专利权转让、专利实施许可所书立的合同、书据，适用"产权转移书据"税目，立据人为纳税义务人。受领专利证等证照，领受人按件5元贴花。记载资金的营业账簿，按实收资本和资本公积合计金额的0.5‰贴花，立账簿人缴纳印花税。2022年7月1日起，《中华人民共和国印花税法》施行，上述税目将适用新的税率，受领专利证等证照不再需要缴纳印花税。

第7章 风险及应对

因为出资标的的无形性、非物质独占性，技术成果入股往往也比其他出资方式存在更高的风险，也更加依赖通过法律的规制和保护加以有效预防和积极应对。下文列举了技术入股后常见的几类风险。

7.1 发生权利纠纷

7.1.1 职务成果纠纷

最常见的是职务成果纠纷，比如用于出资的技术成果实际系职务发明、职务创作、职务设计、职务育种等，其对应的知识产权归所在单位。在技术入股实践中，技术供方声称技术成果为其所有，但经过一番调查或入资完成后，发现实际为其供职单位所有，这种现象屡见不鲜。对此如有质疑，可由技术供方出具其所在（原）单位的证明，书面确认该技术成果不属于该单位的职务成果。

7.1.2 知识产权侵权纠纷

由于在技术资产尽职调查中的失误或疏漏，导致技术供方将没有自主知识产权的技术带病引入受资企业，其结果就是第三方以技术资产的真正产权人身份向其追究侵权法律责任，这种潜在的纠纷必须通过法律手段加以规避，如请技术供方签署专门的承诺书或声明，确保该技术成果的知识产权归其自身所有，避免与第三方发生混同或产权关系复杂不清的情形。当然，提高尽职调查质量也是预防此类问题的关键。

7.1.3 非专利技术使用权纠纷

由于没有进行过任何登记、备案、公示，非专利技术的权利归属往往存在较大的不确定性，特别是在多人共同开发某项专有技术的情形下，形势则更为复杂，任何暗含风险的权利瑕疵都可能带来潜在的权利纠纷。技术出资方在办理技术入股手续前已经许可他人使用该技术成果，并且该许可使用的期限将延续到技术成果入股之后的，应当事先向企业、其他股东或受理评估事务的资产评估机构说明有关情况。事先未说明有关情况的，企业有权决定对该技术成果重新作价。对作价的差额，企业股东会有权决定相应减少技术出资方的股份或责令技术出资方用其他财产予以补足。技术出资方逾期未能足额填补的，企业应当依法办理减少注册资本的变更登记手续。技术出资方对因此给受资企业或股东或第三人造成的损失应承担赔偿责任。以非专利技术成果入股的，如果技术出资违约再向第三方转让该技术成果，受资企业有权采取必要的措施予以制止。受资企业由此产生损失的，可依法向技术供方追究赔偿责任。为了提前防止此类现象的发生，可由所有非专利技术供方负责人员在办理技术出资手续时共同签字确认或出具承诺文件，也可通过公证机构就技术成果的权属进行公证确认，由其他第三人就该技术的权属加以担保，以降低纠纷的可能。

7.2 技术交付难

7.2.1 申请未获授权

在签订技术入股合同时，部分技术成果以专利（也包括集成电路布图设计、植物新品种等）申请权被引入受资企业。但是如果此类授权申请最终被国家权力部门驳回，没有取得任何权利，而且由于申请信息已经公开，该技术信息又不能以技术秘密加以保护，所以以专利（或集成电路布图设计、植物新品种等）申请权的形式进行技术入股，本身就潜藏着一定出资不实的风险。因此，可考虑在技术入股合同中增加补充条款，约定技术供方在专利（或集成电路布图设计、植物新品种等）申请未获授权的情形下，限期以货币、实物等客体加以替代，补足出资。此外，如果专利（或集成电路布图设计、植物新品种等）申请在投入企业后系由企业后续操作而导致未被授权，则需对被驳回的责任区分，并在合同中明确约定。

7.2.2 出资标的交付不到位

技术出资标的在形式上还可分为以下两种，一是技术成果对应的知识产权，二是实现技术成果所必需的、配套实施的技术秘密（非专利技术）和相应的技术资料等。实际上，真正的技术入股或成果转化，仅利用权利证书（专利权、软件著作权等）知识产权交付即可解决转化所需的技术问题的情况是相当少的，与之相应，尽管签订了技术转让协议，但是没有完成权利主体变更登记并公告，最终致使知识产权没有发生转移，是一种出资不到位的形式。另外一种形式就是，技术资料转移不充分，如技术诀窍没有传授到位，也没有对技术受方进行充分的技术指导，导致转移而来的技术成果无法形成产能，从而导致各方对是否履行了出资义务（是否依约定交付）发生争议的情况。对此，可通过法律文件和履行证据消解因技术门槛所带来的信息不对称、不信任以及后续可能的风险。具体操作是，在订立技术入股协议及其附件时，明确出资标的的知识产权及所有附随技术资料的转移时限、转移方式、转移内容、技术要求及验收标准等，并进一步具体约定交付不到位的违约责任，以供执行；在所投资企业设立后，标的技术转移条件具备时，积极协助对方依约办理技术标的转移及相关过户手续，并报登记机关备案。

7.3 达不到预期技术效果

鉴于技术是一类特殊的无形商品，作为出资标的，容易"所见非所得"，在投入企业前后发生变形走样，甚至在转移以后发生大变脸，需要引起高度重视。

7.3.1 出资成果不适格

实际上完成了技术产权转移和技术资料转移，并依约开展了技术指导培训，但是出资技术成果并没有帮助企业解决约定的技术问题，或满足约定的技术指标，或取得预想的技术成果。在排除了技术标的交接不充分，可能还存在以下原因：引进的技术成果与受资企业的生产经营的对应性不足；用于出资的技术成果本身是现有技术；用于出资的是未开发完成的技术成果，即半成品技术，甚至某些技术方案仅是技术特征的点状罗列，零散不成体系、不成方案的技术知识和信息堆叠；所转移的技术方案高度依赖技术供方的研发人员或技术操作人员的经验和个人技艺，不具有可重复性，受资企业无法充分掌握运用。这些因素，都需要在进行技术本体尽职调查时加以甄别确认，并在技术入股合同中加以排除。如出现技术成果不能满足合同根本目的，出现根本违约，可要求技术供方提供其他技术成果以达到合同目的，直至解除合同，由技术供方将其所出资无形资产用其他资产购回，并承担合同违约责任。

7.3.2 出资后技术服务不到位

由于载体限制、表达能力不同，许多技术细节信息并不能完全通过有形的资料如图纸、文件加以完全转移，特别是那些存在于技术人员脑中的技术经验、诀窍、技巧，所以技术供方的进一步技术辅导对所转移的技术能否成功落地是至关重要的。一些技术供方拿到标的股权后，怠于履行后续技术服务指导义务，没有负责任地辅导企业技术团队掌握使用该技术，没有对企业业绩作出应有的贡献。对此，受资企业要及时提示并要求技术供方按照约定履行后续义务，如要求技术供方派员将不能在图纸资料中体现的技术诀窍亲自传授或者指导，或另行订立并履行相应的技术服务合同。如出现技术成果转移后续服务不能满足合同根本目的，出现根本违约，可要求技术供方提供技术服务、指导受让企业完成设施设备安装调试、样品样机试制、规模放大和生产工艺参数验证，以及实施批量生产等各项工作；如确属无法实现合同目的，严重违约的，可向技术供方提出解除合同，由其承担合同违约责任。

另外，影响出资后技术服务不到位的是人的作用。虽然专利技术文献已经公开，但不少专利在实施过程中还存在一些非公知的技术秘密，只有掌握这些技术秘密的人才能更好地实施该专利技术，更好地实现该专利技术的技术效果。所以，掌握技术秘密的技术人员是非常重要的，决定了技术能否顺利产业化，技术转移能否成功转让。但是，在实践中，忽视技术人员的作用，漠视技术人员权益的现象为数不少，有些技术入股合同签约之后，技术人员不积极、不配合技术资料的移交，且技术培训、技术指导跟不上，等于技术出资不到位，严重影响企业的生产运行。因此，在技术入股合同中对技术人员的行为义务，以及他们应有的权益应当作出明确的规定，必要时可以考虑给予关键技术人员少量股权或期权。

7.3.3 技术成果自身价值不足

如果受资企业的转化条件、转化能力、转化环境，包括配套工艺、技术人员等所有要素都已配置到位，所有的技术资料、技术辅导都已配合到位，但是入股技术成果投入开发后，仍然达不到合同目的，如无法生产出产品，无法解决约定的技术问题，达不到合同中预先设立的产品质量标准，产品良率偏低，所引入技术成果产生的效益远远低于双方预期，这种情况属于技术成果自身价值不足。

对此，可要求技术供方提供其他技术成果以补足出资或重新作价并减少出资额降低股权比例。如出现技术成果确不能满足合同根本目的，出现根本违约，可要求解除合同，按约定方式退出技术出资，并由技术供方承担合同违约责任。为了预防引进技术价值不足，必须在订立合同时清晰明确地约定技术效果，包括具体的技术指标参数、经济指标，实践中也可考虑以许可的方式将技术资产置入受资企业，待试运行验收合格后，再确定将该技术成果置换为企业股权。

7.4 技术产权缺乏持续保护

在以技术成果的使用权投资入股的情形下，由于受资企业接受的仅仅是知识产权的使用权，而使用权所对应的主权利即完整的知识产权（如专利权）仍归技术供方所有，技术的使用权存续与否只能有赖于知识产权所有权人。所以，知识产权的维护对于使用技术的受资企业是至关重要甚至是致命的，一次忘记缴纳专利年费就会导致专利权丧失，进而已入资的专利使用权也将不复存在。前文所讨论的植物新品种、集成电路布图设计、计算机软件等需经审批授权的技术资产同样存在此类维持主权利的义务。在非专利技术使用权投资入股中，比如非专利技术所有权人有意或无意将其技术秘密泄露，投入受资企业的专有技术即成为公开技术，其所带来的技术优势不复存在，那么合同目的自然无法实现。所以，针对主权利的维护义务如定期缴纳年费、诉讼无效通知、持续保密等，一定要清晰明确地约定在技术出资协议或其附件中，不可大意。

7.5 权利受限

7.5.1 被设定质押

实践中，即便经过尽职调查，并签署了股东决议、技术入股协议、技术成果转让协议，但是如果在技术成果的知识产权转让办理登记备案前设置了担保，那么根据规定，除非出质人与质权人协商同意，否则出质人不得转让或者许可他人使用该知识产权，所以出资技术的知识产权转移无法实现。

还有一种设置质权的情况是，在以专利使用权为投资标的情形下，已办理完出资知识产权实施许可备案登记后，专利权人以出质人的身份与质权人协商将其拥有的专利权质押给质权人，订立书面合同，并向其管理部门办理出质登记，此时质押合同生效。《中华人民共和国担保法》规定，除非出质人与质权人协商同意，否则出质人不得转让或者许可他人使用。

上述两种质权的设定都将影响出资技术资产的权利移转和合理使用，而且当债务人不履行债务时，质权人有权依照法律规定以该知识产权折价或者以拍卖、变卖的价款优先受偿，受资企业的权益将受到极大影响。所以，在技术投资入股操作时需要倍加注意，并及时反复调查、确认标的技术的知识产权是否存在质押登记。

7.5.2 有在先知识产权

有在先知识产权，也就是在标的技术的知识产权被授权以前，就有其他知识产权存在，且标的技术的知识产权权利保护范围落在该在先知识产权的权利范围之内，即该标的技术专利权已被其他知识产权所覆盖。一旦存在在先知识产权，此类技术成果即使经过权利移转后交付企业实施应用，还需以取得在先知识产权人的许可授权为前提。这就给技术入股的效果带来了一定的不确定性。而且，这种在先权利的存在，是一种比较隐蔽的权利限制，很容易被忽略，防不胜防，的确需要加以考虑。所以，技术引进企业在接受技术入资时，需在尽职调查阶段进行充分的知识产权检索。如有必要，还可以委托专业机构进行技术自由实施（FTO）❶ 专项尽职调查。技术入股项目在实施中被第三人以在先基础专利提出权利要求，受资企业可以按照与技术供方事先订立的合同、出资协议加以解决，如明确许可使用费的缴纳义务、违约责任等。但其前提是已事先就此作出约定。

---

❶ FTO（Freedom to Operate）指的是实施人可在不侵犯他人专利权的前提下对该技术自由地进行使用和开发，具体就是出一份专利侵权检索与分析报告。

7.6　技术价值虚高

出资不足是企业注册资本方面最为常见的纠纷诉由之一。技术出资不足，通常反映为所引入的技术价值虚高。以公司入资为例，投资前的技术价值虚高一般见于：①技术出资评估虚增价值，对此，技术出资方应对其他股东承担违约赔偿责任及公司法项下的资本充实责任。②股东之间协商，通过虚增技术评估价值提高技术出资方的出资比例。对于此种虚增价值的情形，全体股东需要承担公司法规定的的资本充实责任，视情况履行补足出资，企业设立时的其他股东承担连带责任。

根据《公司法》，股东出资的非货币财产的实际价额显著低于公司章程所定价额，还可构成虚假出资。企业成立或增资后，如发现虚假出资，应当由完成技术出资的股东补足其差额，企业设立或增资时的其他股东承担连带责任。但是，技术价值具有不稳定性，出资后技术资本可能发生价值变动。所以企业存续期间，因市场行情变化或其他原因使技术资产价值发生波动的，一般不宜简单地定性为虚假出资。

7.7　技术贬值过快

技术都是存在一定寿命的，由于科技进步发展，技术迭代更新，其本身具有的价值可能随着时间的推移而逐渐降低。按照资本维持原则，一项技术成果经出资后，发生技术价值自身的贬损，技术供方是否有义务在贬值范围内补足出资？对此类情形，《公司法》第三十条已有明确规定："有限责任公司成立后，发现作为设立公司出资的非货币财产的实际价额显著低于公司章程所定价额的，应当由交付该出资的股东补足其差额；公司设立时的其他股东承担连带责任。"但是，如果出资技术价值并不是显著低于所定价额时，则另当别论。这一点，可以参考有形资产出资，如一项实物作为出资标的发生移转并投入使用后，作为有形物其在生产制造过程中因消耗和折旧而不断贬值，但这往往不会导致企业注册资本的减少，相应的出资股东的权利也不因此减损。那么以此类推，技术同样作为出资标的，也只应以其出资时的价值承担股权交易对价。而因为时过境迁价值减损，除非特别显著超出当事人预见范围的技术贬值，而且技术成果的法律保护期限远短于企业登记存续期间，否则为了维持股权结构稳定和市场交易秩序，就技术正常减值予以补足尚需商榷。在实践中，《深圳经济特区技术成果入股管理办法》对上述观点也给予了确定，其第三十二条规定："已经入股的专利权、计算机软件著作权因保护期满而终止的，相应的股份不受影响。"第三十三条规定："非专利技术成果入股一年后，其使用价值减少或者丧失的，相应的股份不受影响。

但因技术出资方的过错导致非专利技术成果使用价值减少或者丧失的，技术出资方应当对因此给企业或债权人造成的损失承担赔偿责任。"在实践中，可以通过合同条款加以明确，也可以考虑通过设置担保合理预先应对此类风险。

7.8 转化后的产品市场风险

转化后的产品市场风险最难预料，其表现为与市场需求不匹配，或市场容量太小，产品的市场认可和接受的程度低，技术转化项目的盈利无法覆盖成本。还有就是转化产品市场准入、行政许可难以取得或出现产品质量问题而无法解决。项目转化需要高额的资金投入，使项目存在资金风险，但如果没有围绕产品形成有效的壁垒，市场竞争过于激烈，项目风险就会大大升高。此外，原材料价格上涨、能源动力成本上升等经济因素，也可能使技术转化无利可图。或者，环境保护方面的法律规制，国家对产业宏观调控，法规政策变动都可能使技术实施受到限制，从而表现为市场风险。除了尽职调查因素，上述这些风险一般不可测、不可控，大多由其他出资人、受资企业共同承担。

第8章 技术出资流程

根据《公司法》的相关规定，技术出资须履行一系列程序。本书以拟通过技术类知识产权入资的方式设立公司为例，根据实践惯例，除进行投资预备、预先进行可行性分析，以及由申请人或者其委托的代理人向登记机关取得企业名称预先核准外，大致还须进行如下操作。

8.1 尽职调查

在技术投资过程中，由于信息不对称，除商业价值外，很多技术受方往往缺乏对该项技术原创性、先进性、知识产权的保护程度等的深入了解，更缺乏科学评估的手段，容易导致很多项目在实施后才发现自身技术优势不足，或存在各种权利上的瑕疵，甚至可能遭遇各种纠纷诉讼。所以在引入并用于生产经营以前，从法律、技术乃至商业等方面对标的技术进行充分的调查、分析、论证，是非常必要的。

技术成果这类无形资产的尽职调查，一般是基于特定的商事需求，委托第三方专业机构或人员对拟作价入资的技术成果的相关信息进行收集和分析及系统性梳理，识别、预测和评价相关的风险问题以及收益机会，为委托方提供投资决策的参考依据，最终形成综述报告的专业性服务活动。此种尽职调查包括对其知识产权的尽职调查和对其技术部分的尽职调查，有助于预防侵权争议、控制合同风险、防止欺诈、避免投资浪费、降低交易费用、提高交易质量等。当然，这些尽职调查是以看懂看清技术的商业价值和市场前景为前提和基础。

8.1.1 尽职调查的意义

（1）解决信息不对称问题

通过对标的技术成果开展尽职调查，作为委托方（一般为拟受资企业）可以充分接触该技术成果并合法获取交易标的信息，如技术资产的所有权归属、法律状态、运营等情况，获取全面系统的事实根据，从而有助于对标的技术的准确价值作出客观、科学的评价，有助于商业谈判，并对是否采纳该标的技术入资提供决策参考。

（2）发现价值、识别风险

委托方可以依据技术成果的尽职调查结果和报告，对标的技术进行综合性的价值挖掘与风险评估，以更好地了解标的技术的实际价值，并有利于发现潜在的可能阻碍未来商事活动或交易的法律风险及可能带来的隐性成本，从而避免入资风险和成本的增加。

（3）帮助确定交易对象

在投资决策前，转让方和受让方一般会根据比较优势和利润最大化的原则，根据技术转移的目的、性质，在综合判断交易标的价值和交易成本的基础上，互相挑选交易对手和合作伙伴。

8.1.2　尽职调查的目的

从宏观来看，技术尽职调查的目的基本相同，主要有几个：一是梳理并如实披露标的技术资产所对应的知识产权状况，包括权利内容、权利归属、权利来源、权利负担等；二是确认技术资产的存在，确认被调查技术与受资企业业务产品的相关性，以及技术优势、技术来源、技术应用性、技术的成熟度等特征；三是分析目标技术的知识产权存在的风险，包括实施风险、交易风险等。按照目的和分工不同，技术资产的尽职调查分为知识产权尽职调查和技术本体尽职调查。

8.1.3　法律尽职调查的范围

法律尽职调查主要是围绕知识产权展开。这里的知识产权即技术资产的载体或其法律权利形式，不同类型的知识产权所需要调查的内容不尽相同，尽职调查团队即受托方可以参考以下知识产权尽职调查的共性内容展开调查工作，进而再结合实际情况和权利特征进行特别调查。总体来看，对各类技术型知识产权进行调查的主要范围大体可总结如下。

（1）权利现状

必须确保技术供方拥有完全、合法、有效的相关知识产权权利，产权关系明晰，确定该知识产权是否在申请、公告、授权、无效中，知识产权是否处于有效状态❶，明确权利的稳定性、知识产权的权利负担状况等。

（2）权利内容

根据现行法律、法规、规章，各类型知识产权的权利内容主要包括如下几个方面：

① 著作权权利内容包括发表、修改、署名等人身权以及复制、发行、出租、表演、广播、改编、信息网络传播等财产权。

---

❶　对于专利来说，为了扩大保护范围，其持有人还可能会申请系列专利，此时还需要审查关联权利的相关信息，以对权利的状态进行准确评估。

② 软件著作权权利内容包括发表、修改、署名等人身权，复制、发行、翻译、信息网络传播等财产权，以及转让或许可他人使用并由此获得报酬的权利。

③ 专利权包括制造、使用、销售、许诺销售、进口等内容。

④ 集成电路布图设计专有权包括对受保护的布图设计的全部或者其中任何具有独创性的部分进行复制；将受保护的布图设计、含有该布图设计的集成电路或者含有该集成电路的物品投入商业利用。

⑤ 植物新品种权包括生产或者销售授权品种的繁殖材料，相关行为人不得为商业目的将授权品种的繁殖材料重复使用于生产另一品种的繁殖材料等内容。

（3）权属状况

技术出资主体一般应当是有权处分该知识产权的人。这时需要明确知识产权权属关系的实际情况，如是否涉及职务作品/发明、委托作品/发明、合作作品/发明，有无共有人等；知识产权的实施是否受制于他人；知识产权有无授予第三人许可使用等。

（4）法律风险

知识产权的法律风险包括一般涉诉讼或仲裁风险以及未发生诉讼或仲裁时的法律风险。其中，涉诉情况调查是对标的技术发生的诉讼、仲裁情况进行调查，了解案件情况、案件进程，并根据代理律师及技术持有人的分析意见报告诉讼或（仲裁）风险，例如已有的诉讼或仲裁对目标技术的正常使用是否有影响及影响范围是多大；诉讼或仲裁风险分析是对基于标的技术发生的诉讼或仲裁进行进一步分析，结合案件证据对目标公司在诉讼或仲裁中存在的风险进行分析；未涉诉风险分析是在标的技术未涉诉的情况下，若委托方对其重点知识产权内容是否存在法律风险较为关注，如技术持有人是否会被控侵权或权利受到限制，甚至被无效，都可对此进行较为深入的调查分析。

8.1.4　知识产权部分尽职调查的操作

技术成果相关的知识产权（技术产权）所涵盖的内容较广，包括但不限于：专利权、技术秘密权、著作权（包括计算机软件著作权）、植物新品种权、集成电路布图设计专有权及其他与知识产权相关的权利。由于篇幅所限，下面仅列举专利权、技术秘密权、著作权等几类常见的调查标的技术产权。

1. 专利权尽职调查

（1）调查内容

对专利权的尽职调查应审查的内容一般包括以下七点：

① 专利权及专利申请权的权属情况及登记情况，是否存在与任何第三方共有的情形。

② 专利权的有效期限，年费是否已缴纳。

③ 专利权是否有权利质押、冻结等权利限制的情形。

④ 专利权及专利申请权是否发生过转让。

⑤ 专利权有无强制许可或排他性许可、普通许可等情况，许可是否备案登记。

⑥ 是否存在与专利权相关的职务发明、委托发明、合作发明的情况。

⑦ 是否存在与专利权相关的潜在纠纷或诉讼情况等。

对专利权的尽职调查的一个关键是考察专利登记簿副本❶，此外，还应关注被调查方所拥有或经许可使用的专利权的所属管辖情况，了解被调查方是否已在境外实际经营，该等经营是否涉及相关专利权的使用，相关知识产权是否已在境外经营所在地管辖权下获得知识产权权利保护，是否存在侵犯第三方知识产权或发生潜在纠纷的情况等。

（2）调查实施

专利权尽职调查主要结合相关资料及信息，针对标的技术相关专利的申请授权情况、专利权权属状况、法律状态、运营情况、涉诉情况及法律风险等方面对下述具体内容展开尽职调查。

① 标的技术的专利清单，内容包括专利及专利申请的国别、类型、名称、申请号、申请日期、公开（告）号、公开（告）日期、授权日期、有效期限、法律状态、转让情况、许可情况等。

② 基于标的技术的已授权专利，需对专利证书、专利登记簿副本、授权文本、剩余有效期限、年费缴纳凭证等内容进行审查，并通过各国知识产权主管部门查询平台检索公开信息进行二次确认。由于实用新型专利和外观设计专利只经过初审即授权，未进行实质审查，这两类专利的有效性与稳定性存在不确定性，因此应进行专利检索，可向国家知识产权局请求出具专利权评价报告，以确定是否可以接受专利权用于出资。

③ 技术持有人已提交申请但尚未获得授权的专利，需要对申请文件提交回执、专利申请受理通知书、进入实质审查通知书、审查意见通知书等官方发文及缴费凭证等内容进行审查。

④ 技术持有人通过自行研发取得专利申请权或专利权的，需要对研发利用

---

❶ 需要注意的一点是，专利登记簿副本是表明专利即时的法律状态的证明。专利授权时，专利登记簿与专利证书上记载的内容一致，在法律上具有同等效力；专利权授予之后，专利的法律状态变更仅在专利登记簿上记载，由此导致专利登记簿与专利证书上记载的内容不一致的，以专利登记簿上记载的法律状态为准。

的物资技术来源进行调查，并对专利权证书、技术研发记录文件等内容进行审查。

⑤ 技术持有方通过委托开发或合作开发取得专利申请权或专利权的，需要对委托开发协议、合作开发协议、权利归属相关条款或协议等内容进行审查。

⑥ 技术持有人通过个人的职务发明取得专利权的，需要对职务发明归属协议、发明人或设计人的工作经历、企业内部的职务发明管理规定等内容进行审查。

⑦ 技术持有人通过受让取得专利申请权或专利权的，需要对转让协议、转让登记证明、专利著录变更证明、变更公告、转让费支付凭证等内容进行审查。

⑧ 技术持有人通过被许可方式取得专利使用权的，需要对专利权属证明、许可使用协议、许可使用合同备案登记证明、许可使用费支付凭证、被许可使用的权利范围、被许可的类型及使用期限约定等内容进行审查。

⑨ 技术持有人已将专利申请权或专利权作价出资的，还需要对专利权属证明、专利权评价报告、出资协议等内容进行审查。

⑩ 技术持有人已将专利权许可或转许可他人使用的，需要对专利权属证明、许可使用协议、许可使用费支付凭证、许可使用期限、许可的类型、许可使用的权利范围、合同备案情况等内容进行审查。

⑪ 技术持有人已将专利权质押的，需要对专利权属证明、质押协议、专利权质押登记证、年费缴纳情况等内容进行审查。

⑫ 技术持有人与专利权相关或者与专利权协议相关的诉讼、仲裁等涉诉情况。

⑬ 技术持有人如属于机构，其与核心研发人员之间的保密协议、竞业限制协议约定的内容以及竞业限制补偿金的发放情况。

⑭ 技术持有人如属于机构，其专利管理及保护的内部规章制度，以及对于正在研发过程中的核心技术的相关保密措施。

⑮ 技术持有人如属于机构，其核心研发人员的工作历程及与其原单位之间的劳动合同、保密协议、竞业限制协议约定的内容以及竞业限制补偿金的发放情况。

⑯ 区分标的专利是外围专利还是核心专利，甚至是标准必要专利，了解标的专利的稳定性情况，包括但不限于授权专利是否进入复审或无效程序，专利（申请）是否属于技术领域的公知常识和自由技术、是否可能被在先公开。

⑰ 标的技术的竞争产品和专利情况，分析竞争对手产品是否有侵害目标企业专利权的可能性，或者目标企业产品（特别是核心产品）是否有侵害竞争对手专利权的可能性，必要时可进行 FTO 调查。

2. 技术秘密权尽职调查

即使单纯以专利技术为出资标的的情况下，尽职调查也要确认是否同时存在非专利技术。由于技术秘密存在固有的保密性，相比其他类型的知识产权，技术秘密的受让方难以对技术供方的技术秘密之合法性、完整性、实用性展开调查，因此，技术秘密权尽职调查需要格外付出精力和辛苦。

（1）调查内容

技术秘密权尽职调查需着重调查以下事项：

① 被调查方拥有的技术秘密权的概述、类型、载体、数量、范围以及重要性；

② 被调查方采取的技术秘密权保护措施、涉密级别、流转范围；

③ 确定技术秘密权来源的合法性；

④ 技术秘密权的对外合作及使用情况；

⑤ 技术秘密权的潜在法律风险。

（2）调查实施

技术秘密权的尽职调查应结合相关资料及信息，对包括但不限于下述内容开展调查：

① 由于没有相关部门颁发的专利证书，技术秘密权没有直接的证明资料，只能有赖于如技术研发情况、技术信息或经营信息形成记录等。

② 标的技术秘密的表现形式及使用情况。

③ 企业内部技术秘密管理制度落实情况及技术秘密保密措施实施情况，例如，是否与员工签订了保密协议、竞业禁止协议，是否对涉密资料进行了存档管理，是否明确告知保密人员商业秘密的范围、保密义务等。

④ 技术持有人涉及技术秘密研发人员的劳动合同，对职务创作或者职务发明的约定及激励措施等。

⑤ 技术持有人核心研发人员的工作历程及与其原单位之间的劳动合同、保密协议、竞业限制协议约定的内容以及竞业限制补偿金的发放情况。

⑥ 技术持有人已将专有技术对外许可的，则需要对许可使用协议、许可使用期限、许可的类型、许可使用的权利范围及限制、许可使用费支付凭证等内容进行审查。

⑦ 检索查阅诉讼、仲裁相关网站，确认并排除该技术秘密是否存在侵权或潜在侵权的风险。由于难以对技术秘密进行调查，所以受让方难以在信息不充分的情况下对转让方技术秘密的合法来源以及未来应用技术秘密是否合法进行评估。

3. 著作权尽职调查

（1）调查内容

不同于专利权及商标权受限于须经注册登记而受法律保护，著作权自作品创作完成之日起产生，不以注册登记为要件和前提。一般而言，大部分企业会将有商业用途的著作权进行登记，而不对仅在内部使用的著作权作登记。对著作权的尽职调查应审查的内容包括但不限于：

① 著作权的权属情况；

② 著作权的保护期；

③ 著作权的许可使用情况，包括但不限于许可使用地域范围、许可使用权利种类（专有许可还是非专有许可）、许可期间、是否允许转许可；

④ 著作权是否发生过转让；

⑤ 著作权是否有设定任何权利限制；

⑥ 是否存在与著作权相关的潜在纠纷或诉讼情况；

⑦ 是否是职务作品等；

⑧ 委托创作、合作创作的作品，是否有合同约定，著作权权属如何约定。

（2）调查实施

作品著作权尽职调查主要结合相关资料及信息，针对标的技术所享有的著作权权属状况、法律状态、运营情况、涉诉情况及法律风险等方面对下述具体内容展开尽职调查。

① 标的技术涉及著作权保护的作品清单，内容应包括作品标题、证书编号、完成日期、登记日期、作品类型、作者、作品名称、权利人、权利来源、权利归属、衍生作品、权利限制等。

② 标的技术作品完成日期、发表日期，剩余权利期限及是否办理了著作权登记。

③ 标的技术办理了著作权登记的则主要核查著作权登记证书，结合国家版权登记中心网站进行核实，并通过访谈等方式对其著作权权属情况进行印证。

④ 标的技术未办理著作权登记，但声称对作品享有著作权的，则须核查相关协议、作品创作底稿及相关证明文件。

● 技术供方通过主持创作取得著作权的，需要对创作底稿、主持创作的会议记录及决议、创作完成的时间证明文件、首次发表的证明文件等内容进行审查。

● 技术持有人通过委托创作取得著作权的，需要对著作权委托协议、权利归属协议等内容进行审查。

• 技术持有人系通过与他人合作创作取得著作权的，需要对合作协议、权利归属协议等内容进行审查。

• 技术持有人系通过个人的职务创造取得著作权的，需要对职务作品归属协议、企业内部的职务作品创造激励办法等内容进行审查。

• 技术持有人系通过受让取得著作权的，需对著作权转让协议、转让费支付凭证、著作权登记变更证明等内容进行审查。

• 涉及国际著作权的，则需对作者、完成的时间、首次发表的时间及国家是否是《伯尔尼保护文学和艺术作品公约》成员国等内容进行审查。

⑤ 技术持有人系通过被许可方式取得著作权的使用权的，则需对著作权权属证明、著作权许可使用协议、许可使用费支付凭证、被许可使用的权利范围及限制、被许可的类型、被许可使用期限约定及剩余期限等内容进行审查。

⑥ 技术持有人将著作权作价出资的，需要对投资对象的情况、投资对象与目标企业之间的关系、出资协议中著作权作价合理性等内容进行审查。

⑦ 技术持有人已将著作权许可或转许可他人使用，需要对许可使用协议、许可使用期限、许可的类型、许可使用的权利范围及限制、许可使用费支付凭证等内容进行审查。

⑧ 技术持有人已将著作权质押的，需要对著作权质押协议、质押目的、期限及著作权质权登记簿等内容进行审查。

⑨ 技术持有人与著作权相关或者与著作权协议相关的诉讼、仲裁等涉诉情况。

⑩ 技术持有人与核心研发创作人员之间的保密协议、竞业限制协议约定的内容以及竞业限制补偿金的发放情况。

⑪ 技术持有人关于著作权管理及保护的内部规章制度，以及对于核心著作权的相关保密措施。

⑫ 技术持有人为机构的，其核心研发创作人员的工作历程及与原单位之间的劳动合同、保密协议、竞业限制协议约定的内容以及竞业限制补偿金的发放情况。

4. 计算机软件著作权尽职调查

（1）调查内容

对软件著作权的尽职调查应审查的内容包括但不限于：

① 软件著作权的权属情况及登记情况；

② 软件著作权的许可使用情况；

③ 软件著作权是否设定有任何担保权益或其他任何负担；

④ 软件著作权是否发生过转让；

⑤ 是否存在与软件著作权相关的潜在纠纷或诉讼情况等；

⑥ 软件著作权是否是职务作品；

⑦ 被调查方使用的第三方软件是否得到合法授权。

（2）调查实施

对软件著作权的尽职调查应围绕下述具体内容展开。

① 标的软件涉及著作权保护的作品清单，内容应包括证书编号、登记日期、作品类型、作者、作品（软件）名称、权利来源、权利归属、权利限制等。

② 标的软件各作品完成日期、（首次）发表日期，剩余权利期限及是否办理了著作权登记。

③ 标的软件办理了著作权登记的则主要核查计算机软件著作权登记证书，结合国家版权保护中心网站进行核实，并通过访谈等方式对著作权权属情况进行印证。

④ 标的技术未办理著作权登记，但声称对作品享有著作权的，则须核查相关协议、软件代码及软件产品登记证书等相关证明文件。

● 技术持有人通过主持创作取得著作权的，需要对创作底稿、主持创作的会议记录及决议、创作完成的时间证明文件、首次发表的证明文件等内容进行审查。

● 技术持有人通过委托创作取得著作权的，需要对著作权委托协议、权利归属协议等内容进行审查。

● 技术持有人系通过与他人合作创作取得著作权的，需要对合作协议、权利归属协议等内容进行审查。

● 技术持有人系通过个人的职务创造取得著作权的，需要对职务作品归属协议、企业内部的职务作品创造激励办法等内容进行审查。

● 技术持有人系通过受让取得著作权的，需对著作权转让协议、转让费支付凭证、著作权登记变更证明等内容进行审查。

● 涉及国际著作权的，则需对作者、完成的时间、首次发表的时间及国家是否是《伯尔尼保护文学和艺术作品公约》成员国等内容进行审查。

⑤ 技术持有人系通过被许可方式取得著作权的使用权的，则需对著作权权属证明、著作权许可使用协议、许可使用费支付凭证、被许可使用的权利范围及限制、被许可的类型、被许可使用期限约定及剩余期限等内容进行审查。

⑥ 技术持有人将著作权作价出资的，需要对投资对象的情况、投资对象与目标企业之间的关系、出资协议中著作权作价合理性等内容进行审查。

⑦ 技术持有人已将著作权许可或转许可他人使用的，需要对许可使用协议、许可使用期限、许可的类型、许可使用的权利范围及限制、许可使用费支付凭证

等内容进行审查。

⑧ 技术持有人已将著作权质押的，需要对著作权质押协议、质押目的、期限及著作权质权登记簿等内容进行审查。

⑨ 技术持有人与著作权相关或者与著作权协议相关的诉讼、仲裁等涉诉情况。

⑩ 技术持有人与核心研发创作人员之间的保密协议、竞业限制协议约定的内容以及竞业限制补偿金的发放情况。

⑪ 技术持有人关于著作权管理及保护的内部规章制度，以及对于核心著作权的相关保密措施。

⑫ 技术持有人为机构的，其核心研发创作人员的工作历程及与原单位之间的劳动合同、保密协议、竞业限制协议约定的内容以及竞业限制补偿金的发放情况。

5. 植物新品种权尽职调查

（1）调查内容

可以根据《中华人民共和国植物新品种保护条例》（以下简称《植物新品种保护条例》）等法规规章及地方规范性文件的规定，对品种权、申请权、优先权、许可权、转让权、放弃权、保护年限、年费等内容进行尽职调查。对植物新品种权的尽职调查包含植物新品种的品种权保护和品种审定两部分，在对植物新品种权进行尽职调查时需要进行区分。对植物新品种权的尽职调查应审查的内容包括但不限于以下情况。

① 植物新品种申请品种权的申请情况，包括品种名称、申请日、培育人、申请人、共同申请人、品种来源、申请日期。

② 取得品种权的授权审查情况，包括品种名称、授权日、培育人、品种权人、共同品种人、品种来源、申请日期、品种权证书号等。

③ 申请植物新品种权品种的来源亲本是否在申请品种权、申请情况，或申请植物新品种权品种的来源亲本是否已经取得品种权等，该亲本的使用是否被授权许可。

④ 植物新品种与亲本品种的申请品种权的共同申请人、取得品种权的共同品种权人是否存在交叉，共同申请人和品种权人的基本情况。

⑤ 取得植物新品种权品种的有效期限，是否按时缴纳了年费。

⑥ 植物新品种获得授权后权利的许可、转让等情况，包括该品种对外的授权是独占许可、排他性许可或者是一般许可，若该品种有共同品种权人，该共同品种权人是否同意许可或转让。

⑦ 若该植物新品种属于农业农村部以及各省级人民政府农业行政部门确定

的主要农作物品种，则需要调查植物新品种审定的基本情况，包括申请审定的品种名称、审定名称与申请或授权品种权名称是否一致、何时申请审定、在何省份申请、是否申请国家审定、审定通过的时间、审定证书、审定编号、审定单位、培育人、审定单位与申请人或品种权人名称是否一致等。

⑧ 已审定的品种，是否按照农业农村部的规定向中国农业科学院作物科学研究所国家作物种质库提交品种标准样（标准样品作为审定通过品种的实物档案，将由国家农作物种子质量检验中心进行统一封存保管，形成共享的 DNA 指纹图谱信息，作为鉴定品种真实性和纯度的对照）。

⑨ 是否存在与申请植物新品种权的品种、取得品种权品种的相关的潜在纠纷或诉讼情况等。

⑩ 植物新品种的生产方法，是否依照《专利法》的规定申请专利权。

（2）调查实施

对植物新品种的尽职调查应审查的文件包括但不限于：

① 农业农村部植物新品种保护办公室关于植物新品种权的申请公告；

② 农业农村部植物新品种保护办公室关于植物新品种权的授权公告；

③ 植物新品种权证书；

④ 植物新品种权年费缴纳票据等；

⑤ 植物新品种亲本的品种权证书及年费缴纳；

⑥ 主要农作物品种审定认定证书；

⑦ 植物新品种权转让协议、许可使用协议、质押协议；

⑧ 植物新品种自申请品种权之日起在历年生产、销售中出现的质量纠纷及索赔，农业行政执法部门是否进行处罚及相关处罚文件、处理结果；

⑨ 与植物新品种相关的诉讼、仲裁情况说明及相关判决书，其他上述植物新品种审查文件中提及的知识产权相关文件。

6. 集成电路布图设计权尽职调查

（1）调查内容

对集成电路布图设计专有权的尽职调查应审查的内容包括但不限于：

① 布图设计专有权的权属情况；

② 是否存在与布图设计专有权相关的合作创作、委托创作的情况；

③ 布图设计专有权的有效期；

④ 布图设计专有权的许可使用情况；

⑤ 布图设计专有权是否存在任何权利质押或其他权利限制；

⑥ 布图设计专有权是否发生过转让；

⑦ 是否存在与布图设计专有权相关的潜在纠纷或诉讼情况等。

（2）调查实施

对布图设计专有权的尽职调查应审查的文件包括但不限于：

① 国家知识产权局颁发的布图设计专有权登记证书；

② 与布图设计专有权相关的合作协议、委托协议、许可使用协议；

③ 与布图设计专有权相关的转让协议、质押协议及其相关的登记文件；

④ 与布图设计专有权相关的诉讼、仲裁等情况说明及相关判决书或行政机关处罚通知书。

8.1.5 技术本体尽职调查

对技术成果的技术部分的尽职调查，也称为"技术本体尽职调查"。技术成果的质量高低是难以通过常规的法律尽职调查手段加以识别断定的，还需要从专业技术的角度加以分析判断。技术本体尽职调查前，承办人应当基于技术交易标的、交易内容、技术指导标准等作深入调查，需要技术供方准备的资料包括：完整规范的技术文件，如技术背景资料、可行性论证报告、技术评价报告、项目任务书、计划书、技术标准、技术规范、原始设计和工艺文件，技术开发报告，技术应用效果报告，试验记录、工艺流程文件、技术数据，设计图纸，技术成果鉴定证书（如果有）、产品质量报告、检测（验）报告、型式检验报告、技术查新报告，用户使用说明报告，以及其他技术文档等。技术本体的尽职调查关键内容大致包括如下几点。

1. 确认技术资产

作为出资的财产，首先，财产应当是确定的，即出资标的必须是特定化的，作为出资标的物必须客观明确，不得随意变动。其次，标的技术是否为完整可用的技术成果，是否必须有其他技术的技术支持或配合，排除未完成的技术方案，零散的、堆砌的、部分的技术信息和知识而非科研成果进入交易。故这一环节，就是明确标的技术成果实际体现为哪些技术方案，技术方案具体包括哪些内容，它最终体现为一种产品、一种工艺，还是一种设备，抑或兼有。

首先，可通过技术供方提供的技术清单、文件，了解标的成果的主要技术内容，包括主题、对应产品、工艺、应用情况，以及各自相应的技术性能指标。确认每一项技术、工艺等是否都实际存在；核实它们都依附于哪些形式的物质载体，并查验目标企业披露的载体、资料是否全面、完整；判断这些载体与资料之间是否有矛盾之处、能否与技术资产清单对应。对于其中有疑问之处，应与技术供方知情人员充分沟通，并请其提供令人信服的解释。此外，根据需要，调查团队还可走访技术供方的研发、生产、质量管理等部门，查看研发设备、工艺流程、物料、半成品、产品等，以核实所调查技术的实施、使用情况，如生产工艺、生产主要设备和条件、工艺参数、生产过程、生产中质量控制方法。此外，技术供方相关的产品检测报告也可佐证技术资产的存在。

其次，可做技术全景调查，即利用技术分析的手段，如制作技术（专利）图表的方法，展示所在技术领域的技术分布情况、专利申请趋势、专利申请人分布、竞争对手分析、技术路线等，明确所在行业的技术成熟情况、技术热点、技术空白，以便与标的技术对比，如该技术成果属于基础技术还是改进技术。通过技术全景调查做到知己知彼，有备无患。

最后，应与有关技术人员确认，标的技术成果是否实际包含通用、公开的技术知识、信息。如是，应当重新协商，就该技术成果的内容加以删减、重新评价，并最终确定技术交接的标的和标准。

2. 确认技术与受资方业务的对应性

确认技术与受资方业务的对应性即明确标的技术成果适用于受让企业的有关业务、对应受让企业的产品或服务、使技术方案内容与实际项目使用技术保持一致、对受让企业生产经营活动有益。具体可通过询问技术供方负责人、了解生产工艺、生产主要设备和条件、工艺参数、生产过程，以及受资企业的相关条件匹配程度等加以确定。必要时，可就拟受让方的技术受让承接能力进行专题尽职调查。

3. 技术查新

通过委托国家科技主管部门认定的、具有从事科技查新咨询业务资质的查新机构，按照《科技查新技术规范》（GB/T 32003）查证标的技术成果是否具有新颖性，根据查新报告剔除已公开现有技术。我国目前查新资源较为丰富，不少高校和科研院所都设有对外提供查询服务的查新机构。

4. 进行技术评价、明确技术优势

（1）技术评价

因内容不同，对技术成果的评价特征和规律一般可分为以下几类。

① 技术评价内容包括：

技术方案合理性的分析评价，如运行过程的连续性、运行过程中的协调性等；技术方案适用性的分析评价，如原材料和燃料等的适用性，地理、水文、气候等条件的适用性；技术方案可靠性的分析评价；技术经济性的分析评价等。

② 技术设备评价内容

技术设备生产性能评价；技术设备可靠性评价；技术设备耐用性的评估；技术设备安全性和维修特性的评价；技术设备配套性与系统性的评价；技术设备灵活性和经济性的评价等。

（2）判断技术优势

技术评价的目的是明确该技术成果的技术优势何在。在明确标的技术与现有技术的实质性区别以及标的技术效用的基础上，通过对比产品（或服务）与现有技术的技术（性能）指标、参数，分析被调查技术与竞争对手之间的优劣势。

首先，明确技术能够实现的性能、功用。为便于技术受方进行技术预测和价值判断，最好由技术供方提供与技术标的最接近的现有技术加以对比分析，最终目标是核实标的技术在应用中的优劣，一般包括以下几点：

① 开发新品种，实现或加强产品或服务平台化、系列化、模块化、集成化、多功能化、组合化、功能单一化等。

② 改进产品结构，如实现或加强小型化、大型化、便携化、轻量化、装置去复杂化等。

③ 改善产品或服务质量，如提高机械强度、柔韧度、精度、纯度、灵敏度、稳定性等。

④ 优化传统产品性能，如智能化、网络化、柔性化、数字化、自动化、操作简易、"傻瓜"化；消除有害作用，降低有害作用敏感性，提高适应性等。

⑤ 提高可操作性，改善客户体验，如产品呈现未来化、个性化、高级化、高功能化、高速化等特征。

⑥ 延长产品安全使用寿命，提高耐用性、耐久性、免修化、无故障化等。

⑦ 完善、改良工艺流程，缩短生产周期，降低产品成本。改善工艺可操作性，工序简化，提高自动化，减低控制复杂性，提高生产的稳定性；提高原材料利用率，提高产量，提高得率，提高效率，提升制造精度，提高产品合格率；减少废品，降低污染，节约资源能耗，保护资源环境，产品制造或服务呈现绿色化、资源再生化、廉价化、省能源资源化等。

⑧ 其他优势，如增强生产作业操作安全性，改善测量精度，提高易维修性，满足持续供应，提高经济效益和社会效益等。

其次，明确技术的先进性。在可获取的前提下，可以通过性能指标、技术参数加以反映。在识别技术进步点的基础上，可以通过查新、检索国内外同类技术达到的参数来对比确定欲转化的技术成果究竟处于何种水平。也可通过技术实验报告、产品检测报告，或考察样品、样机、专用设备、专用原材料或原型产品、软件等获知技术参数及其先进性。此外，可基于研发所涉及的试验方案、技术路线、工艺方法、项目技术特征、结构工艺特点，与国内外同类研究的对比情况，分析是否构思精妙、克服了长久存在的技术难题，判断其技术上的先进性。为最终确定技术的优势，还可根据需要到技术供方的生产、工艺、研发、测试、质量管理等部门现场调查，查看系统设计、制造程序、专有工艺流程、生产、操作半成品、标准、测试结果、产成品、废物处理情况等。针对存在的疑惑，可询问技术供方的相关技术人员、质控人员、研发人员，加以确认。

5. 确认技术来源

在实践中，不少企业技术人员在离职创业过程中多多少少会利用自己在原单位工作中获取到的信息和资源，例如经验值、图纸、程序代码等，这就可能存在侵犯原单位技术类知识产权的风险，所以有必要从技术的角度明确入资标的的确切来源。除了标的技术相关的开发合同以外，一般还可配合以下技术调查手段确认标的技术成果来源的正当性和合理性，排除侵犯他人智力成果财产权和相关知识产权的可能。

① 通过技术供方提供的技术材料清单或书面说明，初步明确被调查方的技术来源和取得方式。如其主张属于自主研发取得，可到研发部门、实验室、办公室，考察技术所依赖的专用设备、物料、技术条件、特许资源，查看技术平台、主要研发物质基础、研发设备、研发手段等情况，确定研发成果与研发设备、研发手段、研发现状、研发人员配置及研发能力是否匹配。

② 了解技术供方研究开发及技术储备情况。调取研发过程、技术供方所提供的研发成果，在研项目等资料，翻阅相关实验报告、研发记录等材料，调查其自主研发技术成果的数量、内容。同时可通过了解样品样机，访问研发、生产人员，明确研发成果的应用情况，如是否得到应用，应用到哪些方面或环节，是否应用到相应的产品或服务。涉及计算机软件的，可以要求技术供方提供源代码，以确保没有任何开源或类似软件被纳入。

③ 通过了解研发负责人信息或者课题组成员名册，或访谈、问卷发放反馈等途径了解该技术供方的研发能力。了解研发机构的情况，包括研究开发组织管理结构、各下属机构成立的时间，分析技术供方的技术开发人员的结构、研发人员数量。掌握核心技术的技术骨干、核心工程师、原始开发人员简历（包括学历、研发业务经历、行业或专业背景等），尤其是与本次尽职调查标的技术相关的学习背景、工作背景、研发经验及主要成功案例。明确团队主要的分工情况，团队成员是否有互补的经验或技术。了解自主技术占核心技术的比重，分析印证技术供方的研究开发手段、研发重点、研究开发程序，并确保是否与标的技术成果匹配。可以参考省级以上科技成果申报文件、科技计划立项证明、结项证书、鉴定证书、验收材料等作为被调查方研发能力的辅助证明。还可以收集核心技术人员的专业文章、论文、专著等出版物，以及会议报告、演讲音频、视频等资料，从多角度了解技术供方的研发实力。

6. 识别技术风险

（1）技术成果的不确定性

比如，用于入股的技术方案仅是零散的技术知识和技术特征的点状罗列，技术信息不成逻辑，没有形成体系的技术方案，无法满足技术受让方的生产技术应用需求。或技术信息仅仅是实验室数据，阶段性的架构、设想，未来发展难以预料。为此，必要时可就标的技术向有关机构申请技术鉴定或概念验证，保证在实验室条件乃至产业条件下能够重复再现其技术效果，解决技术问题。

（2）技术方向偏差

从整体技术路线观察，技术方向偏差是一个容易被忽视的问题，它往往容易被技术的先进性所覆盖，有时甚至是因为技术成果过于超前而导致。如果技术所对应的主要产品（服务）不存在市场需求，或是不符合拟设立企业、行业的战略规划、发展方向，不符合产业发展趋势，不被市场认同接受，就目前的时点来看，此类技术成果是无益的，对此需要率先将这个问题纳入考虑范围。判别这个问题时需要回答：是否切合受让企业或市场的需求，拟引进技术与拟设立企业的技术路线是否趋同，该技术与企业资源的相关性与互补性，该技术与受让企业技术是否兼容等一系列问题，并将这些问题纳入技术谈判内容，由技术供方予以解答协调。

（3）技术可实施性差

技术项目在实施过程中难免受到各种运行环境和支持条件的制约，所以，首先需要了解技术的适应性，即考察技术成果转化过程中，对于环境、资源和配套技术等支持条件的要求。作为拟转化的技术成果，其基本的技术要求应当是经过小试、中试，工程开发和小批量试生产解决技术成果大规模生产过程中可能存在的生产工艺可靠性、质量合格率、生产的稳定性等问题。如果一项技术对于生产技术条件要求非常严格，很难实现产业化，那么一方面这项成果的技术适应性很弱，在应用中，主要反映为技术成果的应用条件不具备，最终所引入的标的技术不能够切实解决现存实际技术问题；另一方面这项成果的技术适应性评价很低。技术适应性评价的表现在以下几个方面：

① 假如技术受让方的现有生产条件、技术条件尚不能支持标的技术的实施应用，比如技术受让方的技术人员的技术接受能力，场地、设施、设备等工程实施能力薄弱，难以与标的技术成果进行有效整合，满足不了引入技术的基本要求，达不到合同的既定目的。

② 项目运行条件可获得性不足。包括技术适用的条件非常苛刻，原材料、辅料、耗材不易获得或者因不经济无法供应，自然资源环境存在限制，地质、气候水文条件不适合，无法脱离转让方技术成果特有的研发环境。或技术成果无法适用于拟上市产品的产业化制造过程，甚至由于配套工艺技术缺陷而导致产品性能不佳、样品样机通不过国家鉴定和检测、产品质量稳定性差、生产中存在安全隐患、环保不达标等问题，都是技术成果应用性差的表现，需要引起足够重视。

③ 标的技术操作过度依赖于特定专业技术人员，包括依赖技术供方关键人

员的经验阅历、个性偏好，都会极大地限制转让标的技术的可应用性。

④ 在有关技术的系统知识中，还有很多性质介于技术秘密和经营秘密之间的有用信息，缺少这样的有用信息，受让方即使能获得全部技术秘密的载体或信息内容，也可能因为该技术秘密不系统、不完整、不具体而没法实施或者很难顺畅地在受让人手里发挥作用。

⑤ 相关技术、工艺等支撑要素的配合度不够。配套技术、互补技术是专利技术在转化过程中必不可少的生产条件。在生产实践中，如果配套技术和工艺很难获得或配套的成本极高，无论多先进的技术都不易转化为生产力，则项目的技术风险就会大大增高。

（4）技术成熟度低

一项技术成果，从距离商业化应用远近的角度观察，可以分为处于创意阶段、基础研究阶段、应用研究及工程化开发阶段、模型概念验证阶段、小样试制阶段、中型试制阶段、工业化放大阶段、产业化量产阶段等，一般越处于后端，技术的应用价值越高。科研单位和高校所完成的技术成果大都是处于前端的成果，一般还需进行小试、中试和批量试生产，甚至需要进行大量验证❶才可能确定为产业化的成熟技术，不确定性较大。实践中出现过以不成熟的实验室阶段的技术成果，甚至技术构思出资入股的现象。如果引进的技术还需做大量的后续开发，乃至无法放大实现产业化生产，制造出预想的产品，则属于引进了未成熟技术，势必会提高技术引进成本，降低引进成功概率。为此，需要在调查中采用多种手段核查被调查技术的实际情况。技术处于哪一阶段？创意阶段、概念阶段、起步阶段、测试阶段，还是已实现产业化规模生产？稳定性如何？是否会在技术引进后大变脸？这些可以在保密的前提下，请技术专家判断并确认其工程化开发程度。

（5）技术易被迅速替代

所在领域技术创新速度是否太快，技术成果在短期内是否沦为落后技术，被市场淘汰，或者替代技术出现，严重影响技术的应用价值。特别是在迭代更新很快的行业，需要了解拟引入的技术是否可能被迅速替代，这是引入技术时必须回答的一个问题。技术受让方需要参考技术供方研发人员、外部行业技术专家的意见，并基于所在行业的技术发展现状和趋势，作出综合判断。

（6）可持续性差

有些技术成果的先进性很突出，但是否具备与之相应的资源、原材料、制造

---

❶ 包括工艺验证、工装验证、生产环境测试、工作程序验证、结构验证、产品数据验证、产品测试和可靠性验证、物料保障性性验证、研发遗留问题验证等。

设备、零配件的持续配套，也决定了技术成果的产业化是否能得以持续。原材料能较容易或者经济性地获得，能源动力可以持续供应，都是决定项目成功的重要条件。另外，如果标的技术是技术供方的一锤子买卖，其后无法提供优化迭代技术方案，也可能会提高技术应用的成本，限制未来产品线升级改进的发展空间。那么，该技术带来的优势将是不可持续的，也需要提前考虑。

8.1.6 尽职调查流程

从委托人的角度看，一个技术资产出资项目的尽职调查流程大致包括如下环节。

① 确定委托。委托方针对项目的实际需求，根据报价情况选定技术资产尽职调查服务单位，签署委托合同及授权书，确定委托关系及尽职调查范围和内容。

② 立项组队。委托方与受托方分别对技术资产尽职调查项目立项，各自选定合适的技术人员、律师组建团队，并由团队成员基于项目实际情况签署保密协议。

③ 制定计划。受托方根据项目实际情况及时间节点，制定工作计划及尽职调查内容清单；明确调查目标及重点调查内容；确定调查时间节点，包括计划进场、人员访谈、资料提供、报告撰写等；确定调查各阶段的主要内容；调查任务分工。

④ 前期背景调查。受托方根据委托方提供的初步资料以及互联网公开渠道，对项目所涉尽职调查目标进行前期背景调查。调查企业登记信息，包括营业执照信息、股东及出资信息、存续和变更信息、分支机构信息、行政许可和处罚信息、失信信息、涉诉信息等；调查经营信息，包括生产经营状况、研发状况、主营业务和产品、产品或服务的竞争力及知名度等；调查知识产权信息，包括专利、商标、著作权及域名、集成电路布图设计、植物新品种，及其授权、注册、登记、许可、转让、作价出资和质押等。

⑤ 资料收集。受托方根据前期调查情况，结合实际需求拟定目标企业知识产权、技术本体的尽职调查清单，分别通过委托人提供、被调查单位提供及自行收集等方式检索收集资料，并及时对所收集到的资料进行整理汇总，查漏补缺，标明资料来源、类型、是否原件等信息，归档备查。

⑥ 访谈走访。受托方结合项目实际需求，针对目标单位实际控制人、股东、高级管理人员、核心技术人员、相关单位等分别制作访谈清单，通过访谈走访获取相关信息。

⑦ 核查信息。针对委托方、目标单位提供的资料以及访谈获悉的内容，要求相关单位及人员进行真实合法性承诺。同时受托方还需通过政府部门、第三方机构等有公信力的渠道对相关信息及资料进行核查确认。

⑧ 与第三方机构沟通交流。在技术资产尽职调查过程中，还应在委托方的组织下，与评估机构、专利代理机构等第三方机构保持良好沟通，如对在进场安排、资料收集、访谈安排乃至信息核实等过程中各方存在重合或者可能互有影响的部分应当及时沟通交流。

⑨ 撰写报告。受托方对调查获悉的资料及信息进行全面分析，并据此起草知识产权尽职调查报告，根据委托方及相关机构对于技术资产尽职调查报告初稿的反馈意见进行必要的调整与修改。

⑩ 完成报告。结合技术资产的尽职调查（含补充尽职调查）的结果，在基准日等时间节点发生变化、主要技术标的发生变化或者确有必要的情况下，根据项目实际需求，开展补充尽职调查。参考委托方的反馈意见，完成技术资产尽职调查报告，并确定目标技术是否拥有完全、合法、有效的相关知识产权权利，产权关系明晰，具有相应的功用效能和相应的先进性、成熟度等，是否符合技术引进的需求。最终将工作底稿归档整理。

最后，需要说明的是，在任何交易结构中，风险都是对等的，为了确保交易安全，技术供方最好也做一定的调查。如深入了解拟设立企业或其他股东是否具备应有的项目实施能力，如考察其提供的生产、技术条件，经营状况，合作伙伴的资信等情况。此外，企业未来能否获得生产经营技术转化产品的资质，该技术成果是否与企业业务紧密相连，是否具有资金实力、融资能力，是否具有消化吸收拟投入技术的技术能力、技术成果产业化能力、对引进技术成果的验收能力，拟出资技术能否对企业经营发展作出贡献，企业管理层是否具有经营管理才能，是否具有市场开拓能力，是否具有销售渠道网络，都应纳入技术供方的考察范围。详细内容不一而足，此处不再赘述。总之，唯有通过多方细致深入的调查，才能找到真正适合长期共同发展的事业合作伙伴。

8.2 评估

确定技术资产的价值是所有技术交易的一个核心。在现实中围绕着技术价值或交易价款往往会发生诸多争议，目前除合同当事人协商一致的途径外，还有一种途径可供选择，即技术资产评估。

技术成果作为一种无形资产，本身的不确定性及无形性决定了无形资产的价值评估不同于其他资产的评估。影响无形资产价值的因素主要是无形资产的构成成本、形成无形资产的技术水平、收益能力以及该资产的市场供求情况。技术资产评估的方法很多，常用是市场法、收益法和成本法三种基本方法及其衍生方法。实施技术资产资产评估，往往需要对所评资产价值的技术因素如替代性、先进性、创新性、成熟度、实用性、独立性、防御性、垄断性等进行分析，也会对影响技术资产价值的经济因素如技术资产的取得成本、获利状况、许可费、类似资产的交易价格、市场应用情况、市场规模情况、市场占有率、竞争情况进行分析，还会考虑其他非技术资产以及经营条件等对技术资产作用和价值的影响。进行资产评估的目的是避免过高或过低评估知识产权价额的倾向，保障企业的资产在账面上能够得到全面且准确的反映，防止虚假出资和出资不实给企业造成的损害。

根据《财政部　国家知识产权局关于加强知识产权资产评估管理工作若干问题的通知》的规定，如进行技术资产评估，应聘请有评估资格的资产评估机构（包括资产评估事务所、会计师事务所、审计事务所、财务咨询公司等）进行。所以，委托评估机构对知识产权进行评估的时候，要特别注意评估机构的资质问题。以国有性质的技术资产出资的，应当提供资产评估报告。《事业单位国有资产管理暂行办法》第三十八条规定："事业单位有下列情形之一的，应当对相关国有资产进行评估：（一）整体或者部分改制为企业；（二）以非货币性资产对外投资。"此外，依照国有资产管理的有关规定，其评估报告还须由法律、行政法规、规章规定的部门（通常是国有资产管理部门）进行确认，并出具确认文件，以防出现低估的现象，造成国有资产流失。下面，按照不同的市场主体资产评估的相关规定，进行简要归纳。

（1）公司

依照《公司法》第二十七条第二款的规定："对作为出资的非货币财产应当评估作价，核实财产，不得高估或者低估作价。法律、行政法规对评估作价有规定的，从其规定。"另据《财政部　国家知识产权局关于加强知识产权资产评估管理工作若干问题的通知》第一条以及财政部、原工商总局《关于加强以非货币财产出资的评估管理若干问题的通知》之一的规定，以知识产权资产等非货币财产出资成立有限责任公司或股份有限公司的，应当进行资产评估。

但是，在各地实际业务中这些操作已经发生了相应的调整，并不一定都需要进行资产评估。如根据《北京市工商行政管理局关于简化工商登记程序优化准入服务的意见》《北京市工商行政管理局关于简化工商登记程序优化准入服务意见的实施细则》等文件的规定，以非货币财产出资，不再要求提交资产评估报告。但是湖南则相反，《关于支持以专利使用权出资登记注册公司的若干规定（试行）》第三条规定，"用专利使用权作价出资登记注册公司应该具备以下条件：（一）对用于出资的专利使用权由有资质的专业评估机构进行评估作价，并不得高估或者低估作价"。

（2）合伙企业

至于合伙企业，根据《合伙企业法》第十六条，合伙人以实物、知识产权、土地使用权或者其他财产权利出资，需要评估作价的，可以由全体合伙人协商确定，也可以由全体合伙人委托法定评估机构评估。所以合伙人以技术出资的，是否评估由合伙人选择。以实物、知识产权、土地使用权或者其他财产权利出资，由全体合伙人协商作价的，应当向企业登记机关提交全体合伙人签署的协商作价确认书；由全体合伙人委托法定评估机构评估作价的，应当向企业登记机关提交法定评估机构出具的评估作价证明，详见《中华人民共和国合伙企业登记管理办法》第十四条。

（3）中外合作经营企业

投资中外合作经营企业，涉及国有资产的应当进行资产评估。《中华人民共和国中外合作经营企业法实施细则》第十八条规定："合作各方向合作企业的投资或者提供的合作条件可以是货币，也可以是实物或者工业产权、专有技术、土地使用权等财产权利。中国合作者的投资或者提供的合作条件，属于国有资产的，应当依照有关法律、行政法规的规定进行资产评估。"至于中外合资企业，各地的规定不一，经了解，在深圳中外合资企业投资者以非货币出资的，可以不用评估机构评估，其价格可以由合营各方评议商定后办理验资。

（4）外商投资合伙企业

投资外商投资合伙企业类似于普通合伙企业，是否评估由全体合伙人协商选择。根据《外商投资合伙企业登记管理规定》第十五条，以实物、知识产权、土地使用权或者其他财产权利出资，由全体合伙人协商作价的，应当向企业登记机关提交全体合伙人签署的协商作价确认书；由全体合伙人委托法定评估机构评估作价的，应当向企业登记机关提交中国境内法定评估机构出具的评估作价证明。

（5）新三板挂牌企业

新三板挂牌企业，如涉及技术出资的，需要评估。根据《全国中小企业股份转让系统股票挂牌条件适用基本标准指引》，公司股东的出资合法、合规，出资方式及比例应符合《公司法》相关规定：以实物、知识产权、土地使用权等非货币财产出资的，应当评估作价，核实财产，明确权属，财产权转移手续办理完毕。

根据《事业单位国有资产管理暂行办法》第三十九条、第四十条，国家设立的研究开发机构、高校将其持有的科技成果转让、许可或者作价投资给国有全资企业的，可以不进行资产评估；国家设立的研究开发机构、高校将其持有的科技成果转让、许可或者作价投资给非国有全资企业的，由单位自主决定是否进行资产评估。在实践中，仍有大量的高校和科研院所设置了评估这一环节。最后，需要注意的是，不管是否存在法定评估环节，技术投资时对技术资产的评估只是一个发起人确定其技术资产作价金额参考数值的方法，而最终作价金额还是发起人各方在评估金额的基础上相互协商的结果。

8.3　拟设立企业内部议决

以技术成果入股系企业的重大经营行为，须提交企业的权力机构［股东（大）会、董事会］进行审议表决。企业以技术出资设立企业，则需要经过拟设立企业所有发起人合意通过，方可进行。以技术成果入股需要履行的程序，一般为：

全体发起人协商→全体发起人议决以技术成果入资→共同确定技术出资方案→达成协议→制作签署发起人决议。

因为设立出资为原始出资，全体股东（包括技术出资人与其他投资人）召开发起人会议并作为最高权力机构，应就包括出资股东姓名或名称、技术成果出资标的、投资作价的依据、作价方式或评估价值、技术作价金额、认缴出资金额、技术出资占全部注册资本的比例、技术出资方式、出资期限、该项成果入股使用的范围、成果出资者对该项技术保留的权利范围、违约责任等在内的技术出资方案进行议决。如达成一致，则记录于发起人决议中。该决议经全体股东签字生效，并据此制作技术出资合同、章程等法律文件。此外，视不同情况，各方还需根据法律、法规的要求将投资协议提交有关部门批准或备案。

8.4　协议、法律文件的制作

出资仅仅是企业设立中诸多法律行为中的一个部分、一个程序。技术入股事项需要由出资人各方签订一系列协议、法律文件，并使出资入股文件有机地融入其中，形成一个统一的法律文件体系。制作这些协议、法律文件的具体时机是，对投资各方进行尽职调查后，由律师协助委托人进行谈判，共同拟订投资协议，准备相关法律文件。本书由于篇幅所限，单就企业技术入股所涉及的、独特的法律文件加以专门讨论，至于企业设立所需的其他通用法律文件，还需读者参考其他相关出资材料或结合当地企业登记要求自行掌握。

8.4.1　出资协议

基于上述发起人就技术出资完成的决议内容，发起人一般还会选择制作出资协议/投资协议，对股东姓名或名称、技术成果出资标的、技术成果的权属、技术种类及其出资价值、拟入股技术作价金额、该出资占企业注册资本的比例、技术出资方式、该项技术成果入股使用的范围（时间、空间、权利边界）、成果出资者对该项技术保留的权利范围、出资期限、出资的转移事宜、办理技术成果转移手续的证明文件、企业的利润分配、技术出资所形成的股权退出方式及资产处置、出资方的竞业禁止义务、其他出资方的出资义务、违约责任等事项予以明确约定，具体条款需要根据项目内容酌情增减，并由全体发起人签署。

8.4.2　技术出资合同

技术出资入股，可在出资协议之外另行订立技术出资合同之类的书面合同。需要注意如下几点。

（1）主要条款

基于发起人（合伙人）决议以及上述出资协议，制定技术投资合同（或技术转让合同、技术许可合同、技术成果作价入股协议书），明确技术转让方（技术许可方）、技术受让方（技术被许可方）及相应的权利和义务。鉴于此类合同大多是在技术尚未落地、应用前景尚不明朗的情况下订立的，因此对未来的权利和义务的约定更要详细而明确，相关合同标的、权利边界必须清晰、可执行，以防事后因合同履行发生不必要的纠纷。合同一般包括如下主要条款。

① 各方当事人名称或姓名、通信地址、联系方式等。

② 合同目的，包括合同签订的预期目标、合同的性质确认、技术开发目标、技术成果实现目标。

③ 技术成果概况，如技术成果名称、种类、主要内容，出资技术的功能、特征、适用条件、技术参数等主要技术指标。

④ 技术成果的权益保护方式，如权利类型、权属登记、权证编号、权利状态、有效期限等。

⑤ 技术成果的权利瑕疵保证，是否存在如权利质押、第三方实施许可等权利限制。

⑥ 技术成果的作价方式和合同各方认可的作价金额，经评估机构评估的，载明评估值。

⑦ 技术成果的出资方式，技术成果作价出资金额及其所占企业注册资本的比例，以及调整。

⑧ 投资行为完成条件，入股技术成果权利转移的方式、地点、时间和程序，以及出资技术的其他转移义务。

⑨ 技术成果资料交接内容、程序、地点和时间，标的技术逾期交付的通知和后续交付约定。

⑩ 标的技术的验收时间、验收地点、验收人员、验证标准、验证方法、验收报告的签署，验收不合格的处理，不符合验收标准的补救措施❶，验收费用的负担方式。

---

❶　不符合验收标准的补救措施，是指不涉及实质性研发内容出现的不足或者瑕疵的补救。

⑪ 技术成果持有人保证技术成果得以实施转化的义务，保证对出资技术的指导、培训等后续服务义务，以及辅助受让方进行技术调试等协助义务。

⑫ 技术成果入股使用的范围，技术成果出资人对该技术成果保留的权利范围以及竞业禁止义务。

⑬ 入资技术成果涉及的后续技术孵化或改进发展，其技术成果的权属及其利益分配。

⑭ 技术成果与产品（服务）的测试认证，及其行政许可、市场准入的关系。

⑮ 其他出资人对技术成果的保密义务。

⑯ 技术股权的转让、赠与、继承、质押及清算。

⑰ 技术入股风险责任的承担❶。

⑱ 收益的核算办法和分配方式。

⑲ 入股技术成果的实施造成侵权责任的承担。

⑳ 股权的变更与追加。

㉑ 担保及担保方式。

㉒ 违约责任及其承担（如标的技术的专利权被宣告无效）。

㉓ 争议的解决方式。

㉔ 合同的变更与补充，合同的终止与解除。

㉕ 名词和术语的解释。

㉖ 投资协议的生效条款。

㉗ 附件及其效力。

㉘ 其他约定事项。

㉙ 合同签订日期，以及各当事人的签名盖章。

（2）合同要点

在实践中，不少技术出资合同条款过于简单和笼统，欠缺周密细致的安排和统筹，在操作时易产生分歧，引起争议，以下合同要点需要引起签约各方的足够重视。

① 在订立合同之前，须明确投资行为已取得相关的审批手续，如当投资项目涉及建筑、房地产、医药、新闻、通信、安防等特殊行业时，投资项目需要报请有关行业主管部门批准；投资各方当事人已取得投资项目所需的第三方必要的同意，并不与其他交易发生冲突。

② 如以许可使用权入股，还应区分普通许可、排他许可、独占许可，并明

---

❶ 鉴于技术是一类特殊的无形商品，其价值可能会因为各种原因贬值甚至丧失，所以订立合同时，宜就技术贬值达成统一认知，做好合同风险的分担，并以合同条款加以明确。

确年费续缴等具体的权利义务。

③ 以专有技术入资的，应规定出资后企业对该权利的独占性，技术秘密出资人应承诺不再使用该技术秘密，不与被投资企业进行同业竞争，或提供权利担保与技术担保。

④ 关于标的技术成果转化过程中衍生的智力成果和知识产权归属，双方要有明确而具体的约定。此外，双方还应对各自工作人员参与技术转移项目过程中创造的职务智力成果和职务知识产权的归属进行明确而具体的约定；对于各自员工在技术转移过程中的发明创造或科技成果转化的贡献应享受的奖励，也应当有相应的规定。

⑤ 以专利等知识产权的申请权入股，如果最终专利申请未获审批，约定由技术投资人用等额的现金进行替代投资。

⑥ 在相关文件中尽可能明确描述技术出资人交付所出资之技术"交付"的范围。比如，约定交付期限既要符合委托方的要求，又要根据技术成果所属的技术领域的更新换代程度综合考虑，同时还要留出必要的购置设备、原材料、安排场地、测试、检测等可能出现的延迟时间。

⑦ 验收标准是确定出资技术是否符合合同约定的重要指标，一般以完整、准确、详尽、明确、可操作为目标。在实践中，一定要明确拟交付技术的预期技术指标、技术参数（数据），也可以参考约定企业标准、部颁标准（行业标准）、国家标准等。具体地，验收标准应当涉及技术成果的技术内容及其传授、实施过程，一般应当包括由技术出资方提供图纸、技术资料、样品、样机等内容；当事人有明确约定的，也可以由技术出资方提供实施该技术成果的专用设备、与科技成果直接相关的仪器设备、科研基础设施、专用设施设备、仪器、装置、特殊原材料及其他特殊生产条件，或者完成产品检验报告、质量检测报告等。

⑧ 科研单位、高校所完成的技术成果，可能是实验室阶段的成果，其技术成果转移后由于还存在对技术成果进行工程化、产业化试验研究的可能性，包括技术调试、测试分析、小试、中试、二次开发、流程改进、新用途开发等一系列成熟化处理，所以技术入资后一般还需要开展后续技术服务和转化开发工作，直到稳定、正常地生产出合格产品。为此需要考虑技术供方后续开发的期限、派出服务人员的资质、工作量、费用承担与企业协助义务等。

⑨ 一旦技术供方交付的出资技术不符合验收标准时，可以约定采取补救措施。补救期间是否视为出资人违约，应在违约责任条款中予以规定。补救期限届满仍不符合验收标准的，可以约定现金出资或约定替代技术出资。

⑩ 因为仅靠阅读所交付的技术文件还难以掌握技术成果的要领、精髓，所以技术受方还可根据需求，就技术后续指导与培训进行约定。例如，是否提供技

术指导或者人员培训，以及技术指导和培训的内容、时间、地点、人员数量；接受技术指导或者人员培训的人员要求；进行技术指导或者人员培训的人员要求；技术指导或者人员培训所要达到的基本标准。

⑪ 可酌情增加技术出资合同的中止条款，比如中止履行的情形、条件和通知义务；中止情形消除后，继续履行的情形、条件和通知义务；消除中止履行情形的协助义务等。

⑫ 可以约定合同变更与补充的提出方式、磋商方式等。如用于入资的技术成果实施过程中出现非实质性技术难题时，是否可以提供临时性替代技术。

⑬ 为防范纠纷，可以适量补充合同解除与终止条款，以及合同解除后的善后处理内容。

⑭ 出现违约情形时，可以约定不符合验收标准的补救措施。比如，有些技术成果的问题和瑕疵并非在验收时能够发现，应约定交付成果后相应的设备运营期限、试产期限。

⑮ 合同中的技术术语和合同名词的解释必须准确，应由双方确认其内涵、外延。

（3）合同附件

为履行技术出资合同，可以将标的技术背景资料、技术项目清单、入资技术以及配套技术的实施方案、标的技术可解决技术问题目录、拟转移的设计和工艺文件清单、技术标准和规范等作为合同的附件部分。此外，还需考虑的相关声明、承诺、保证书等附件如下。

① 技术供方保证自己是所提供技术的合法拥有者或者有权转让、许可，对其拟入资技术享有真实、合法、完整的知识产权，提供的技术资料无误、完整、有效，能够达到约定的目标。保证所出资技术不含有任何权利瑕疵，出资财产未设定质押、担保等权利负担，技术权属不存在任何纠纷或潜在纠纷，第三人不能对用于出资的技术提出权利请求提供声明书（或技术来源合法声明书、技术出资方承诺书）。

② 在技术成果共有的情形下，技术资产所有权人全体一致同意以该技术出资的声明。如存在部分主体放弃技术出资权利的，由该主体出具无任何异议的承诺书（或职务技术成果权属声明书、技术合作权属声明书）。

③ 技术出资合同，特别是专有技术出资合同，由于技术秘密无权属登记，而且技术具有可复制性，可视情况由技术供方承诺该技术确为其所拥有，甚至是唯一拥有的专有技术，且该技术成果处于保密状态（可签署专有技术权属声明书）。

④ 以专有技术入资，可要求技术供方提供专项的权利担保，即担保第三人

不会基于共有权、独占或排他性的使用权向企业主张任何权利。

⑤ 技术入资，需明确标的技术在生产中的可重复性，并承诺技术受方和技术供方生产产品的一致性；必要时，可就非专利技术的作用功效设置担保（可签署技术功效担保书）。

⑥ 对于专利或计算机软件等技术入资，应列明专利或版权登记号、专利或版权登记的日期。还应说明计算机软件作品创作完成人、完成时间，并作原创性的声明和保证。

⑦ 如系技术使用权出资，应说明对该技术所保留的权利情况，且须由出资人作出在出资后不以营利为目的继续使用或许可其他任何人使用该技术、进行同业竞争的承诺书（或不竞争承诺书）。

⑧ 由于技术成果引进后的转化项目实施过程中还会涉及一些非公开数据、技术诀窍、最优技术方案，而且因技术人员离职、离岗、退休等客观事件也可能导致技术秘密外泄，故需要与技术供方及相关人员签订相关补充协议（或签署竞业禁止协议书、保密协议书）。

⑨ 技术供方研发人员的选定、退出和后续试验、开发，及其职责分工、相应的工作量，需记载于技术供方研发团队信息文件中。

⑩ 如出资标的技术成果已经过资产评估，还需将该资产评估报告书（包括国有资产评估结果确认书）附于技术入股合同。

⑪ 标的技术成果的后续研究开发计划、工作流程、定期验收办法等方案，是合同履行的重要依据，可以作为合同附件，并需要签约各方就验收提出方、验收通过方式和提交时间签字确认。对于变更或者补充方案的，要及时以书面形式作出变更协议或者补充协议。

⑫ 技术供方应明确受让技术成果的企业具有确保技术成果实施的配套技术、集成能力，以及具备项目实施的相关装置、设备、设施、自然条件等相关产业化条件，必要时可委托专业机构出具技术受让能力尽职调查报告。

⑬ 技术成果的移交，可能涉及基于技术有效实施所必需的工艺包等技术资料，以及提供样品样机、模型，故可视交接内容、复杂程度，在充分协商的基础上预先达成完善、可执行并且可追责的法律文件。如拟定技术成果交接合同等验收书面证明文件，其内容包括详细的技术成果的载体形式以及配套的仪器、设备及其物料，出资技术资料、数据的移交方式和程序，由其他出资人与技术供方共同签署。此外，在专有技术出资的情形下，由于技术资料是由技术供方掌控，第三人尤其是技术受方一般无从知晓其具体内容，因此界定标的技术内容及权利边界的难度极大，可能出现用于入资的技术成果不足以达到产业化实施的程度，或者技术供方将部分多余的、无效、无用的技术混同于标的技术方案中，以图提高

技术成果的作价金额。所以，就此还可以另行订立技术服务条款，约定由技术供方协助企业实施技术成果，并达到约定的技术指标。

技术供方还可提交的合同附件包括：入股技术可行性论证报告和风险分析报告、技术评价报告、项目任务书和计划书、其他出资方的生产经营与资信情况说明等。上述附件及其内容，可以在符合法律、法规的情况下，根据实际情况进行增减。

8.5　章程的制定

发起人基于发起人决议及出资协议、技术出资合同，制定企业章程。企业章程记载股东认缴的注册资本总额、股东认缴情况，包括股东姓名或名称、认缴出资额，出资占企业注册资本的比例，出资方式，出资时间和分红方式等注册资本部分；还包括技术出资股东用于出资的技术成果的种类、作价及其计算方法，该项成果入股使用的范围、技术出资方式、技术成果出资方对该项技术保留的权利范围、技术成果出资方的出资及技术的转移义务、竞业禁止义务以及违约责任等条款，并注明技术成果出资形成的股权退出方式。股东在企业章程上签名或盖章。

8.6　行政审批或备案

（1）专利

通过转让专利申请权或者专利权进行技术出资的，当事人应当订立书面合同，并向国务院专利行政部门登记，由其予以公告，专利申请权或者专利权的转让自登记之日起生效。以专利技术使用权出资的，应向国家知识产权局备案。

（2）集成电路布图设计

《集成电路布图设计保护条例》第二十二条第二款规定："转让布图设计专有权的，当事人应当订立书面合同，并向国务院知识产权行政部门登记，由国务院知识产权行政部门予以公告。布图设计专有权的转让自登记之日起生效。"

（3）植物新品种

关于植物新品种，《植物新品种保护条例》第九条第二款与第三款规定："中国的单位或者个人就其在国内培育的植物新品种向外国人转让申请权或者品种权的，应当经审批机关批准。国有单位在国内转让申请权或者品种权的，应当按照国家有关规定报经有关行政主管部门批准。"关于农业植物新品种权，《中华人民共和国植物新品种保护条例实施细则（农业部分）》第十一条第二款规定："转让申请权或者品种权的，当事人应当订立书面合同，向农业部登记，由农业部予以公告，并自公告之日起生效。"关于林业植物新品种权，《中华人民共和国植物新品种保护条例实施细则（林业部分）》第八条第二款与第三款规定："转让申请权或者品种权的，当事人应当订立书面合同，向国家林业局登记，并由国家林业局予以公告。转让申请权或者品种权的，自登记之日起生效。"

外商投资项目，需保证该项目符合《外商投资产业指导目录》的要求，制作新的可行性研究报告。此外，如外国投资人以技术出资，其中自由技术要在商务主管部门"技术进出口合同信息管理系统"（http：//jsjckqy.fwmys.mofcom.gov.cn）进行合同登记，并持技术进（出）口合同登记申请书、技术进（出）口合同副本（包括中文译本）和签约双方法律地位的证明文件，到商务主管部门履行登记手续，取得《技术进口合同登记证》或《技术出口合同登记证》。限制类技术则须先获得技术进口许可证，再做技术进口合同备案。

如用于投资的技术成果来源于高校并涉及科技成果转化的，根据《教育部 国家知识产权局 科技部关于提升高等学校专利质量 促进转化运用的若干意见》（教科技〔2020〕1号），每年3月底前高校通过国家知识产权局系统对以许可、转让、作价入股或与企业共有所有权等形式进行转化实施的专利进行备案。

8.7 权属移转

不像实物资产可以绝对排他性地占有且权属转移通过标的物的交付即可完成，无形资产无法做到绝对排他性地占有，只能依赖于其法律权属即知识产权转移完成占有改变。可以说，技术出资的行为是一种特殊的"知识产权转让＋投资"行为。技术成果作为无形资产，其转移涉及的法律问题相较于传统实物资产的转移更为复杂。《公司法》规定，以非货币出资的，应当经评估作价或由全体股东协商作价后，核实财产，依法办理其财产权的转移手续。技术成果的权属一般对应着其知识产权，在技术成果出资中，技术成果的知识产权也仅仅是其知识产权中的财产权发生移转，知识产权中的人身权一般不发生移转。

依照《公司法》的规定，以非货币财产出资的，应当依法办理其财产权的转移手续，即到国家相关部门办理知识产权的"过户登记"，将知识产权所有权属由技术出资方转移至受资企业。如没有办理"过户登记"，知识产权在法律上仍然没有发生转移，技术出资方仍然没有完成技术出资。市场监督管理部门在具体实践中的标准不一，省与省之间、市与市之间对于技术出资应提交的材料规定不同，甚至同一市内不同区县之间都缺乏统一规范。

知识产权必须整体转移，不可分割转移，如专利权人不能仅以专利证书中的一部分权项作价入股。有一点可以明确，以技术作为出资标的，标的技术要转移到被投资企业，仅仅将专利证书进行变更，到专利管理部门办理备案转移，就确认其知识产权出资完成是不够的；还需要检查已办理财产权转移手续的证明文件，包括专利证书、专利登记簿、专有技术转让合同、著作权证书等；验证其出资前是否归属技术出资方，出资后是否归属受资企业。此外，技术入股企业，其权利转移手续可以在领取营业执照之前或之后办理，但前提是必须符合双方的在先约定。

8.7.1 专利权转移

以专利技术的所有权出资的，依照《专利法》有关专利权转让和使用许可的有关法律规定，应到国家知识产权局办理专利权人变更登记手续并予以公告，即将专利权从专利技术出资方"过户"到新设立的企业名下，专利权的转让自公告之日起生效。以专利技术使用权出资的，出资合同应向国务院专利行政部门国家知识产权局备案。市场监督管理部门认可的专利转移手续的证明文件包括专利证书、专利登记簿副本。

在实践中，还有一些关于持有国外证书的专利技术出资。经了解，基层市场监督管理部门的做法分为三种情况：

① 国外的专利证书已经过外国的专利主管部门做了相应权属变更，并已登记到被投资的企业名下，且经过国外公证机关公证与中国驻该国使领馆认证的，该类专利出资登记无须再提交出资协议、公证等材料。

② 国外专利证书既未在国外专利部门做变更权属的登记，又没有获得国家知识产权局登记或变更的，若所有人将其作为专有技术予以出资并提供相应登记材料的，则在所有人公证承诺自己所交付的专有技术无任何权利负担，第三人不能对用于出资的技术提出权利请求的前提下，允许其以非专利技术出资方式予以登记。

③ 国外的专利已经过我国国务院专利行政部门的认可，并重新核发了中国专利证书，则理应以专利出资的方式登记。

8.7.2 技术秘密转移

非专利技术移交材料容易，但移交使用权难，即存在技术出资方还在继续使用该技术的可能。这是因为与其他技术出资入股的权利转移应履行更名手续不同，以非专利技术出资的，由于不存在审批备案登记等环节，其法定权属转移没有明确规定，权利无法转移到位。

办理非专利技术转移需确认是否及时办理财产转移移交手续，一般是双方根据非专利技术出资协议签署资产移交协议书，出资人向企业提交相关技术资料，如数据文件、操作手册、技术秘密文件等，乃至由会计师事务所出具《专项审计报告》，确认资产已经办理移交。

8.7.3 著作权转移

依据《著作权法》的规定，著作权的移转只需当事人意思表示一致签署书面合同即可，不以登记或履行其他手续为必要。尽管《中华人民共和国著作权法实施条例》（以下简称《著作权法实施条例》）和《计算机软件保护条例》规定了著作权转让的备案登记制度，但属于自愿程序，法律不作强制。软件著作权转移可到中国版权保护中心办理变更手续。在实践中，市场监督管理部门认可的著作权转移手续的证明文件为著作权登记证明，如未办理著作权登记的作品，应当将授权文书、权利记载文本（如研发投入发票、相关技术资料）等财产性文件交付受资企业。

这里需要注意的是，很多技术类知识产权转移都包括其申请权转移，比如专利申请权、植物新品种申请权。这些申请权作为技术成果的载体，在实践操作中也被列为技术出资的标的。如《深圳经济特区技术成果入股管理办法》就有已申请专利但尚未获授权的技术成果，适用非专利技术成果作价入股的有关规定。以专利申请权为例，专利申请权是指在发明人完成某项发明创造以后，该项发明创造的权利所有人可以决定是否将该项发明创造申请专利、何时提交申请、申请何种类型的专利、向哪些国家和地区提交申请的权利。根据《专利法》第十条第一款，专利申请权和专利权可以转让。专利申请权是还没有向国务院专利行政部门申请专利，但申请专利的技术成果已经完成了，因此专利申请权已经具有财产权的特性，存在可以评估的可能性了。所以，专利申请权尽管是一种程序性权利，一种期待权，但其符合《公司法》第二十七条可以用货币估价并可以依法转让的非货币财产特征，可以作价出资，并已存在于实际操作中。

8.8 技术交割

按照合同约定交付技术成果是技术供方的主要义务之一，技术移交是一个复杂的过程，需要进行可行性论证，评估技术价值并交付完整的技术资料。而且技术交付的程度各不相同，有的交接人员技术基础好，不需要太多的资料，基础差则相反，可谓因人而异，一事一议，各不相同。在实践中，需为技术投资各方拟订履约备忘录，载明履约所需各项文件，并于文件齐备时进行验证以确定是否可以开始履行合同。

首先是技术资料的转移交付。需由技术供方依照合同约定的移交方式、时间和程序进行。其中必须完成的是交付全套特定的、完整的技术资料，包括且不限于研制开发报告、技术图纸、技术性能及实用价值指标、技术参数、数据、材料配方、实验记录、工艺文件及流程图、计算机软件、样品、样机、检测报告、相关权利证书、操作手册、技术标准、成果鉴定书等。明确技术移交清单中的资产名称、有效状况等内容是否符合章程、协议的规定，并由拟受资企业其他股东与技术供方就交接清单予以确认签字。用于入资的技术成果，应当具有特定的、完整的技术内容，能构成一件产品、工艺、材料及其改进的完整的技术方案，使普通技术人员根据所移交的技术文件就能够指导技术工人生产出符合验收标准的产品。

需要说明的是，作为一类非具象的无形资产，技术的移交决不仅仅是技术资料的移交。交付技术成果时，供需双方的主要技术人员应当在场，并予以调试和操作演示，技术受方应当指派有经验的人员参与接受、验证，并记录交付情况。为确保交付的技术内容与供方前期披露的信息一致，可根据所交付的技术项目清单、入资技术以及配套技术的实施方案、拟转移的设计和工艺文件清单、标的技术可解决技术问题目录、相关技术标准和规范等资料，确认技术成果的相关作用功效、参数是否符合验收标准，以及相应的配套的仪器、专用设备及其物料、耗材的到位情况、工艺是否符合验收标准，明确存在的问题、关键/主要偏差、缺陷、潜在风险，以及补救措施、改进方案等。达不到预期披露的技术指标、技术参数（数据）的技术成果不能通过验收交付。

一旦技术供方交付的出资技术不符合验收标准时，可以约定采取补救措施，补救期间是否视为出资人违约，应在违约责任条款中予以规定。也可以酌情经试生产若干产量批次，完成工艺验证且确定能够解决约定的技术问题，符合与技术供方协商的标准后，技术转移即告成功，确认完成工艺技术的转移。

在完成上述权属移转和技术资料移交后，由各方发起人共同在技术出资作价移交清单（或技术移交表、无形资产交接单）上签字确认是否实际交付技术资料，并签署验收合格报告、权利已移交的无异议声明等验收文件，以备办理该技术入股的到资登记。

值得注意的是，有些技术成果的问题和瑕疵可能并非在验收时能够发现，交付成果后，还有必要约定在交付后设置相应的设备运营期限、试产期限，期限内须稳定如一地生产出符合约定的关键质量属性标准的产品。也可以约定期限届满仍不符合验收标准的，用现金替代出资或约定替代技术出资。

此外，引入技术后，受资企业还存在转化开发产品标准的制定和检测等多个环节和层次，有的要做大量的技术服务工作和转化指导工作。因此，为便于技术受让企业消化、掌握、实施所引进技术，在必要时，还需要技术供方亲自传授或者指导受让企业的技术人员和工人不能在图纸、资料中体现的技术诀窍，直到企业可以独立实施该入股技术，能稳定正常地生产出符合约定技术指标的合格产品。

8.9　验资

目前，办理技术类知识产权转移登记手续后，是否还须经市场监督管理部门登记注册的会计师事务所或者审计事务所验资，并出具验资证明。在 2018 年前的《公司法》规定技术出资需要经历"无形资产评估—技术转移—验资—企业设立"四个步骤。而《公司法》则取消了旧法第二十九条有关验资的规定。

根据国务院 2014 年 2 月 7 日印发的《注册资本登记制度改革方案》，企业实收资本不再作为登记事项。除银行业金融机构类等规定实行注册资本实缴登记制的行业外，公司登记时，无须提交验资报告。如有部分地区还需要进行验资，具体要求可以咨询当地市场监督管理部门。

8.10　办理登记

从法律角度看，股东的注册登记仅是对抗要件而非生效要件，但仍是技术入股在法律程序上最终的关键一环。企业设立登记所需提交材料，全国各地细节不一。以深圳市市场监督和质量监督管理委员会为例，公司设立登记需将填写有法定代表人姓名、公司类型、注册资本、设立方式、经营范围等信息的《公司登记（备案）申请书》及其附表❶，以及公司章程，股东、发起人的主体资格证明或自然人身份证明，已办理技术知识产权转移手续的证明文件，连同企业名称核准文件，法定代表人、董事、监事、经理的任职文件，住所使用证明，有关批准文件或者许可证件的复印件等材料提交登记机关审查。

在企业设立登记程序中，取得企业名称预先核准后，由企业设立登记申请人或者其委托的代理人向登记机关提出设立申请，登记机关收取材料并出具收到材料凭据，依法在法定时间内作出是否予以受理决定。申请材料齐全、符合法定形式的，受理后登记机关当场作出准予登记的决定，出具《准予设立登记通知书》。自准予登记的决定之日起十日内，即可领取营业执照。

---

❶ 附表包括《法定代表人信息》《董事、监事、经理信息》《股东（发起人）、外国投资者出资情况》等。

第 9 章 技术增资流程

技术增资，是已存续企业在增加注册资本时，技术供方将能够依法转让的技术成果作价投入已设立企业，以获取该标的企业股权的行为。技术增资行为与技术出资行为的法律性质是不同的。技术增资行为涉及的参与主体如权力机关、各方当事人、责任主体，包括除技术供方以外的其他股东（发起人）的权利义务的范围与技术出资行为具有较大的不同。此外，技术增资行为所涉及的系列意思表示形式如章程、协议、法律文件等在内容、权利义务关系上与技术出资行为也存在很大的差异性，而且系列法律行为的生效要件、效力、范围和约束条件也不同，企业内部议决程序以及工商登记的要求、材料、时限等都有所不同。所以，基于本部分与第 8 章技术出资之间存在的差异，为读者提高阅读便利和效率，免去读者前后翻找之苦，同时兼顾阅读的整体性，作者对此都进行了细致呈现。欲了解技术增资的读者，可直接略过第 8 章，径行阅读本节即可。

以拟通过技术类知识产权向公司增资为例，大致需要进行如下操作。

9.1 尽职调查

与技术出资同理，在技术增资入股过程中，由于存在信息不对称，除了商业价值外，很多技术受方往往缺乏对该项技术原创性、先进性、知识产权的保护程度等的深入了解，更缺乏科学评估的手段，容易导致很多项目在实施后才发现自身技术优势不足，或存在各种权利上的瑕疵，甚至可能遭遇各种纠纷诉讼。所以，在引入并用于生产经营以前，从法律、技术乃至商业等方面对增资标的技术进行充分的调查、分析、论证是非常必要的。

9.1.1 尽职调查的目的

技术尽职调查的目的主要包括以下三点：

一是梳理并如实披露标的技术资产所对应的知识产权状况，包括权利内容、权利归属、权利来源、权利负担等。

二是确认技术资产的存在，确认被调查技术与受资企业业务产品的相关性，以及技术优势、技术来源、技术应用性、技术的成熟度等特征。

三是分析目标技术的知识产权存在的风险，包括实施风险、交易风险等。按照目的和分工不同，技术资产的尽职调查分为知识产权尽职调查和技术本体尽职调查。

9.1.2　法律尽职调查的范围

法律尽职调查围绕知识产权展开，这里的知识产权即技术资产的载体或其法律权利形式。尽职调查团队即受托方可以参考以下知识产权尽职调查的共性内容展开调查工作，进而结合实际情况和权利特征进行特别调查。对各类技术型知识产权进行调查的主要范围大体可总结如下。

（1）权利现状

必须确保技术供方拥有完全、合法、有效的相关知识产权权利，产权关系明晰，确定该知识产权处于有效状态，明确权利的稳定性、知识产权的权利负担状况等。

（2）权利内容

根据现行法律、法规、规章，各类型知识产权的权利内容主要包括如下几个方面。

① 著作权权利内容，包括发表、修改、署名等人身权，以及复制、发行、出租、表演、广播、改编、信息网络传播等财产权。

② 软件著作权权利，内容包括发表、修改、署名等人身权，复制、发行、翻译、信息网络传播等财产权，以及转让或许可他人使用并由此获得报酬的权利。

③ 专利权，包括制造、使用、销售、许诺销售、进口等内容。

④ 集成电路布图设计专有权，包括对受保护的布图设计的全部或者其中任何具有独创性的部分进行复制；将受保护的布图设计、含有该布图设计的集成电路或者含有该集成电路的物品投入商业利用。

⑤ 植物新品种权，包括生产或者销售授权品种的繁殖材料，相关行为人不得为商业目的将授权品种的繁殖材料重复使用于生产另一品种的繁殖材料等内容。

（3）权属状况

技术供方一般应当是有权处分该知识产权的人。特别需要明确知识产权权属关系的实际情况，如是否涉及职务作品/发明、委托作品/发明、合作作品/发明，有无共有人等；知识产权的实施是否受制于他人；知识产权有无授予第三人许可使用等。

（4）法律风险

知识产权的法律风险包括一般涉诉讼或仲裁风险以及未发生诉讼或仲裁时的

法律风险。其中，涉诉情况调查是对标的技术发生的诉讼、仲裁情况进行调查，了解案件情况、案件进程，并根据代理律师及技术持有人的分析意见对诉讼或仲裁风险评估，如已有的诉讼或仲裁对标的技术的正常使用是否有影响及影响范围有多大。诉讼或仲裁风险分析是对基于标的技术发生的诉讼或仲裁进行进一步分析，结合案件证据对目标公司在诉讼或仲裁中存在的风险进行分析。未涉诉风险分析是在标的技术未涉诉的情况下，若委托方对其重点知识产权内容是否存在法律风险较为关注，如技术持有人是否会被控侵权或权利受到限制，甚至被无效，都可对此进行较为深入的调查分析。

9.1.3 知识产权部分尽职调查的操作

1. 专利权尽职调查

（1）调查内容

专利权根据现行有效的法律又可分为三类：发明、实用新型、外观设计。对专利权的尽职调查应审查的内容包括但不限于以下七点：

① 专利权及专利申请权的权属情况及登记情况，是否存在与任何第三方共有的情形。

② 专利权的有效期限，相关费用是否已支付。

③ 专利权是否有权利质押、冻结等权利限制的情形。

④ 专利权及专利申请权是否发生过转让。

⑤ 专利权有无强制许可或排他性许可、普通许可等情况，许可是否备案登记。

⑥ 是否存在与专利权相关的职务发明、委托发明、合作发明的情况。

⑦ 是否存在与专利权相关的潜在纠纷或诉讼情况等。

对专利权的尽职调查的一个关键是考察专利登记簿副本，此外还应关注被调查方所拥有或经许可使用的专利权的所属管辖情况，了解被调查方是否已在境外实际经营，该等经营是否涉及相关专利权的使用，相关知识产权是否已在境外经营所在地管辖权下获得知识产权权利保护，是否存在侵犯第三方知识产权或发生潜在纠纷的情况等。

（2）调查实施

专利权尽职调查主要结合相关资料及信息，针对下述具体内容展开尽职调查：

① 标的技术的专利清单，内容包括专利及专利申请的国别、类型、名称、申请号、申请日期、公开（告）号、公开（告）日期、授权日期、有效期限、法律状态、转让情况、许可情况等。

② 基于标的技术的已授权专利，需对专利证书、专利登记簿副本、授权文

本、剩余有效期限、年费缴纳凭证等内容进行审查，并通过各国知识产权主管部门查询平台检索公开信息进行二次确认。由于实用新型专利和外观设计专利只经过初审即授权，未进行实质审查，这两类专利的有效性与稳定性存在不确定性，因此应进行专利检索，可向国家知识产权局请求出具专利权评价报告，以确定是否可以接受专利权用于增资。

③ 技术持有人已提交申请但尚未获得授权的专利，需要对申请文件提交回执、专利申请受理通知书、进入实质审查通知书、审查意见通知书等官方发文及缴费凭证等内容进行审查。

④ 技术持有人通过自行研发取得专利申请权或专利权的，需要对研发利用的物资技术来源进行调查，并对专利权证书、技术研发记录文件等内容进行审查。

⑤ 技术持有人通过委托开发或合作开发取得专利申请权或专利权的，需要对委托开发协议、合作开发协议、权利归属相关条款或协议等内容进行审查。

⑥ 技术持有人通过个人的职务发明取得专利权的，需要对职务发明归属协议、发明人或设计人的工作经历、企业内部的职务发明管理规定等内容进行审查。

⑦ 技术持有人通过受让取得专利申请权或专利权的，需要对转让协议、转让登记证明、专利著录变更证明、变更公告、转让费支付凭证等内容进行审查。

⑧ 技术持有人通过被许可方式取得专利使用权的，需要对专利权属证明、许可使用协议、许可使用合同备案登记证明、许可使用费支付凭证、被许可使用的权利范围、被许可的类型及使用期限约定等内容进行审查。

⑨ 技术持有人已将专利申请权或专利权作价出资的，还需要对专利权属证明、专利权评价报告、出资协议等内容进行审查。

⑩ 技术持有人已将专利权许可或转许可他人使用的，需要对专利权属证明、许可使用协议、许可使用费支付凭证、许可使用期限、许可的类型、许可使用的权利范围、合同备案情况等内容进行审查。

⑪ 技术持有人已将专利权质押的，需要对专利权属证明、质押协议、专利权质押登记证、年费缴纳情况等内容进行审查。

⑫ 技术持有人与专利权相关或者与专利权协议相关的诉讼、仲裁等涉诉情况。

⑬ 技术持有人如属于机构，其与核心研发人员之间的保密协议、竞业限制协议约定的内容以及竞业限制补偿金的发放情况。

⑭ 技术持有人如属于机构，其专利管理及保护的内部规章制度，以及对于正在研发过程中的核心技术的相关保密措施。

⑮ 技术持有人如属于机构，其核心研发人员的工作历程及与其原单位之间的劳动合同、保密协议、竞业限制协议约定的内容以及竞业限制补偿金的发放情况。

⑯ 区分标的专利是外围专利还是核心专利，甚至是标准必要专利，了解标的专利的稳定性情况，包括但不限于授权专利是否进入复审或无效程序，专利（申请）是否属于技术领域的公知常识和自由技术、是否可能被在先公开。

⑰ 标的技术的竞争产品和专利情况，分析竞争对手产品是否有侵害目标企业专利权的可能性，或者目标企业产品（特别是核心产品）是否有侵害竞争对手专利权的可能性，必要时可进行 FTO 调查。

2. 技术秘密权尽职调查

由于技术秘密存在固有的保密性，相比其他类型的知识产权，技术秘密的受让方难以对技术供方的技术秘密之合法性、完整性、实用性展开调查，所以技术秘密权尽职调查需要付出格外的精力和辛苦。

（1）调查内容

技术秘密权尽职调查需着重调查以下事项：

① 被调查方拥有的技术秘密权的概述、类型、载体、数量、范围以及重要性；

② 被调查方采取的技术秘密权保护措施、涉密级别、流转范围；

③ 确定技术秘密权来源的合法性；

④ 技术秘密权的对外合作及使用情况；

⑤ 技术秘密权的潜在法律风险。

（2）调查实施

技术秘密权的尽职调查应结合相关资料及信息就包括但不限于下述内容开展调查：

① 由于没有相关部门颁发的专利证书，技术秘密权没有直接的证明资料，只能有赖于如技术研发情况、技术信息或经营信息形成记录等。

② 标的技术秘密的表现形式及使用情况。

③ 企业内部技术秘密管理制度落实情况及技术秘密保密措施实施情况，例如，是否与员工签订了保密协议、竞业禁止协议，是否对涉密资料进行了存档管理，是否明确告知保密人员商业秘密的范围、保密义务等。

④ 技术持有人涉及技术秘密研发人员的劳动合同，对职务创作或者职务发明的约定及激励措施等。

⑤ 技术持有人核心研发人员的工作历程及与其原单位之间的劳动合同、保密协议、竞业限制协议约定的内容以及竞业限制补偿金的发放情况。

⑥ 技术持有人已将专有技术对外许可的，则需要对许可使用协议、许可使用期限、许可的类型、许可使用的权利范围及限制、许可使用费支付凭证等内容进行审查。

⑦ 检索查阅诉讼、仲裁相关网站，确认并排除该技术秘密是否存在侵权或潜在侵权的风险。由于难以对技术秘密进行调查，所以受让方难以在信息不充分的情况下对转让方技术秘密的合法来源以及未来应用技术秘密是否合法进行评估。

3. 著作权尽职调查

（1）调查内容

对著作权的尽职调查的内容包括但不限于：

① 著作权的权属情况；

② 著作权的保护期；

③ 著作权的许可使用情况，包括但不限于许可使用地域范围、许可使用权利种类（专有许可还是非专有许可）、许可期间、是否允许转许可；

④ 著作权是否发生过转让；

⑤ 著作权是否有设定任何权利限制；

⑥ 是否存在与著作权相关的潜在纠纷或诉讼情况；

⑦ 是否是职务作品；

⑧ 委托创作、合作创作的作品，是否有合同约定，著作权权属如何约定。

（2）调查实施

作品著作权尽职调查主要对下述具体内容展开调查。

① 标的技术涉及著作权保护的作品清单，内容应包括作品标题、证书编号、完成日期、登记日期、作品类型、作者、作品名称、权利人、权利来源、权利归属、衍生作品、权利限制等。

② 标的技术作品完成日期、发表日期，剩余权利期限及是否办理了著作权登记。

③ 标的技术办理了著作权登记的则主要核查著作权登记证书，结合版权登记中心网站进行核实，并通过访谈等方式对其著作权权属情况进行印证。

④ 标的技术未办理著作权登记，但声称对作品享有著作权的，则需核查相关协议、作品创作底稿及相关证明文件：

A. 技术供方通过主持创作取得著作权的，需要对创作底稿、主持创作的会议记录及决议、创作完成的时间证明文件、首次发表的证明文件等内容进行审查；

B. 技术持有人通过委托创作取得著作权的，需要对著作权委托协议、权利归属协议等内容进行审查；

C. 技术持有人系通过与他人合作创作取得著作权的，需要对合作协议、权利归属协议等内容进行审查；

D. 技术持有人系通过个人的职务创造取得著作权的，需要对职务作品归属协议、企业内部的职务作品创造激励办法等内容进行审查；

E. 技术持有人系通过受让取得著作权的，需对著作权转让协议、转让费支付凭证、著作权登记变更证明等内容进行审查；

F. 涉及国际著作权的，则需对作者、完成的时间、首次发表的时间及国家是否是《伯尔尼保护文学和艺术作品公约》成员国等内容进行审查。

⑤ 技术持有人系通过被许可方式取得著作权的使用权的，则需对著作权权属证明、著作权许可使用协议、许可使用费支付凭证、被许可使用的权利范围及限制、被许可的类型、被许可使用期限约定及剩余期限等内容进行审查。

⑥ 技术持有人将著作权作价投资的，需要对投资对象的情况、投资对象与目标企业之间的关系、出资协议中著作权作价合理性等内容进行审查。

⑦ 技术持有人已将著作权许可或转许可他人使用，需要对许可使用协议、许可使用期限、许可的类型、许可使用的权利范围及限制、许可使用费支付凭证等内容进行审查。

⑧ 技术持有人已将著作权质押的，需要对著作权质押协议、质押目的、期限及著作权质权登记簿等内容进行审查。

⑨ 技术持有人与著作权相关或者与著作权协议相关的诉讼、仲裁等涉诉情况。

⑩ 技术持有人与核心研发创作人员之间的保密协议、竞业限制协议约定的内容以及竞业限制补偿金的发放情况。

⑪ 技术持有人关于著作权管理及保护的内部规章制度，以及对于核心著作权的相关保密措施。

⑫ 技术持有人为机构的，其核心研发创作人员的工作历程及与原单位之间的劳动合同、保密协议、竞业限制协议约定的内容以及竞业限制补偿金的发放情况。

4. 计算机软件著作权尽职调查

（1）调查内容

对软件著作权的尽职调查应审查的内容包括但不限于：

① 软件著作权的权属情况及登记情况；

② 软件著作权的许可使用情况；

③ 软件著作权是否设定有任何担保权益或其他任何负担；

④ 软件著作权是否发生过转让；

⑤ 是否存在与软件著作权相关的潜在纠纷或诉讼情况等；

⑥ 软件著作权是否是职务作品；

⑦ 被调查方使用的第三方软件是否得到合法授权。

（2）调查实施

对软件著作权的尽职调查应围绕下述具体内容展开。

① 标的软件涉及著作权保护的作品清单，内容应包括证书编号、登记日期、作品类型、作者、作品（软件）名称、权利来源、权利归属、权利限制等。

② 标的软件各作品完成日期、（首次）发表日期，剩余权利期限及是否办理了著作权登记。

③ 标的软件办理了著作权登记的则主要核查计算机软件著作权登记证书，结合国家版权保护中心网站进行核实，并通过访谈等方式对著作权权属情况进行印证。

④ 标的技术未办理著作权登记，但声称对作品享有著作权的，则需核查相关协议、软件代码及软件产品登记证书等相关证明文件：

A. 技术持有人通过主持创作取得软件著作权的，需要对创作底稿、主持创作的会议记录及决议、创作完成的时间证明文件、首次发表的证明文件等内容进行审查；

B. 技术持有人通过委托创作取得软件著作权的，需要对著作权委托协议、权利归属协议等内容进行审查；

C. 技术持有人系通过与他人合作创作取得软件著作权的，需要对合作协议、权利归属协议等内容进行审查；

D. 技术持有人系通过个人的职务创造取得软件著作权的，需要对职务软件作品归属协议、企业内部的职务作品创造激励办法等内容进行审查；

E. 技术持有人系通过受让取得著作权的，需对软件著作权转让协议、转让费支付凭证、著作权登记变更证明等内容进行审查；

F. 涉及国际软件著作权的，则需对作者、完成的时间、首次发表的时间及国家是否是《伯尔尼保护文学和艺术作品公约》成员国等内容进行审查。

⑤ 技术持有人系通过被许可方式取得软件著作权的使用权的，则需对软件著作权权属证明、著作权许可使用协议、许可使用费支付凭证、被许可使用的权利范围及限制、被许可的类型、被许可使用期限约定及剩余期限等内容进行审查。

⑥ 技术持有人将软件著作权作价出资的，需要对投资对象的情况、投资对象与目标企业之间的关系、出资协议中著作权作价合理性等内容进行审查。

⑦ 技术持有人已将软件著作权许可或转许可他人使用，需要对许可使用协议、许可使用期限、许可的类型、许可使用的权利范围及限制、许可使用费支付凭证等内容进行审查。

⑧ 技术持有人已将软件著作权质押的，需要对软件著作权质押协议、质押目的、期限及著作权质权登记簿等内容进行审查。

⑨ 技术持有人与软件著作权相关或者与著作权协议相关的诉讼、仲裁等涉诉情况。

⑩ 技术持有人与软件核心开发人员之间的保密协议、竞业限制协议约定的内容以及竞业限制补偿金的发放情况。

⑪ 技术持有人关于软件著作权管理及保护的内部规章制度，以及对于核心著作权的相关保密措施。

⑫ 技术持有人为机构的，其核心开发人员的工作历程及与原单位之间的劳动合同、保密协议、竞业限制协议约定的内容以及竞业限制补偿金的发放情况。

5. 植物新品种权尽职调查

（1）调查内容

调查的内容主要包括但不限于：

① 植物新品种申请品种权的申请情况，包括品种名称、申请日、培育人、申请人、共同申请人、品种来源、申请日期。

② 取得品种权的授权审查情况，包括品种名称、授权日、培育人、品种权人、共同品种人、品种来源、申请日期、品种权证书号等。

③ 申请植物新品种权品种的来源亲本是否在申请品种权、申请情况，或申请植物新品种权品种的来源亲本是否已经取得品种权等，该亲本的使用是否被授权许可。

④ 植物新品种与亲本品种的申请品种权的共同申请人、取得品种权的共同品种权人是否存在交叉，共同申请人和品种权人的基本情况。

⑤ 取得植物新品种权品种的有效期限，是否按时缴纳了年费。

⑥ 植物新品种获得授权后权利的许可、转让等情况，包括该品种对外的授权是独占许可、排他性许可或者是一般许可，若该品种有共同品种权人，该共同品种权人是否同意许可或转让。

⑦ 若该植物新品种属于农业农村部以及各省级人民政府农业行政部门确定的主要农作物品种，则需要调查植物新品种审定的基本情况，包括申请审定的品种名称、审定名称与申请或授权品种权名称是否一致、何时申请审定、在何省份申请、是否申请国家审定、审定通过的时间、审定证书、审定编号、审定单位、培育人、审定单位与申请人或品种权人名称是否一致等。

⑧ 已审定的品种，是否按照农业农村部的规定向中国农业科学院作物科学研究所国家作物种质库提交品种标准样。标准样品作为审定通过品种的实物档案，将由国家农作物种子质量检验中心进行统一封存保管，形成共享的 DNA 指纹图谱信息，作为鉴定品种真实性和纯度的对照。

⑨ 是否存在与申请植物新品种权的品种、取得品种权品种的相关的潜在纠纷或诉讼情况等。

⑩ 植物新品种的生产方法，是否依照《专利法》的规定申请专利权。

（2）调查实施

对植物新品种的尽职调查应审查的文件包括但不限于：

① 农业农村部植物新品种保护办公室关于植物新品种权的申请公告；

② 农业农村部植物新品种保护办公室关于植物新品种权的授权公告；

③ 植物新品种权证书；

④ 植物新品种权年费缴纳票据等；

⑤ 植物新品种亲本的品种权证书及年费缴纳；

⑥ 主要农作物品种审定认定证书；

⑦ 植物新品种权转让协议、许可使用协议、质押协议；

⑧ 植物新品种自申请品种权之日起在历年生产、销售中出现的质量纠纷及索赔，农业行政执法部门是否进行处罚及相关处罚文件、处理结果；

⑨ 与植物新品种相关的诉讼、仲裁情况说明及相关判决书，其他上述植物新品种审查文件中提及的知识产权相关文件。

6. 集成电路布图设计权尽职调查

（1）调查内容

对集成电路布图设计专有权的尽职调查应审查的内容包括但不限于：

① 布图设计专有权的权属情况；

② 是否存在与布图设计专有权相关的合作创作、委托创作的情况；

③ 布图设计专有权的有效期；

④ 布图设计专有权的许可使用情况；

⑤ 布图设计专有权是否存在任何权利质押或其他权利限制；

⑥ 布图设计专有权是否发生过转让；

⑦ 是否存在与布图设计专有权相关的潜在纠纷或诉讼情况等。

（2）调查实施

对布图设计专有权的尽职调查应审查的文件包括但不限于：

① 国家知识产权局颁发的布图设计专有权登记证书；

② 与布图设计专有权相关的合作协议、委托协议、许可使用协议；

③ 与布图设计专有权相关的转让协议、质押协议及其相关的登记文件；

④ 与布图设计专有权相关的诉讼、仲裁等情况说明及相关判决书或行政机关处罚通知书。

9.1.4 技术本体尽职调查

技术本体尽职调查前，承办人应当基于技术交易标的、交易内容、技术指导标准等作深入调查，需要技术供方准备的资料包括：完整规范的技术文件，如技术背景资料、可行性论证报告、技术评价报告、项目任务书、计划书、技术标准、技术规范、原始设计和工艺文件，技术开发报告，技术应用效果报告，试验记录、工艺流程文件、技术数据，设计图纸，技术成果鉴定证书（如果有），产品质量报告、检测（验）报告、型式检验报告、技术查新报告，用户使用说明报告，以及其他技术文档等。技术本体的尽职调查关键内容大致包括以下六点。

1. 确认技术资产

作为增资的财产，首先，财产应当是确定的，即该技术标的必须是特定化的，以什么作为投资入股标的物必须客观明确，不得随意变动。其次，标的技术是否为完整可用的技术成果，排除未完成的技术方案，零散的、堆砌的、部分的技术信息和知识进入交易。故这一环节，就是明确标的技术成果实际体现为哪些技术方案。技术方案具体包括哪些内容，比如，它最终体现为一种产品、一种工艺，还是一种设备，抑或兼有。

首先，可通过技术供方提供的技术清单、文件，了解标的成果的主要技术内容，包括主题、对应产品、工艺，及以应用情况，各自相应的技术性能指标。确认每一项技术、工艺等是否都实际存在；核实它们都依附于哪些形式的物质载体，并查验目标企业披露的载体、资料是否全面、完整；判断这些载体与资料之间是否有矛盾之处、能否与技术资产清单对应。对于其中有疑问之处，应与技术供方知情人员充分甚至反复沟通交流，并让其提供令人信服的解释。此外，根据需要，调查团队还可走访技术供方的研发、生产、质量管理等部门，查看研发设备、工艺流程、物料、半成品、产品等，以核实所调查技术的实施、使用情况，如生产工艺、生产主要设备和条件、工艺参数、生产过程、生产中质量控制方法。此外，技术供方相关的产品检测报告也可佐证技术资产的存在。

其次，如需要可做技术全景调查，即利用技术分析的手段，如制作技术（专利）图表等方法，展示所在技术领域的技术分布情况、专利申请趋势、专利申请人分布、竞争对手分析、技术路线等，明确所在行业的技术成熟情况、技术热点、技术空白，以便与标的技术对比，如该技术成果属于基础技术还是改进技术。通过技术全景调查，做到知己知彼，有备无患。

最后，应与有关技术人员确认，标的技术成果是否实际包含通用、公开的技术知识、信息。如是，应当重新协商，就该技术成果的内容加以删减、重新评价，并最终确定技术交接的标的和标准。

2. 确认技术与受资方业务的对应性

即明确标的技术成果能否适用于拟受让企业的有关业务，是否对应受让企业的产品或服务，并对受让企业生产经营活动有益。具体可通过询问技术供方负责人，了解生产工艺、生产主要设备和条件、工艺参数、生产过程以及受资企业的相关条件匹配程度等加以确定。

3. 技术查新

通过委托国家科技主管部门认定的、具有从事科技查新咨询业务资质的查新机构，按照《科技查新技术规范》（GB/T 32003）查证标的技术成果是否具有新颖性，根据查新报告剔除已公开现有技术。

4. 进行技术评价、明确技术优势

（1）技术评价

因内容不同，技术成果的评价特征和规律各异，一般可分为以下二类。

① 技术评价内容包括：

A. 技术方案合理性的分析评价，如运行过程的连续性、运行过程中的协调性等。

B. 技术方案适用性的分析评价，如原材料和燃料等的适用性，地理、水文、气候等条件的适用性。

C. 技术方案可靠性的分析评价。

D. 技术经济性的分析评价等。

② 技术设备评价内容：

A. 技术设备生产性能评价。

B. 技术设备可靠性评价。

C. 技术设备耐用性的评估。

D. 技术设备安全性和维修特性的评价。

E. 技术设备配套性与系统性的评价。

F. 技术设备灵活性和经济性的评价等。

（2）判断技术优势

技术评价的目的是明确该技术成果的技术优势何在。具体可对技术清单上所列的具体单项技术，在明确标的技术与现有技术的实质性的区别以及标的技术效用的基础上，通过对比产品（或服务）与现有技术的技术（性能）指标、参数，分析该被调查技术与竞争对手之间的优劣势。

① 明确技术能够实现的性能、功用。为便于技术受方进行技术预测和价值

判断，最好由技术供方提供与技术标的最接近的现有技术加以对比分析，最终目标是核实标的技术在应用中的优劣，一般包括：

开发新品种，实现或加强产品或服务平台化、系列化、模块化、集成化、多功能化、组合化、功能单一化等。

改进产品结构，如实现或加强小型化、大型化、便携化、轻量化、装置去复杂化等。

改善产品的或服务质量，如提高机械强度、柔韧度、精度、纯度、灵敏度、稳定性等。

优化传统产品性能，如智能化、网络化、柔性化、数字化、自动化、操作简易、"傻瓜"化；消除有害作用，降低有害作用敏感性，提高适应性等。

提高可操作性，改善客户体验，如因应时代发展、新时尚，产品呈现未来化、个性化、高级化、高功能化、高速化等特征。

延长产品安全使用寿命，提高耐用性、耐久性、免修化、无故障化等。

完善、改良工艺流程，降低产品成本。改善工艺可操作性，工序简化，提高自动化，减低控制复杂性，提高生产的稳定性；提高产量，提高得率，提高效率，提升制造精度，提高产品合格率；减少废品，降低污染，节约资源能耗，保护资源环境，产品制造或服务呈现绿色化、资源再生化、廉价化、省能源资源化等。

其他优势，如增强生产作业操作安全性，改善测量精度，提高易维修性，提高经济效益和社会效益等。

② 明确技术的先进性。在可获取的前提下，可以通过性能指标、技术参数加以反映。在识别技术进步点的基础上，判断技术参数的先进性可以通过查新、检索国内外同类技术达到的参数来对比确定欲转化的技术成果究竟处于何种水平。也可通过技术实验报告、产品检测报告，或考察样品、样机、专用设备、专用原材料或原型产品、软件等获知技术参数及其先进性。此外，可基于研发所涉及的的试验方案、技术路线、工艺方法、项目技术特征、结构工艺特点，与国内外同类研究的对比情况，分析是否构思精妙、克服了长久存在的技术难题，判断其技术上的先进性。为最终确定技术的优势，还可根据需要到技术供方的生产、工艺、研发、测试、质量管理等部门现场调查，查看系统设计、制造程序、专有工艺流程、生产、操作半成品、标准、测试结果、产成品、废物处理情况等。针对存在的疑惑，可询问技术供方的相关技术人员、质控人员、研发人员，加以确认。

5. 确认技术来源

一般可通过以下技术调查手段确认标的技术成果来源的正当性和合理性，排除侵犯他人智力成果和相关知识产权的可能。

① 通过技术供方提供的技术材料清单或书面说明，初步明确被调查方的技术来源和取得方式。如其主张属于自主研发取得，可到研发部门、实验室、办公室，考察技术所依赖的专用设备、物料、技术条件，查看技术平台、主要研发物质基础、研发设备、研发手段等情况，确定研发成果与研发设备、研发手段、研发现状、研发人员配置及研发能力是否匹配。

② 了解技术供方研究开发及技术储备情况。调取研发过程、技术供方所提供的研发成果、在研项目等资料，翻阅相关实验报告、研发记录等材料，调查其自主研发技术成果的数量、内容。同时可通过了解样品样机，访问研发、生产人员，明确研发成果的应用情况，如是否得到应用，应用到哪些方面或环节，是否应用到相应的产品或服务。涉及计算机软件的，可以要求技术供方提供源代码，以确保没有任何开源或类似软件被纳入其软件。

③ 通过了解研发负责人信息或者课题组成员名册，或访谈、问卷发放反馈等途径了解该技术供方的研发能力。了解研发机构的情况，包括研究开发组织管理结构、各下属机构成立的时间，分析技术供方的技术开发人员的结构、研发人员数量。掌握核心技术的技术骨干、核心工程师、原始开发人员简历（包括学历、研发业务经历、行业或专业背景等），尤其是与本次尽职调查标的技术相关的学习背景、工作背景、研发经验及主要成功案例。明确团队主要的分工情况，团队成员是否有互补的经验或技术。了解自主技术占核心技术的比重，分析印证技术供方的研究开发手段、研发重点、研究开发程序，并确保是否与标的技术成果匹配。可以参考省级以上科技成果申报文件、科技计划立项证明、结项证书、鉴定证书、验收材料等作为被调查方研发能力的辅助证明。还可以收集核心技术人员的专业文章、论文、专著等出版物，以及会议报告、演讲音频、视频等资料，从多角度了解技术供方的研发实力。

6. 识别技术风险

（1）技术成果的不确定性

比如，用于入股的技术方案仅是零散的技术知识和技术特征的点状罗列，技术信息不成逻辑，没有形成成体系的技术方案，无法满足技术受让方的生产技术应用需求。或技术信息仅仅是实验室数据，阶段性的架构、设想，未来发展难以预料。为此，必要时可就标的技术向有关机构申请技术鉴定或概念验证，保证在实验室条件乃至产业条件下能够重复再现其技术效果，解决技术问题。

（2）技术方向偏差

如果技术所对应的主要产品（服务）不存在市场需求，或是不符合企业、行业的战略规划、发展方向，不符合所在领域的发展趋势，不被市场认同接受，就目前的时点来看此类技术成果是无益的，对此需要率先将这个问题纳入考虑范围。判别这个问题，需要回答：是否切合受让企业或市场的需求，标的技术与受让企业的技术路线是否趋同，该技术企业资源的相关性与互补性，标的技术与受让企业技术是否兼容等系列问题，并将这些问题纳入技术谈判内容，由技术供方予以解答协调。

（3）技术可实施性差

首先需要了解技术的适应性，即考察技术成果转化过程中，对于环境、资源和配套技术等支持条件的要求。作为拟转化的技术成果，其基本的技术要求应当是经过小试、中试，工程开发和小批量试生产解决技术成果大规模生产过程中可能存在的生产工艺可靠性、质量合格率、生产的稳定性等问题。而如果一项技术对于生产技术条件要求非常严格，很难实现产业化，那么一方面这项成果的技术适应性就很弱，在应用中，主要反映为技术成果的应用条件不具备，最终所引入的技术不能够切实解决现存实际技术问题；另一方面，如果一项技术对于生产技术条件要求过于严格，在产业化上就很难取得有力的支持，则这项成果的技术适应性评价就很低。技术适应性评价表现在以下五个方面：

① 假如技术受让方的现有生产条件、技术条件尚不能支持标的技术的实施应用，比如技术受让方的技术人员的技术接受能力，场地、设施、设备等工程实施能力薄弱，难以与标的技术成果进行有效整合，满足不了引入技术的基本要求，达不到合同的既定目的。

② 项目运行条件可获得性不足。包括技术适用的条件非常苛刻，原材料、辅料、耗材不易获得或者因不经济无法供应，自然资源环境存在限制，地质、气候水文条件不适合，无法脱离技术成果特有的研发环境。或技术成果无法适用于拟上市产品的产业化制造过程，甚至由于配套工艺技术缺陷而导致产品性能不佳、样品样机通不过国家鉴定和检测、产品质量稳定性差、生产中存在安全隐患、环保不达标等问题，都是技术成果应用性差的表现，需要引起足够重视。

③ 如标的技术操作过度依赖于特定专业技术人员，包括依赖技术供方关键人员的经验阅历、个性偏好，都会极大地限制转让标的技术的可应用性。

④ 在有关技术的系统知识中，还有很多性质介于技术秘密和经营秘密之间的有用信息，缺少这样的有用信息，受让方即使能获得全部技术秘密的载体或信息内容，也可能因为该技术秘密不系统、不完整、不具体而没法实施。

⑤ 相关技术、工艺等支撑要素的配合度不够。配套技术、互补技术是专利技术在转化过程中必不可少的生产条件。在生产实践中，如果配套技术和工艺很难获得或配套的成本极高，无论多先进的技术都不易转化为生产力，则项目的技术风险就会大大增高。

（4）技术成熟度低

一项技术成果，从距离商业化应用远近的角度观察，可以分为处于创意阶段、基础研究阶段、应用研究及工程化开发阶段、模型概念验证阶段、小样试制阶段、中型试制阶段、工业化放大阶段、产业化量产阶段等，一般越处于后端，技术的应用价值越高。科研单位和高校所完成的技术成果大都是处于较前端的成果，一般还需要进行小试、中试和批量试生产，甚至需要进行大量验证才可能确定为产业化的成熟技术。如果引进的技术还需做大量的后续开发，乃至无法放大实现产业化生产，制造出预想的产品，则属于引进了未成熟技术，势必会提高技术引进成本，大为降低引进成功概率。为此，需要在调查中通过多种手段核查被调查技术的实际情况，技术处于哪一阶段，是处于创意阶段、概念阶段、起步阶段、测试阶段，还是已实现产业化规模生产，稳定性如何，是否会在技术引进后大变脸。这些可以在保密的前提下，请技术专家判断并确认其工程化开发程度。

（5）技术易被迅速替代

所在领域技术创新速度是否太快，技术成果在短期内沦为落后技术，被市场掏汰，或者替代技术出现，严重影响技术的应用价值。特别是在迭代更新很快的行业，需要了解拟引入的技术是否可能被迅速替代，这是引入技术时必须回答的一个问题。技术受让方需要参考技术供方研发人员、外部行业技术专家的意见，并基于所在行业的技术发展现状和趋势，作出综合判断。

（6）可持续性差

有些技术成果的先进性很突出，但是否具备与之相应的资源、原材料、制造设备、零配件的持续配套，也决定了技术成果的产业化是否能得以持续。原材料能较容易或者经济性地获得，能源动力可以持续供应，都是决定项目成功的重要条件。另外，如果标的技术是技术供方的一锤子买卖，其后无法提供优化迭代技术方案也可能会提高技术应用的成本，限制未来产品线升级改进的发展空间，那么该技术带来的优势将是不可持续的，也需要提前考虑。

9.1.5 尽职调查流程

① 确定委托。委托方针对项目的实际需求，根据报价情况选定技术资产尽职调查服务单位，签署委托合同及授权书，确定委托关系及尽职调查范围和内容。

② 立项组队。委托方与受托方分别对技术资产尽职调查项目立项，各自选定合适技术人员、律师组建团队，并由团队成员基于项目实际情况签署保密协议。

③ 制定计划。受托方根据项目实际情况及时间节点，制定工作计划及尽职调查内容清单；明确调查目标及重点调查内容；确定调查时间节点，包括计划进

场、人员访谈、资料提供、报告撰写等；确定调查各阶段的主要内容；调查任务分工。

④ 前期背景调查。受托方根据委托方提供的初步资料以及互联网公开渠道，对项目所涉尽职调查目标进行前期背景调查。调查企业登记信息，包括营业执照信息、股东及出资信息、存续和变更信息、分支机构信息、行政许可和处罚信息、失信信息、涉诉信息等；调查经营信息，包括生产经营状况、研发状况、主营业务和产品、产品或服务的竞争力及知名度等；调查知识产权信息，包括专利、商标、著作权及域名、集成电路布图设计、植物新品种，及其授权、注册、登记、许可、转让、作价出资和质押等。

⑤ 资料收集。受托方根据前期调查情况，结合实际需求拟定目标企业知识产权、技术本体的尽职调查清单，分别通过委托人提供、被调查单位提供及自行收集等方式检索收集资料，并及时对所收集到的资料进行整理汇总，查漏补缺，标明资料来源、类型、是否原件等信息，归档备查。

⑥ 访谈走访。受托方结合项目实际需求，针对目标单位实际控制人、股东、高级管理人员、核心技术人员、相关单位等分别制作访谈清单，通过访谈走访获取相关信息。

⑦ 核查信息。针对委托方、目标单位提供的资料以及访谈获悉的内容，要求相关单位及人员进行真实合法性承诺。同时受托方还需通过政府部门、第三方机构等有公信力的渠道对相关信息及资料进行核查确认。

⑧ 与第三方机构沟通交流。在技术资产尽职调查过程中，还应在委托方的组织下，与评估机构、专利代理机构等第三方机构保持良好沟通，如对在进场安排、资料搜集、访谈安排乃至信息核实等过程中各方存在重合或者可能互有影响的部分应当及时沟通交流。

⑨ 撰写报告。受托方对调查获悉的资料及信息进行全面分析，并据此起草知识产权尽职调查报告，根据委托方及相关机构对于技术资产尽职调查报告初稿的反馈意见进行必要的调整与修改。

⑩ 完成报告。结合技术资产的尽职调查（含补充尽职调查）的结果，在基准日等时间节点发生变化、主要技术标的发生变化或者确有必要的情况下，根据项目实际需求，开展补充尽职调查。参考委托方的反馈意见，完成技术资产尽职调查报告，并确定目标技术是否拥有完全、合法、有效的相关知识产权权利，产权关系明晰，具有相应的功用效能和相应的先进性、成熟度等，是否符合技术引进的需求。最终将工作底稿归档整理。

最后，需要说明的是，在任何交易结构中风险都是对等的，为了确保交易安全，技术供方最好也做一定的调查，比如深入了解标的企业是否具备应有的项目实施能力，如考察其所提供的生产技术条件、经营状况，企业的资信等情况。此外，企业是否获得生产经营技术转化产品的资质，该技术成果是否与企业业务紧密相关，是否具有资金实力、融资能力，是否具有消化吸收拟投入技术的技术能力、技术成果产业化能力、对引进技术成果的验收能力，标的技术能否对企业经营发展作出贡献，企业管理层是否具有经营管理才能，是否具有市场开拓能力，是否具有销售渠道网络，都应纳入技术供方的考察了解范围。

9.2　评估

确定技术资产的价值是所有技术交易的一个核心，在现实中围绕着技术价值或交易价款往往会发生诸多争议。除了技术增资协议当事人协商一致的途径外，还有一种方法可供选择，即资产评估。

技术成果作为一种无形资产，本身的不确定性及无形性决定了无形资产的价值评估不同于其他资产的评估，影响无形资产价值的因素主要集中于无形资产的构成成本、形成无形资产的技术水平、收益能力以及该资产的市场供求情况。技术资产评估的方法很多，常用是市场法、收益法和成本法三种基本方法及其衍生方法。实施技术资产资产评估，往往需要对所评资产价值的技术因素如替代性、先进性、创新性、成熟度、实用性、独立性、防御性、垄断性等进行分析，也会对影响技术资产价值的经济因素如技术资产的取得成本、获利状况、许可费、类似资产的交易价格、市场应用情况、市场规模情况、市场占有率、竞争情况进行分析，还会考虑其他非技术资产以及经营条件等对技术资产作用和价值的影响。

根据《财政部　国家知识产权局关于加强知识产权资产评估管理工作若干问题的通知》的规定，如进行技术资产评估，应聘请有评估资格的资产评估机构进行。以国有性质的技术资产出资的，应当提供资产评估报告。根据《事业单位国有资产管理暂行办法》第三十八条，事业单位以非货币性资产对外投资的，应当对相关国有资产进行评估。此外，依照国有资产管理的有关规定，资产评估报告还须由法律、行政法规、规章规定的部门（通常是国有资产管理部门）进行确认，并出具确认文件，以防出现低估的现象，造成国有资产流失。

下面，按照不同的市场主体就资产评估相关规定，进行简要归纳。

（1）公司

依照《公司法》第二十七条第二款、《财政部　国家知识产权局关于加强知识产权资产评估管理工作若干问题的通知》第一条以及财政部、原工商总局《关于加强以非货币财产出资的评估管理若干问题的通知》之一的规定，以知识产权资产等非货币财产出资成立有限责任公司或股份有限公司的，应当进行资产评估，不得高估或者低估作价。根据以往工商登记的实务操作，这一规定同样可以适用于技术增资。

但是在各地实际业务中这些操作已经发生了相应的调整，并不一定都需要进行资产评估。如根据《北京市工商行政管理局关于简化工商登记程序优化准入服务的意见》《北京市工商行政管理局关于简化工商登记程序优化准入服务意见的实施细则》等文件的规定，以非货币财产出资（包括增资），不再要求提交资产评估报告。

（2）合伙企业

根据《合伙企业法》第十六条，合伙人以技术增资的，是否评估可以由全体合伙人协商确定，也可以由全体合伙人委托法定评估机构评估。由全体合伙人委托法定评估机构评估作价的，应当向企业登记机关提交法定评估机构出具的评估作价证明。

（3）中外合作经营企业

投资中外合作经营企业，涉及以国有资产增资的应当进行资产评估。根据《中华人民共和国中外合作经营企业法实施细则》第十八条，中国合作者的投资或者提供的合作条件，属于国有资产的，应当依照有关法律、行政法规的规定进行资产评估。至于中外合资企业，各地的规定不一，经了解，在深圳中外合资企业投资者以非货币增资的，可以不用评估机构评估，其价格可以由合营各方评议商定后办理验资。

（4）外商投资合伙企业

投资外商投资合伙企业，类似于普通合伙企业，是否评估由全体合伙人协商选择。根据《外商投资合伙企业登记管理规定》第十五条，以知识产权增资入股的，可以选择由全体合伙人协商作价，也可由全体合伙人委托法定评估机构评估作价，由全体合伙人委托法定评估机构评估作价的，需要向企业登记机关提交中国境内法定评估机构出具的评估作价证明。

（5）新三板挂牌企业

新三板挂牌企业，如涉及技术增资的，需要评估。《全国中小企业股份转让系统股票挂牌条件适用基本标准指引》明确规定，公司股东以知识产权等非货币财产出资（包括增资）的，应当评估作价，核实财产，明确权属，财产权转移手续办理完毕。

根据《事业单位国有资产管理暂行办法》第三十九条、第四十条，国家设立的研究开发机构、高校将其持有的科技成果转让、许可或者作价投资给国有全资企业的，可以不进行资产评估；国家设立的研究开发机构、高校将其持有的科技成果转让、许可或者作价投资给非国有全资企业的，由单位自主决定是否进行资产评估。而实践中，多数的高校和科研院所技术对外作价入股还是设置了评估环节。

9.3　股东会议决

以技术成果增资入股系企业的重大经营行为，需提交企业的权力机构［公司为股东（大）会、董事会］进行审议表决。增资扩股，需要经董事会、股东会合意通过，方可进行，需要履行的程序，一般如下：

董事会议决以技术成果增资→股东（大）会议决以技术成果增资→股东签署增资决议

关于增资扩股，首先由董事会就包括增资前后的股东姓名或名称、用于增资的标的技术成果、投资作价的依据、作价方式或评估价值、技术作价金额、认缴出资金额、技术出资占全部注册资本的比例、技术出资方式、出资期限、该项成果入股后使用的范围、技术供方对该项技术保留的权利范围、增资前后的股权结构、违约责任等在内的技术增资方案按照符合企业章程规定的表决方式进行议决，制作董事会决议。作为公司最高权力机构，上述议案还应当由股东会/股东大会按照符合企业章程规定的方式会表决通过，制作决议。增资决议经全体股东签字生效后，应制作技术增资协议、章程等法律文件。此外，视不同情况，各方还需根据法律、法规的要求将投资协议交有关部门批准或备案。

9.4　协议、法律文件的制作

技术增资扩股，需要由各股东签订一系列协议、法律文件，形成一个统一的体系。制作这些协议、法律文件的具体时机是，尽职调查完成后，由律师协助委托人进行谈判，共同拟订投资协议，准备相关法律文件。本书由于篇幅所限，单就企业技术入股所涉及的、独特的法律文件加以专门讨论，至于企业增资扩股所需的其他通用法律文件，还需读者参考其他相关出资材料或结合当地企业登记要求自行把握。

9.4.1　增资协议

基于就技术增资完成的决议内容，上述股东一般还选择制作增资协议/投资协议，就以下内容进行约定：股东姓名或名称、用于增资的标的技术成果及其权属、技术种类及其出资价值、拟入股技术作价金额、该技术出资占企业注册资本的比例、增资前后的股权结构、技术增资的方式、该项技术成果入股使用的范围（时间、空间、权利边界）、技术供方对该项技术保留的权利范围、出资期限、出资的转移、办理技术成果转移手续的证明文件、企业的利润分配、技术出资所形成的股权退出方式及资产处置、出资方的竞业禁止义务、其他增资方的出资义务、违约责任等。具体条款需要根据项目内容酌情增减，并由全体股东签署。

9.4.2 技术投资/增资合同

技术增资，可在投资协议之外另行订立技术增资合同之类的书面合同。需要注意如下几点。

（1）主要条款

基于股东决议以及上述增资协议，制订技术投资合同（或技术转让合同或技术许可合同、技术成果作价入股协议书等），明确技术转让方（技术许可方）、技术受让方（技术被许可方）及相应的权利义务。鉴于此类合同不少是在技术尚未落地、前景尚不明朗的情况下订立的，因此对未来的权利和义务的约定更要详细而明确，相关合同标的、权利边界必须清晰、可执行，以防嗣后因合同履行发生不必要的纠纷。合同一般包括如下主要条款：

① 各方当事人名称、姓名、通信地址、联系方式等；

② 合同目的，包括合同签订的预期目标、合同的性质确认、技术开发目标、技术成果实现目标；

③ 技术成果概况，如技术成果名称、种类、主要内容，标的技术的功能、特征、适用条件、技术参数等主要技术指标；

④ 技术成果的权益保护方式，如权利类型、权属登记、权证编号、权利状态、有效期限等；

⑤ 技术成果的权利瑕疵保证，是否存在如权利质押、第三方实施许可等权利限制；

⑥ 技术成果的作价方式和合同各方认可的作价金额，经评估机构评估的，载明评估值；

⑦ 技术成果的出资方式，技术成果作价出资金额及其所占企业注册资本的比例；

⑧ 技术投资行为完成条件，入股技术成果权利转移的方式、地点和时间和程序，以及标的技术的其他转移义务；

⑨ 技术成果资料交接内容、程序、地点和时间，标的技术逾期交付的通知和后续交付约定；

⑩ 标的技术的验收时间、验收地点、验收人员、验证方法、验收标准、验收报告的签署，验收不合格的处理，不符合验收标准的补救措施，验收费用的负担方式；

⑪ 技术供方保证技术成果得以实施转化的义务，保证对增资技术的指导、培训等后续服务义务；

⑫ 技术成果入股使用的范围，技术供方对该技术成果保留的权利范围以及竞业禁止义务；

⑬ 入资技术成果涉及的后续技术孵化或改进发展，其技术成果的权属及其利益分配；

⑭ 技术成果与产品（服务）的测试认证，及其行政许可、市场准入的关系；

⑮ 其他股东对技术成果的保密义务；

⑯ 技术股权的转让、赠与、继承、质押及清算；

⑰ 技术入股风险责任的承担；

⑱ 收益的核算办法和分配方式；

⑲ 入股技术成果的实施造成侵权责任的承担；

⑳ 股权的变更与追加；

㉑ 担保及担保方式；

㉒ 违约责任及其承担（如标的技术的专利权被宣告无效）；

㉓ 争议的解决方式；

㉔ 合同的变更与补充，合同的终止与解除；

㉕ 名词和术语的解释；

㉖ 投资协议的生效条款；

㉗ 附件及其效力；

㉘ 其他约定事项；

㉙ 合同签订日期，以及各当事人的签名盖章。

（2）合同要点

实践中，不少技术投资合同条款过于简单和笼统，欠缺周密细致的安排和统筹，在操作时易产生分歧，引起争议，以下合同要点需要引起签约各方的足够重视。

① 在订立合同之前，须明确投资行为已取得相关的审批手续，如当投资项目涉及建筑、房地产、医药、新闻、通信、安防等特殊行业时，投资项目需要报请有关行业主管部门批准；投资各方当事人已取得投资项目所需的第三方必要的同意，并不与其他交易发生冲突。

② 如以许可使用权入股，还应区分普通许可、排他许可、独占许可，并明确具体的权利义务。

③ 以专有技术入资的，应规定出资后企业对该权利的独占性，技术秘密供方应承诺不再使用该技术秘密，不与被投资企业进行同业竞争，或提供权利担保与技术担保。

④ 关于技术增资所涉及的转化项目实施过程中衍生的智力成果和知识产权归属，双方要有明确而具体的约定。此外，双方还应对各自工作人员参与技术转移项目过程中创造的职务智力成果和职务知识产权的归属进行明确而具体的约

定；对于各自员工在技术转移过程中的发明创造或科技成果转化的贡献应享受的奖励，也应当有相应的规定。

⑤ 以专利等知识产权的申请权增资入股，如果最终专利申请未获审批，约定由技术投资人用等额的现金进行替代投资。

⑥ 在相关文件中尽可能明确描述技术供方交付所出资之技术"交付"的范围。比如，约定交付期限既要符合委托方的要求，又要根据技术成果所属的技术领域的更新换代程度综合考虑，同时还要留出必要的因购置设备、原材料、安排场地、测试、检测等可能出现的延迟时间。

⑦ 验收标准是确定增资技术是否符合合同约定的重要指标，一般以完整、准确、详尽、明确、可操作为目标。实践中，一定要明确标的技术的预期技术指标、技术参数（数据），也可以参考约定企业标准、行业标准、部颁标准、国家标准等。具体地，验收标准应当涉及技术成果的技术内容及其传授、实施过程，一般应当包括由技术供方提供图纸、技术资料、样品、样机等内容；当事人有明确约定的，也可以由技术供方提供实施该技术成果的专用设备、与科技成果直接相关的仪器设备、科研基础设施、专用设施设备、仪器、装置、特殊原材料及其他特殊生产条件，或者完成产品检验报告、质量检测报告等。

⑧ 科研单位、高校所完成的技术成果，可能是实验室阶段的成果，其技术成果转移后由于还存在对技术成果进行工程化、产业化试验研究的可能性，包括技术调试、测试分析、小试、中试、二次开发、流程改进、新用途开发等一系列成熟化处理，所以技术入资后一般还需要开展后续技术服务和转化开发工作，直到稳定正常的生产出合格产品。为此需要考虑技术供方后续开发的期限、派出服务人员的资质、工作量、费用承担等。

⑨ 一旦技术供方交付的增资技术不符合验收标准时，可以约定采取补救措施。补救期间是否视为技术增资人违约，应在违约责任条款中予以规定。补救期限届满仍不符合验收标准的，可以约定现金增资或约定以替代技术增资。

⑩ 因为仅靠阅读所交付的技术文件一般还难以掌握技术成果的要领或精髓，所以技术受方还可根据需求，就技术后续指导与培训进行约定。如是否提供技术指导或者人员培训，以及技术指导和培训的内容、时间、地点、人员数量；接受技术指导或者人员培训的人员要求；进行技术指导或者人员培训的人员要求；技术指导或者人员培训所要达到的基本标准。

⑪ 可酌情增加技术增资合同的中止条款，比如中止履行的情形、条件和通知义务；中止情形消除后，继续履行的情形、条件和通知义务；消除中止履行情形的协助义务等。

⑫ 可以约定合同变更与补充的提出方式、磋商方式等。如用于入资的技术

成果实施过程中出现非实质性技术难题时，是否可以提供临时性替代技术。

⑬ 为防范纠纷，可以适量补充合同解除与终止条款，以及合同解除后的善后处理内容。

⑭ 出现违约情形时，可以约定不符合验收标准的补救措施。比如，有些技术成果的问题和瑕疵并非在验收时能够发现，应约定交付成果后相应的设备运营期限、试产期限。

⑮ 合同中的技术术语和合同名词的解释必须准确，应由双方确认其内涵、外延和所理解的意思相同。

（3）合同附件

为履行技术增资合同，可以将标的技术背景资料、技术项目清单、入资技术以及配套技术的实施方案、拟转移的设计和工艺文件清单、技术标准和规范等作为合同的附件部分。此外，还需考虑的相关声明、承诺、保证书等附件有：

① 技术供方保证自己是所提供技术的合法拥有者或有权转让、许可，对其拟入资技术享有真实、合法、完整的知识产权，提供的技术资料无误、完整、有效，能够达到约定的目标。保证所出资技术不含有任何权利瑕疵，出资财产未设定质押、担保等权利负担，技术权属不存在任何纠纷或潜在纠纷，第三人不能对用于增资的技术提出权利请求提供声明书（或技术来源合法声明书、技术入资方承诺书）。

② 在技术成果共有的情形下，技术资产所有权人全体一致同意以该技术增资的声明。如存在部分主体放弃技术增资权利的，由该等主体出具无任何异议的承诺书（或职务技术成果权属声明书、技术合作权属声明书）。

③ 技术增资合同，特别是专有技术增资合同，由于技术秘密无权属登记，而且技术具有可复制性，可视情况由技术供方承诺该技术确为其所拥有，甚至是唯一拥有的专有技术，且该技术成果处于保密状态（可签署专有技术权属声明书）。

④ 以专有技术入资，可要求技术供方提供专项的权利担保，即担保第三人不会基于共有权、独占或排他性的使用权向企业主张任何权利。

⑤ 技术入资，需明确标的技术在生产中的可重复性，并承诺技术受方和技术供方生产产品的一致性；必要时，可就非专利技术的作用功效设置担保（可签署技术功效担保书）。

⑥ 对于专利或计算机软件等技术增资，应列明专利或版权登记号、专利或版权登记的日期。还应说明计算机软件作品创作完成人、完成时间，并作原创性的声明和保证。

⑦ 如系技术使用权增资，应说明对该技术所保留的权利情况，且须由供方作出在出资后不以营利为目的继续使用或许可其他任何人使用该等技术、进行同

业竞争的承诺书（或不竞争承诺书）。

⑧ 由于技术成果引进后的转化项目实施过程中还会涉及一些非公开数据、技术诀窍、最优技术方案等，而且因技术人员离职、离岗、退休等客观事件也可能导致技术秘密外泄，故需要与技术供方及相关人员签订相关补充协议（或签署竞业禁止协议书、保密协议书）。

⑨ 技术供方研发人员的选定、退出和后续试验、开发，及其职责分工、相应的工作量，需记载于技术供方研发团队信息文件中。

⑩ 如用于增资的标技术成果已经过资产评估，还需将该资产评估报告书（包括国有资产评估结果确认书）附于技术增资合同。

⑪ 标的技术成果的后续研究开发计划、工作流程、定期验收办法等方案，是合同履行的重要依据，可以作为合同附件，并需要签约各方就验收提出方、验收通过方式和提交时间签字确认。对于变更或者补充方案的，要及时以书面形式作出变更协议或者补充协议。

⑫ 技术供方应明确受让技术成果的企业具有确保技术成果实施的配套技术、集成能力，以及具备项目实施的相关装置、设备、设施、自然条件等相关产业化条件。

⑬ 技术成果的移交，可能涉及基于技术有效实施所必需的工艺包等技术资料，以及提供样品样机、模型，故可视交接内容、复杂程度，在充分协商的基础上预先达成完善、可执行并且可追责的法律文件。如拟定技术成果交接合同、验收书面证明文件，其内容包括详细的技术成果的载体形式以及配套的仪器、设备及其物料，标的技术资料、数据的移交方式和程序，由企业与技术供方共同签署。此外，在专有技术入股的情形下，由于技术资料是由技术供方掌控，第三人尤其是技术受方一般无从知晓其具体内容，因此标的技术内容及权利边界定的难度极大，可能出现用于增资的技术成果不足以达到产业化实施的程度，或者技术供方将部分多余的、无效、无用的技术混同于标的技术方案中，以图提高技术成果的作价金额。所以，就此还可以另行订立技术服务条款，约定由技术供方协助企业实施技术成果，并达到约定的技术指标。

技术供方还可提交的合同附件包括：入股技术成果的可行性论证报告、风险分析报告，技术评价报告、项目任务书和计划书、技术受方的生产经营与资信情况说明等。上述附件及其内容，可以在符合法律、法规的情况下，根据实际情况进行增减。

9.5 章程的修改

基于股东会决议及增资协议、技术增资合同，修改企业章程。企业章程记载股东认缴的注册资本总额、股东认缴情况，包括：股东姓名或名称、认缴出资额，出资占企业注册资本的比例，出资方式，出资时间和分红方式等注册资本部分；还包括技术增资股东用于增资的技术成果种类、作价及其计算方法，该项成果入股使用的范围、技术成果增资方对该项技术保留的权利范围、技术成果增资方的出资及技术的转移义务、竞业禁止义务以及违约责任等条款，并注明技术成果投资形成的股权退出方式。股东在企业章程上签名或盖章。

9.6 行政审批或备案

（1）专利

通过转让专利申请权或者专利权进行技术增资的，当事人应当订立书面合同，并向国务院专利行政部门登记，由其予以公告，专利申请权或者专利权的转让自登记之日起生效。以专利技术使用权增资的，增资合同应向国家知识产权局备案。

（2）集成电路布图设计

《集成电路布图设计保护条例》第二十二条第二款规定："转让布图设计专有权的，当事人应当订立书面合同，并向国务院知识产权行政部门登记，由国务院知识产权行政部门予以公告。布图设计专有权的转让自登记之日起生效。"

（3）植物新品种

关于植物新品种，《植物新品种保护条例》第九条第二款及第三款规定："中国的单位或者个人就其在国内培育的植物新品种向外国人转让申请权或者品种权的，应当经审批机关批准。国有单位在国内转让申请权或者品种权的，应当按照国家有关规定报经有关行政主管部门批准。"《中华人民共和国植物新品种保护条例实施细则（农业部分）》第十一条第二款规定："转让申请权或者品种权的，当事人应当订立书面合同，向农业部登记，由农业部予以公告，并自公告之日起生效。"《中华人民共和国植物新品种保护条例实施细则（林业部分）》第八条第二款及第三款规定："转让申请权或者品种权的，当事人应当订立书面合同，向国家林业局登记，并由国家林业局予以公告。转让申请权或者品种权的，自登记之日起生效。"

外商投资项目，需保证该项目符合《外商投资产业指导目录》的要求，制作新的可行性研究报告。此外，如外国投资人以技术投资，其中自由技术要在商务主管部门"技术进出口合同信息管理系统"（http://jsjckqy.fwmys.mofcom.gov.cn）进行合同登记，并持技术进（出）口合同登记申请书、技术进（出）口合同副本（包括中文译本）和签约双方法律地位的证明文件，到商务主管部门履行登记手续，取得《技术进口合同登记证》或《技术出口合同登记证》。限制类技术则须先获得技术进口许可证，再做技术进口合同备案。

如用于投资的技术成果来源于高校并涉及科技成果转化的，根据《教育部国家知识产权局　科技部关于提升高等学校专利质量　促进转化运用的若干意见》（教科技〔2020〕1号），每年3月底前高校通过国家知识产权局系统对以许可、转让、作价入股或与企业共有所有权等形式进行转化实施的专利进行备案。

9.7　权属移转

实物资产可以绝对排他性地占有而且权属转移通过标的物的交付即可完成。无形资产无法做到绝对排他性地占有，只能依赖于其法律权属即知识产权转移完成占有改变。所以可以说，技术增资的行为，是一种特殊的"知识产权转让＋投资"行为。技术成果作为无形资产，其转移涉及的法律问题相较于传统实物资产的转移更为复杂。根据《公司法》规定，以非货币增资的，应当经评估作价或由全体股东协商作价后，核实财产，依法办理其财产权的转移手续。

依照《公司法》的规定，以非货币财产投资的，应当依法办理其财产权的转移手续，即到国家相关部门办理知识产权的"过户登记"，将知识产权所有权属由技术供方转移至受资企业。如没有办理"过户登记"，知识产权在法律上仍然没有发生转移，技术供方仍然没有完成其技术出资。市场监督管理部门在具体实践中的标准不一，省与省之间、市与市之间对于技术出资应提交的材料规定不同，甚至同一市内不同区县之间都缺乏统一规范。

知识产权必须整体转移，不可分割转移，如专利权人不能仅以专利权中的一部分权项作价入股。有一点可以明确，以技术作为增资标的，标的技术要转移到被投资企业，仅仅将专利证书进行变更，到专利管理部门办理备案转移，就确认其知识产权增资完成是不够的。还需要检查已办理财产权转移手续的证明文件，包括专利证书、专利登记簿、专有技术转让合同、著作权证书等；验证其增资前是否归属技术供方，增资后是否归属受资企业。此外，技术入股企业，其权利转移手续可以在领取营业执照之前或之后办理，但前提是必须符合双方的在先约定。

（1）专利权转移

以专利技术的所有权增资的，依照《专利法》有关专利权转让和使用许可的有关法律规定，应到国家知识产权局办理专利权人变更登记手续并予以公告，即将专利权从专利技术出资方"过户"到受资企业名下。以专利技术使用权投资的，出资（包括增资）合同应向国家知识产权局备案。市场监督管理部门认可的专利转移手续的证明文件包括专利证书、专利登记簿副本。

实践中，还有一些关于持有国外证书的专利技术增资。经了解，市场监督管理部门的做法分为以下三类：

① 国外的专利证书已经过外国的专利主管部门做了相应权属变更，并已登记到受资企业名下，且经过国外公证机关公证和中国驻该国使领馆认证的，该专利增资登记。无须再提交其他如增资协议、公证等材料。

② 国外专利证书既未在国外专利部门作变更权属的登记，又没有获得国家知识产权局的登记或变更的，若所有人将其作为专有技术予以增资并提供相应登记材料的，则在所有人公证承诺自己所交付的专有技术无任何权利负担，第三人不能对用于增资的技术提出权利请求的前提下，允许其以非专利技术增资的方式予以登记。

③ 国外的专利已经过我国国务院专利行政部门的认可，并重新核发了中国专利证书，则理应以专利出资（增资）的方式登记。

（2）技术秘密权转移

非专利技术增资，交割技术材料容易，但移交使用权难，即存在技术供方还在继续使用该技术的可能。这是因为与其他技术投资入股的权利转移应履行更名手续不同，以非专利技术增资的，由于不存在审批备案登记等环节，其法定权属转移没有明确规定，权利无法转移到位。办理非专利技术转移需确认是否及时办理财产转移移交手续，一般是双方根据非专利技术增资协议签署资产移交协议书，技术投资人向企业提交相关技术资料如数据文件、操作手册、技术秘密文件等，乃至由会计师事务所出具《专项审计报告》，确认资产已经办理移交。

（3）著作权转移

依据《著作权法》的规定，著作权的移转只需当事人意思表示一致签署书面合同即可，不以登记或履行其他手续为必要。尽管《著作权法实施条例》和《计算机软件保护条例》规定了著作权转让的备案登记制度，但属于自愿程序，法律不作强制。软件著作权转移可到中国版权保护中心办理变更手续。实践中，市场监管管理部门认可的著作权转移手续的证明文件为著作权登记证明，如未办理著作权登记的作品，应当将授权文书、权利记载文本（如研发投入发票、相关技术资料等）等财产性文件交付受资企业。

这里需要注意的是，很多技术类知识产权转移都包括其申请权转移，如专利申请权、植物新品种申请权。这些申请权作为技术成果的载体在实践操作中也被列为技术增资的标的，已存在于实际操作中。

9.8 技术交割

技术移交是一个复杂的过程，需要进行可行性论证，评估技术价值，并交付完整的技术资料。技术交付的程度各不相同，有的交接人员技术基础好，不需要太多的资料，基础差则相反，可谓因人而异，一事一议，各不相同。在实践中，需为技术投资各方拟订履约备忘录，载明履约所需各项文件，并于文件齐备时进行验证以确定是否可以开始履行合同。

首先是技术资料的转移交付。需由技术供方依照合同约定的移交方式、时间和程序进行。其中必须完成的是交付全套特定的、完整的技术资料，包括且不限于研制开发报告、技术图纸、技术性能及实用价值指标、技术的参数、数据、材料配方、实验记录、工艺文件及流程图、计算机软件、样品、样机、检测报告、相关权利证书、操作手册、技术标准、成果鉴定书等，明确技术移交清单中的资产名称、有效状况等内容是否符合章程、协议的规定，并由受资企业与技术供方就交接清单予以确认签字。用于入资的技术成果，应当具有特定的、完整的技术内容，能构成一件产品、工艺、材料及其改进的完整的技术方案，使普通技术人员根据所移交的技术文件就能够指导技术工人生产出符合验收标准的产品。

需要说明的是，技术的移交绝不仅是技术资料的移交。交付技术成果时，供需双方的主要技术人员应当在场，并予以调试和操作演示，技术受方应当指派有经验的人员参与接受、验证，并记录交付情况。为确保交付技术内容与供方前期披露的信息一致，可根据所交付的技术项目清单、入资技术以及配套技术的实施方案、拟转移的设计和工艺文件清单、标的技术可解决技术问题目录、相关技术标准和规范等资料，确认技术成果的相关作用功效、参数是否符合验收标准，以及相应的配套的仪器、专用设备及其物料、耗材的到位情况、工艺是否符合验收标准，明确存在的问题、关键/主要偏差、缺陷、潜在风险，以及补救措施、改进方案等。达不到增资预期披露的技术指标、技术参数（数据）的技术成果不能通过验收交付。

一旦技术供方交付的技术不符合验收标准时，可以约定采取补救措施，补救期间是否视为技术供方违约，应在违约责任条款中予以规定。也可以酌情经试生产若干产量批次，完成工艺验证且确定能够解决约定的技术问题，符合与技术供方协商的标准后，技术转移即告成功，确认完成工艺技术的转移。

在完成上述权属移转和技术资料移交后，由企业、技术供方共同在技术增资作价移交清单（或技术移交表、无形资产交接单）上签字确认是否实际交付技术资料，并签署验收合格报告、权利已移交的无异议声明等验收文件，以备办理该技术入股的到资登记。

此外，引入技术后，受资企业还存在转化开发产品标准的制定和检测等多个环节和层次，有的要做大量的技术服务工作和转化指导工作。因此，为便于技术受让企业消化、掌握、实施所引进技术，在必要时，还需要技术供方亲自传授或者指导受让企业的技术人员和工人不能在图纸、资料中体现的技术诀窍，直到企业可以独立实施该入股技术，能稳定正常地生产出符合约定技术指标的合格产品。

9.9 验资

现行《公司法》不再有关于验资的规定。根据国务院《注册资本登记制度改革方案》，企业实收资本不再作为登记事项。除银行业金融机构类等规定实行注册资本实缴登记制的行业外，公司登记时，无须提交验资报告。

9.10 办理变更登记

股东的变更登记是技术增资在法律程序上最终且关键的一环。企业等商事主体注册资本变更登记所需提交的材料，以公司增资为例，一般主要包括：

①《公司登记（备案）申请书》（填报变更事项、原登记内容以及变更后登记内容），其所附文件还包括：

《董事、监事、经理信息》（填写姓名、国别、身份证号、职务、产生方式）；

《股东（发起人）、外国投资者出资情况》（填写股东名称或姓名、国别、证件号码、认缴出资额、实缴出资额、出资或认缴时间、出资方式、出资比例）。

② 修改后的公司章程或者公司章程修正案（公司法定代表人签字）。

③ 关于修改公司章程的决议、决定。

④ 变更事项相关证明文件（如：专利证书、专利登记簿副本，股东名称或姓名变更证明，股东更名后新的主体资格证明或者自然人身份证件复印件，企业关于变更事项的决定或股东会决议、董事会决议、增资协议等）。

⑤ 有关的批准文件或者许可证件复印件。

⑥ 已领取纸质版营业执照的缴回营业执照正、副本。

在变更登记程序上，由企业或者其委托的代理人向登记机关提出变更申请，登记机关收取变更登记材料并出具收到材料凭据，依法在法定时间内作出是否予以受理决定。申请材料齐全、符合法定形式的，登记机关凭申请人提供的技术转让、备案手续确定增资股东已履行了技术增资义务的，作出准予变更登记决定，出具《准予变更登记通知书》，并自准予登记的决定之日起十日内，换发营业执照。

最后，还有一种技术入股的类型是技术转股，其形式上是企业现有股东依法向技术持有人转让其持有的股权。从法律本质上，一般可理解为技术增资和企业回购股权两种法律行为的竞合，其中增资部分的流程可参照本章所述。

参考文献

［1］郑成思. 知识产权价值评估中的法律问题［M］. 北京：法律出版社，1999.

［2］吴寿仁. 科技成果转化操作实务［M］. 上海：上海科学普及出版社，2016.

［3］赵旭东. 公司法学［M］. 2版. 高等教育出版社，2006.

［4］中华全国律师协会. 中华全国律师协会律师业务操作指引［M］. 北京：北京大学出版社，2009.

［5］中华全国律师协会. 中华全国律师协会律师业务操作指引③［M］. 北京：北京大学出版社，2016.

［6］吴寿仁. 科技成果转让与科技成果作价投资有何区别和联系［J］. 华东科技，2019（10）：42－45.

［7］朱双庆，黄志斌，吴椒军. 几种特殊技术的入股管理［J］. 中国科技论坛，2007（6）：125－128，139.

［8］袁真富. 论专利交易的风险调查：以法律风险为主要视角［J］. 中国发明与专利，2009（12）：50－52.

［9］李国本，穆嫒如. 工业产权法律实务［M］. 北京：北京经济学院出版社，1996.

［10］郭建伟，郭文. 知识产权质押融资困境［J］. 中国金融，2019（5）：90－91.

［11］常国华. 工程技术作品的法律保护［D］. 上海：复旦大学，2006：32－34.

［12］王建强. 股东无形财产出资法律问题研究［D］. 济南：山东大学，2006：27－33.

［13］朱双庆. 技术入股型公司治理研究［D］. 合肥：合肥工业大学，2010：67－72.

［14］赵洲. 论知识产权出资［J］. 巢湖学院学报，2004，6（1）：36－41.

［15］陈丽苹. 设立公司时以知识产权出资应注意的问题［J］. 电子知识产权，2001（6）：27－29.

［16］张玲，王果. 论专利使用权出资的制度构建［J］. 知识产权，2015（11）：38－44.

［17］陶冶. 浅谈技术资产构成［EB/OL］.（2016－09－18）［2017－10－27］. https：//mp. weixin. qq. com/s/IKHwMaBNd8fuBMZF69lPrA.

［18］马德刚. 如何在技术转移项目中管理商业秘密？［EB/OL］.（2018－06－14）［2020－05－19］. https：//mp. weixin. qq. com/s/Qh9MgXuXYmedi4232PFqlQ.

［19］李雪. 技术转移相关问题总结［EB/OL］.（2019－08－19）［2020－03－14］. https：//mp. weixin. qq. com/s/AsReeqYNlXpS8SFHXSbWuA.

[20] 周寒. 浅析专利投资的成本与风险 [EB/OL]. (2013 – 01 – 13) [2017 – 11 – 02]. http：// blog. sina. com. cn/s/blog_9deb6841010159oa. html.

[21] 佚名. 知识产权出资的注意事项 [EB/OL]. [2020 – 03 – 14]. https：//wenku. baidu. com/view/53185fb0d5bbfd0a78567357. html.

[22] 谢春松. 关于知识产权出资的几个问题 [EB/OL]. [2018 – 05 – 17]. https：//zhuanlan. zhihu. com/p/109397792.

[23] 方龙，张忠钢，聂博敏. 技术型"无形资产"收购之法律尽职调查关键点剖析 [EB/ OL]. (2016 – 09 – 20) [2019 – 04 – 12]. https：//mp. weixin. qq. com/s? _biz = MzA5OD ExODE3MQ == &mid = 2762439808&idx = 4&sn = 7187003226f87bb7a6cc1501760b034a&chk sm = b1c5a3f486b22ae2ad3f827d7e44609002ef3c839b14037f570a05ccefbbd0e9ede7ee718550& scene = 21#wechat_redirect.

[24] 华律. 以知识产权出资设立公司应符合的条件 [EB/OL]. (2021 – 01 – 29) [2021 – 03 – 02]. http：//www. 66law. cn/laws/120234. aspx.

[25] 佚名. 知识产权出资问题 [EB/OL]. (2015 – 04 – 27) [2011 – 09 – 03]. https：//wen-ku. baidu. com/view/dbfe3c95fbfc77da269b18a. html.

[26] 刘春霖，安秀明. 知识产权使用许可权资本化的理论思考 [J]. 河北经贸大学学报, 2009，(30) 3：41 – 45.

[27] 傅明. 知识产权使用权能作为出资吗 [J]. 上海国资, 2009 (18)：76.

[28] 中都国脉（北京）资产评估有限公司，"知识产权出资入股须知"详细信息, https：// info. b2b168. com/s168 – 67046863. html.

[29] 知识产权专业委员会. 中华全国律师协会知识产权尽职调查操作指引 [EB/OL]. (2017 – 11 – 14) [2018 – 06 – 25]. http：//www. acla. org. cn/article/page/detailById/21827.

[30] 蔡咖娣. 股东能否以专利许可使用权出资？[EB/OL]. (2016 – 09 – 24) [2020 – 11 – 01]. http：//www. dazhuolvshi. com/index. php? a = shows&catid = 69&id = 2167.

[31] 张翀. 个人技术入股，个人所得税如何交？[EB/OL]. (2018 – 08 – 02) [2018 – 12 – 11]. http：//www. chinaacc. com/shuishou/nsfd/zh1808029638. shtml? c20000652.

[32] 老姚. FTO 报告是如何炼成的：专利侵权调查实操 [EB/OL]. (2018 – 12 – 25) [2019 – 03 – 26]. https：//bbs. mysipo. com/article – 8487 – 1. html.

[33] 曹小明. 高价值专利技术入股注意事项概述 [EB/OL]. (2018 – 05 – 25) [2021 – 01 – 07]. https：//mp. weixin. qq. com/s/4n5kiSV – BBvW1KXEdIV7zg.

[34] 高新区（虎丘）工商局创新课题组. 拓宽外资出资方式 鼓励和规范非技术出资 [EB/ OL]. (2014 – 03 – 14) [2018 – 11 – 06]. http：//blog. sina. com. cn/s/blog_8972be73 0101sqsw. html.

第二部分

相关法律法规及规范性文件

市场主体部分

中华人民共和国公司法（略）

（1993 年 12 月 29 日第八届全国人民代表大会常务委员会第五次会议通过 根据 1999 年 12 月 25 日第九届全国人民代表大会常务委员会第十三次会议《关于修改〈中华人民共和国公司法〉的决定》第一次修正 根据 2004 年 8 月 28 日第十届全国人民代表大会常务委员会第十一次会议《关于修改〈中华人民共和国公司法〉的决定》第二次修正 2005 年 10 月 27 日第十届全国人民代表大会常务委员会第十八次会议修订 根据 2013 年 12 月 28 日第十二届全国人民代表大会常务委员会第六次会议《关于修改〈中华人民共和国海洋环境保护法〉等七部法律的决定》第三次修正　根据 2018 年 10 月 26 日第十三届全国人民代表大会常务委员会第六次会议《关于修改〈中华人民共和国公司法〉的决定》第四次修正）

中华人民共和国公司登记管理条例（略）

（1994 年 6 月 24 日中华人民共和国国务院令第 156 号公布　根据 2005 年 12 月 18 日《国务院关于修改〈中华人民共和国公司登记管理条例〉的决定》第一次修订　根据 2014 年 2 月 19 日《国务院关于废止和修改部分行政法规的决定》第二次修订　根据 2016 年 2 月 6 日《国务院关于修改部分行政法规的决定》第三次修订）

公司注册资本登记管理规定

国家工商行政管理总局令第 64 号

第一条　为规范公司注册资本登记管理，根据《中华人民共和国公司法》（以下简称《公司法》）、《中华人民共和国公司登记管理条例》（以下简称《公司登记管理条例》）等有关规定，制定本规定。

第二条　有限责任公司的注册资本为在公司登记机关依法登记的全体股东认缴的出资额。

股份有限公司采取发起设立方式设立的，注册资本为在公司登记机关依法登记的全体发起人认购的股本总额。

股份有限公司采取募集设立方式设立的，注册资本为在公司登记机关依法登记的实收股本总额。

法律、行政法规以及国务院决定规定公司注册资本实行实缴的，注册资本为股东或者发起人实缴的出资额或者实收股本总额。

第三条　公司登记机关依据法律、行政法规和国家有关规定登记公司的注册资本，对符合规定的，予以登记；对不符合规定的，不予登记。

第四条　公司注册资本数额、股东或者发起人的出资时间及出资方式应当符合法律、行政法规的有关规定。

第五条 股东或者发起人可以用货币出资，也可以用实物、知识产权、土地使用权等可以用货币估价并可以依法转让的非货币财产作价出资。

股东或者发起人不得以劳务、信用、自然人姓名、商誉、特许经营权或者设定担保的财产等作价出资。

第六条 股东或者发起人可以以其持有的在中国境内设立的公司（以下称股权所在公司）股权出资。

以股权出资的，该股权应当权属清楚、权能完整、依法可以转让。

具有下列情形的股权不得用作出资：

（一）已被设立质权；

（二）股权所在公司章程约定不得转让；

（三）法律、行政法规或者国务院决定规定，股权所在公司股东转让股权应当报经批准而未经批准；

（四）法律、行政法规或者国务院决定规定不得转让的其他情形。

第七条 债权人可以将其依法享有的对在中国境内设立的公司的债权，转为公司股权。

转为公司股权的债权应当符合下列情形之一：

（一）债权人已经履行债权所对应的合同义务，且不违反法律、行政法规、国务院决定或者公司章程的禁止性规定；

（二）经人民法院生效裁判或者仲裁机构裁决确认；

（三）公司破产重整或者和解期间，列入经人民法院批准的重整计划或者裁定认可的和解协议。

用以转为公司股权的债权有两个以上债权人的，债权人对债权应当已经作出分割。

债权转为公司股权的，公司应当增加注册资本。

第八条 股东或者发起人应当以自己的名义出资。

第九条 公司的注册资本由公司章程规定，登记机关按照公司章程规定予以登记。

以募集方式设立的股份有限公司的注册资本应当经验资机构验资。

公司注册资本发生变化，应当修改公司章程并向公司登记机关依法申请办理变更登记。

第十条 公司增加注册资本的，有限责任公司股东认缴新增资本的出资和股份有限公司的股东认购新股，应当分别依照《公司法》设立有限责任公司和股份有限公司缴纳出资和缴纳股款的有关规定执行。股份有限公司以公开发行新股方式或者上市公司以非公开发行新股方式增加注册资本的，还应当提交国务院证券监督管理机构的核准文件。

第十一条 公司减少注册资本，应当符合《公司法》规定的程序。

法律、行政法规以及国务院决定规定公司注册资本有最低限额的，减少后的注册资本应当不少于最低限额。

第十二条 有限责任公司依据《公司法》第七十四条的规定收购其股东的股权的，应当依法申请减少注册资本的变更登记。

第十三条 有限责任公司变更为股份有限公司时，折合的实收股本总额不得高于公司净资产额。有限责任公司变更为股份有限公司，为增加资本公开发行股份时，应当依法办理。

第十四条 股东出资额或者发起人认购股份、出资时间及方式由公司章程规定。发生变化的，应当修改公司章程并向公司登记机关依法申请办理公司章程或者公司章程修正案备案。

第十五条　法律、行政法规以及国务院决定规定公司注册资本实缴的公司虚报注册资本，取得公司登记的，由公司登记机关依照《公司登记管理条例》的相关规定予以处理。

第十六条　法律、行政法规以及国务院决定规定公司注册资本实缴的，其股东或者发起人虚假出资，未交付作为出资的货币或者非货币财产的，由公司登记机关依照《公司登记管理条例》的相关规定予以处理。

第十七条　法律、行政法规以及国务院决定规定公司注册资本实缴的，其股东或者发起人在公司成立后抽逃其出资的，由公司登记机关依照《公司登记管理条例》的相关规定予以处理。

第十八条　公司注册资本发生变动，公司未按规定办理变更登记的，由公司登记机关依照《公司登记管理条例》的相关规定予以处理。

第十九条　验资机构、资产评估机构出具虚假证明文件的，公司登记机关应当依照《公司登记管理条例》的相关规定予以处理。

第二十条　公司未按规定办理公司章程备案的，由公司登记机关依照《公司登记管理条例》的相关规定予以处理。

第二十一条　撤销公司变更登记涉及公司注册资本变动的，由公司登记机关恢复公司该次登记前的登记状态，并予以公示。

对涉及变动内容不属于登记事项的，公司应当通过企业信用信息公示系统公示。

第二十二条　外商投资的公司注册资本的登记管理适用本规定，法律另有规定的除外。

第二十三条　本规定自 2014 年 3 月 1 日起施行。2005 年 12 月 27 日国家工商行政管理总局公布的《公司注册资本登记管理规定》、2009 年 1 月 14 日国家工商行政管理总局公布的《股权出资登记管理办法》、2011 年 11 月 23 日国家工商行政管理总局公布的《公司债权转股权登记管理办法》同时废止。

中华人民共和国市场主体登记管理条例

(2021 年 7 月 27 日中华人民共和国国务院令第 746 号公布　自 2022 年 3 月 1 日起施行)

第一章　总　则

第一条　为了规范市场主体登记管理行为，推进法治化市场建设，维护良好市场秩序和市场主体合法权益，优化营商环境，制定本条例。

第二条　本条例所称市场主体，是指在中华人民共和国境内以营利为目的从事经营活动的下列自然人、法人及非法人组织：

（一）公司、非公司企业法人及其分支机构；

（二）个人独资企业、合伙企业及其分支机构；

（三）农民专业合作社（联合社）及其分支机构；

（四）个体工商户；

（五）外国公司分支机构；

（六）法律、行政法规规定的其他市场主体。

第三条 市场主体应当依照本条例办理登记。未经登记，不得以市场主体名义从事经营活动。法律、行政法规规定无需办理登记的除外。

市场主体登记包括设立登记、变更登记和注销登记。

第四条 市场主体登记管理应当遵循依法合规、规范统一、公开透明、便捷高效的原则。

第五条 国务院市场监督管理部门主管全国市场主体登记管理工作。

县级以上地方人民政府市场监督管理部门主管本辖区市场主体登记管理工作，加强统筹指导和监督管理。

第六条 国务院市场监督管理部门应当加强信息化建设，制定统一的市场主体登记数据和系统建设规范。

县级以上地方人民政府承担市场主体登记工作的部门（以下称登记机关）应当优化市场主体登记办理流程，提高市场主体登记效率，推行当场办结、一次办结、限时办结等制度，实现集中办理、就近办理、网上办理、异地可办，提升市场主体登记便利化程度。

第七条 国务院市场监督管理部门和国务院有关部门应当推动市场主体登记信息与其他政府信息的共享和运用，提升政府服务效能。

第二章 登记事项

第八条 市场主体的一般登记事项包括：

（一）名称；

（二）主体类型；

（三）经营范围；

（四）住所或者主要经营场所；

（五）注册资本或者出资额；

（六）法定代表人、执行事务合伙人或者负责人姓名。

除前款规定外，还应当根据市场主体类型登记下列事项：

（一）有限责任公司股东、股份有限公司发起人、非公司企业法人出资人的姓名或者名称；

（二）个人独资企业的投资人姓名及居所；

（三）合伙企业的合伙人名称或者姓名、住所、承担责任方式；

（四）个体工商户的经营者姓名、住所、经营场所；

（五）法律、行政法规规定的其他事项。

第九条 市场主体的下列事项应当向登记机关办理备案：

（一）章程或者合伙协议；

（二）经营期限或者合伙期限；

（三）有限责任公司股东或者股份有限公司发起人认缴的出资数额，合伙企业合伙人认缴或者实际缴付的出资数额、缴付期限和出资方式；

（四）公司董事、监事、高级管理人员；

（五）农民专业合作社（联合社）成员；

（六）参加经营的个体工商户家庭成员姓名；

（七）市场主体登记联络员、外商投资企业法律文件送达接受人；

（八）公司、合伙企业等市场主体受益所有人相关信息；

（九）法律、行政法规规定的其他事项。

第十条　市场主体只能登记一个名称，经登记的市场主体名称受法律保护。

市场主体名称由申请人依法自主申报。

第十一条　市场主体只能登记一个住所或者主要经营场所。

电子商务平台内的自然人经营者可以根据国家有关规定，将电子商务平台提供的网络经营场所作为经营场所。

省、自治区、直辖市人民政府可以根据有关法律、行政法规的规定和本地区实际情况，自行或者授权下级人民政府对住所或者主要经营场所作出更加便利市场主体从事经营活动的具体规定。

第十二条　有下列情形之一的，不得担任公司、非公司企业法人的法定代表人：

（一）无民事行为能力或者限制民事行为能力；

（二）因贪污、贿赂、侵占财产、挪用财产或者破坏社会主义市场经济秩序被判处刑罚，执行期满未逾 5 年，或者因犯罪被剥夺政治权利，执行期满未逾 5 年；

（三）担任破产清算的公司、非公司企业法人的法定代表人、董事或者厂长、经理，对破产负有个人责任的，自破产清算完结之日起未逾 3 年；

（四）担任因违法被吊销营业执照、责令关闭的公司、非公司企业法人的法定代表人，并负有个人责任的，自被吊销营业执照之日起未逾 3 年；

（五）个人所负数额较大的债务到期未清偿；

（六）法律、行政法规规定的其他情形。

第十三条　除法律、行政法规或者国务院决定另有规定外，市场主体的注册资本或者出资额实行认缴登记制，以人民币表示。

出资方式应当符合法律、行政法规的规定。公司股东、非公司企业法人出资人、农民专业合作社（联合社）成员不得以劳务、信用、自然人姓名、商誉、特许经营权或者设定担保的财产等作价出资。

第十四条　市场主体的经营范围包括一般经营项目和许可经营项目。经营范围中属于在登记前依法须经审批准的许可经营项目，市场主体应当在申请登记时提交有关批准文件。

市场主体应当按照登记机关公布的经营项目分类标准办理经营范围登记。

第三章　登记规范

第十五条　市场主体实行实名登记。申请人应当配合登记机关核验身份信息。

第十六条　申请办理市场主体登记，应当提交下列材料：

（一）申请书；

（二）申请人资格文件、自然人身份证明；

（三）住所或者主要经营场所相关文件；

（四）公司、非公司企业法人、农民专业合作社（联合社）章程或者合伙企业合伙协议；

（五）法律、行政法规和国务院市场监督管理部门规定提交的其他材料。

国务院市场监督管理部门应当根据市场主体类型分别制定登记材料清单和文书格式样本，

通过政府网站、登记机关服务窗口等向社会公开。

登记机关能够通过政务信息共享平台获取的市场主体登记相关信息，不得要求申请人重复提供。

第十七条 申请人应当对提交材料的真实性、合法性和有效性负责。

第十八条 申请人可以委托其他自然人或者中介机构代其办理市场主体登记。受委托的自然人或者中介机构代为办理登记事宜应当遵守有关规定，不得提供虚假信息和材料。

第十九条 登记机关应当对申请材料进行形式审查。对申请材料齐全、符合法定形式的予以确认并当场登记。不能当场登记的，应当在 3 个工作日内予以登记；情形复杂的，经登记机关负责人批准，可以再延长 3 个工作日。

申请材料不齐全或者不符合法定形式的，登记机关应当一次性告知申请人需要补正的材料。

第二十条 登记申请不符合法律、行政法规规定，或者可能危害国家安全、社会公共利益的，登记机关不予登记并说明理由。

第二十一条 申请人申请市场主体设立登记，登记机关依法予以登记的，签发营业执照。营业执照签发日期为市场主体的成立日期。

法律、行政法规或者国务院决定规定设立市场主体须经批准的，应当在批准文件有效期内向登记机关申请登记。

第二十二条 营业执照分为正本和副本，具有同等法律效力。

电子营业执照与纸质营业执照具有同等法律效力。

营业执照样式、电子营业执照标准由国务院市场监督管理部门统一制定。

第二十三条 市场主体设立分支机构，应当向分支机构所在地的登记机关申请登记。

第二十四条 市场主体变更登记事项，应当自作出变更决议、决定或者法定变更事项发生之日起 30 日内向登记机关申请变更登记。

市场主体变更登记事项属于依法须经批准的，申请人应当在批准文件有效期内向登记机关申请变更登记。

第二十五条 公司、非公司企业法人的法定代表人在任职期间发生本条例第十二条所列情形之一的，应当向登记机关申请变更登记。

第二十六条 市场主体变更经营范围，属于依法须经批准的项目的，应当自批准之日起 30 日内申请变更登记。许可证或者批准文件被吊销、撤销或者有效期届满的，应当自许可证或者批准文件被吊销、撤销或者有效期届满之日起 30 日内向登记机关申请变更登记或者办理注销登记。

第二十七条 市场主体变更住所或者主要经营场所跨登记机关辖区的，应当在迁入新的住所或者主要经营场所前，向迁入地登记机关申请变更登记。迁出地登记机关无正当理由不得拒绝移交市场主体档案等相关材料。

第二十八条 市场主体变更登记涉及营业执照记载事项的，登记机关应当及时为市场主体换发营业执照。

第二十九条 市场主体变更本条例第九条规定的备案事项的，应当自作出变更决议、决定或者法定变更事项发生之日起 30 日内向登记机关办理备案。农民专业合作社（联合社）成员发生变更的，应当自本会计年度终了之日起 90 日内向登记机关办理备案。

第三十条　因自然灾害、事故灾难、公共卫生事件、社会安全事件等原因造成经营困难的，市场主体可以自主决定在一定时期内歇业。法律、行政法规另有规定的除外。

市场主体应当在歇业前与职工依法协商劳动关系处理等有关事项。

市场主体应当在歇业前向登记机关办理备案。登记机关通过国家企业信用信息公示系统向社会公示歇业期限、法律文书送达地址等信息。

市场主体歇业的期限最长不得超过 3 年。市场主体在歇业期间开展经营活动的，视为恢复营业，市场主体应当通过国家企业信用信息公示系统向社会公示。

市场主体歇业期间，可以以法律文书送达地址代替住所或者主要经营场所。

第三十一条　市场主体因解散、被宣告破产或者其他法定事由需要终止的，应当依法向登记机关申请注销登记。经登记机关注销登记，市场主体终止。

市场主体注销依法须经批准的，应当经批准后向登记机关申请注销登记。

第三十二条　市场主体注销登记前依法应当清算的，清算组应当自成立之日起 10 日内将清算组成员、清算组负责人名单通过国家企业信用信息公示系统公告。清算组可以通过国家企业信用信息公示系统发布债权人公告。

清算组应当自清算结束之日起 30 日内向登记机关申请注销登记。市场主体申请注销登记前，应当依法办理分支机构注销登记。

第三十三条　市场主体未发生债权债务或者已将债权债务清偿完结，未发生或者已结清清偿费用、职工工资、社会保险费用、法定补偿金、应缴纳税款（滞纳金、罚款），并由全体投资人书面承诺对上述情况的真实性承担法律责任的，可以按照简易程序办理注销登记。

市场主体应当将承诺书及注销登记申请通过国家企业信用信息公示系统公示，公示期为 20 日。在公示期内无相关部门、债权人及其他利害关系人提出异议的，市场主体可以于公示期届满之日起 20 日内向登记机关申请注销登记。

个体工商户按照简易程序办理注销登记的，无需公示，由登记机关将个体工商户的注销登记申请推送至税务等有关部门，有关部门在 10 日内没有提出异议的，可以直接办理注销登记。

市场主体注销依法须经批准的，或者市场主体被吊销营业执照、责令关闭、撤销，或者被列入经营异常名录的，不适用简易注销程序。

第三十四条　人民法院裁定强制清算或者裁定宣告破产的，有关清算组、破产管理人可以持人民法院终结强制清算程序的裁定或者终结破产程序的裁定，直接向登记机关申请办理注销登记。

第四章　监督管理

第三十五条　市场主体应当按照国家有关规定公示年度报告和登记相关信息。

第三十六条　市场主体应当将营业执照置于住所或者主要经营场所的醒目位置。从事电子商务经营的市场主体应当在其首页显著位置持续公示营业执照信息或者相关链接标识。

第三十七条　任何单位和个人不得伪造、涂改、出租、出借、转让营业执照。

营业执照遗失或者毁坏的，市场主体应当通过国家企业信用信息公示系统声明作废，申请补领。

登记机关依法作出变更登记、注销登记和撤销登记决定的，市场主体应当缴回营业执照。拒不缴回或者无法缴回营业执照的，由登记机关通过国家企业信用信息公示系统公告营业执照作废。

第三十八条 登记机关应当根据市场主体的信用风险状况实施分级分类监管。

登记机关应当采取随机抽取检查对象、随机选派执法检查人员的方式，对市场主体登记事项进行监督检查，并及时向社会公开监督检查结果。

第三十九条 登记机关对市场主体涉嫌违反本条例规定的行为进行查处，可以行使下列职权：

（一）进入市场主体的经营场所实施现场检查；

（二）查阅、复制、收集与市场主体经营活动有关的合同、票据、账簿以及其他资料；

（三）向与市场主体经营活动有关的单位和个人调查了解情况；

（四）依法责令市场主体停止相关经营活动；

（五）依法查询涉嫌违法的市场主体的银行账户；

（六）法律、行政法规规定的其他职权。

登记机关行使前款第四项、第五项规定的职权的，应当经登记机关主要负责人批准。

第四十条 提交虚假材料或者采取其他欺诈手段隐瞒重要事实取得市场主体登记的，受虚假市场主体登记影响的自然人、法人和其他组织可以向登记机关提出撤销市场主体登记的申请。

登记机关受理申请后，应当及时开展调查。经调查认定存在虚假市场主体登记情形的，登记机关应当撤销市场主体登记。相关市场主体和人员无法联系或者拒不配合的，登记机关可以将相关市场主体的登记时间、登记事项等通过国家企业信用信息公示系统向社会公示，公示期为45日。相关市场主体及其利害关系人在公示期内没有提出异议的，登记机关可以撤销市场主体登记。

因虚假市场主体登记被撤销的市场主体，其直接责任人自市场主体登记被撤销之日起3年内不得再次申请市场主体登记。登记机关应当通过国家企业信用信息公示系统予以公示。

第四十一条 有下列情形之一的，登记机关可以不予撤销市场主体登记：

（一）撤销市场主体登记可能对社会公共利益造成重大损害；

（二）撤销市场主体登记后无法恢复到登记前的状态；

（三）法律、行政法规规定的其他情形。

第四十二条 登记机关或者其上级机关认定撤销市场主体登记决定错误的，可以撤销该决定，恢复原登记状态，并通过国家企业信用信息公示系统公示。

第五章　法律责任

第四十三条 未经设立登记从事经营活动的，由登记机关责令改正，没收违法所得；拒不改正的，处1万元以上10万元以下的罚款；情节严重的，依法责令关闭停业，并处10万元以上50万元以下的罚款。

第四十四条 提交虚假材料或者采取其他欺诈手段隐瞒重要事实取得市场主体登记的，由登记机关责令改正，没收违法所得，并处5万元以上20万元以下的罚款；情节严重的，处20万元以上100万元以下的罚款，吊销营业执照。

第四十五条　实行注册资本实缴登记制的市场主体虚报注册资本取得市场主体登记的，由登记机关责令改正，处虚报注册资本金额5%以上15%以下的罚款；情节严重的，吊销营业执照。

实行注册资本实缴登记制的市场主体的发起人、股东虚假出资，未交付或者未按期交付作为出资的货币或者非货币财产的，或者在市场主体成立后抽逃出资的，由登记机关责令改正，处虚假出资金额5%以上15%以下的罚款。

第四十六条　市场主体未依照本条例办理变更登记的，由登记机关责令改正；拒不改正的，处1万元以上10万元以下的罚款；情节严重的，吊销营业执照。

第四十七条　市场主体未依照本条例办理备案的，由登记机关责令改正；拒不改正的，处5万元以下的罚款。

第四十八条　市场主体未依照本条例将营业执照置于住所或者主要经营场所醒目位置的，由登记机关责令改正；拒不改正的，处3万元以下的罚款。

从事电子商务经营的市场主体未在其首页显著位置持续公示营业执照信息或者相关链接标识的，由登记机关依照《中华人民共和国电子商务法》处罚。

市场主体伪造、涂改、出租、出借、转让营业执照的，由登记机关没收违法所得，处10万元以下的罚款；情节严重的，处10万元以上50万元以下的罚款，吊销营业执照。

第四十九条　违反本条例规定的，登记机关确定罚款金额时，应当综合考虑市场主体的类型、规模、违法情节等因素。

第五十条　登记机关及其工作人员违反本条例规定未履行职责或者履行职责不当的，对直接负责的主管人员和其他直接责任人员依法给予处分。

第五十一条　违反本条例规定，构成犯罪的，依法追究刑事责任。

第五十二条　法律、行政法规对市场主体登记管理违法行为处罚另有规定的，从其规定。

第六章　附　则

第五十三条　国务院市场监督管理部门可以依照本条例制定市场主体登记和监督管理的具体办法。

第五十四条　无固定经营场所摊贩的管理办法，由省、自治区、直辖市人民政府根据当地实际情况另行规定。

第五十五条　本条例自2022年3月1日起施行。《中华人民共和国公司登记管理条例》、《中华人民共和国企业法人登记管理条例》、《中华人民共和国合伙企业登记管理办法》、《农民专业合作社登记管理条例》、《企业法人法定代表人登记管理规定》同时废止。

国务院关于印发注册资本登记制度改革方案的通知

国发〔2014〕7号

各省、自治区、直辖市人民政府，国务院各部委、各直属机构：

国务院批准《注册资本登记制度改革方案》（以下简称《方案》），现予印发。

一、改革工商登记制度，推进工商注册制度便利化，是党中央、国务院作出的重大决策。

改革注册资本登记制度，是深入贯彻党的十八大和十八届二中、三中全会精神，在新形势下全面深化改革的重大举措，对加快政府职能转变、创新政府监管方式、建立公平开放透明的市场规则、保障创业创新，具有重要意义。

二、改革注册资本登记制度涉及面广、政策性强，各级人民政府要加强组织领导，统筹协调解决改革中的具体问题。各地区、各部门要密切配合，加快制定完善配套措施。工商行政管理机关要优化流程、完善制度，确保改革前后管理工作平稳过渡。要强化企业自我管理、行业协会自律和社会组织监督的作用，提高市场监管水平，切实让这项改革举措"落地生根"，进一步释放改革红利，激发创业活力，催生发展新动力。

三、根据全国人民代表大会常务委员会关于修改公司法的决定和《方案》，相应修改有关行政法规和国务院决定。具体由国务院另行公布。

《方案》实施中的重大问题，工商总局要及时向国务院请示报告。

国务院

2014 年 2 月 7 日

注册资本登记制度改革方案

根据《国务院机构改革和职能转变方案》，为积极稳妥推进注册资本登记制度改革，制定本方案。

一、指导思想、总体目标和基本原则

（一）指导思想

高举中国特色社会主义伟大旗帜，以邓小平理论、"三个代表"重要思想、科学发展观为指导，坚持社会主义市场经济改革方向，按照加快政府职能转变、建设服务型政府的要求，推进公司注册资本及其他登记事项改革，推进配套监管制度改革，健全完善现代企业制度，服务经济社会持续健康发展。

（二）总体目标

通过改革公司注册资本及其他登记事项，进一步放松对市场主体准入的管制，降低准入门槛，优化营商环境，促进市场主体加快发展；通过改革监管制度，进一步转变监管方式，强化信用监管，促进协同监管，提高监管效能；通过加强市场主体信息公示，进一步扩大社会监督，促进社会共治，激发各类市场主体创造活力，增强经济发展内生动力。

（三）基本原则

1. 便捷高效。按照条件适当、程序简便、成本低廉的要求，方便申请人办理市场主体登记注册。鼓励投资创业，创新服务方式，提高登记效率。

2. 规范统一。对各类市场主体实行统一的登记程序、登记要求和基本等同的登记事项，规范登记条件、登记材料，减少对市场主体自治事项的干预。

3. 宽进严管。在放宽注册资本等准入条件的同时，进一步强化市场主体责任，健全完善配套监管制度，加强对市场主体的监督管理，促进社会诚信体系建设，维护宽松准入、公平竞争的市场秩序。

二、放松市场主体准入管制，切实优化营商环境

（一）实行注册资本认缴登记制

公司股东认缴的出资总额或者发起人认购的股本总额（即公司注册资本）应当在工商行政管理机关登记。公司股东（发起人）应当对其认缴出资额、出资方式、出资期限等自主约定，并记载于公司章程。有限责任公司的股东以其认缴的出资额为限对公司承担责任，股份有限公司的股东以其认购的股份为限对公司承担责任。公司应当将股东认缴出资额或者发起人认购股份、出资方式、出资期限、缴纳情况通过市场主体信用信息公示系统向社会公示。公司股东（发起人）对缴纳出资情况的真实性、合法性负责。

放宽注册资本登记条件。除法律、行政法规以及国务院决定对特定行业注册资本最低限额另有规定的外，取消有限责任公司最低注册资本 3 万元、一人有限责任公司最低注册资本 10 万元、股份有限公司最低注册资本 500 万元的限制。不再限制公司设立时全体股东（发起人）的首次出资比例，不再限制公司全体股东（发起人）的货币出资金额占注册资本的比例，不再规定公司股东（发起人）缴足出资的期限。

公司实收资本不再作为工商登记事项。公司登记时，无需提交验资报告。

现行法律、行政法规以及国务院决定明确规定实行注册资本实缴登记制的银行业金融机构、证券公司、期货公司、基金管理公司、保险公司、保险专业代理机构和保险经纪人、直销企业、对外劳务合作企业、融资性担保公司、募集设立的股份有限公司，以及劳务派遣企业、典当行、保险资产管理公司、小额贷款公司实行注册资本认缴登记制问题，另行研究决定。在法律、行政法规以及国务院决定未修改前，暂按现行规定执行。

已经实行申报（认缴）出资登记的个人独资企业、合伙企业、农民专业合作社仍按现行规定执行。

鼓励、引导、支持国有企业、集体企业等非公司制企业法人实施规范的公司制改革，实行注册资本认缴登记制。

积极研究探索新型市场主体的工商登记。

（二）改革年度检验验照制度

将企业年度检验制度改为企业年度报告公示制度。企业应当按年度在规定的期限内，通过市场主体信用信息公示系统向工商行政管理机关报送年度报告，并向社会公示，任何单位和个人均可查询。企业年度报告的主要内容应包括公司股东（发起人）缴纳出资情况、资产状况等，企业对年度报告的真实性、合法性负责，工商行政管理机关可以对企业年度报告公示内容进行抽查。经检查发现企业年度报告隐瞒真实情况、弄虚作假的，工商行政管理机关依法予以处罚，并将企业法定代表人、负责人等信息通报公安、财政、海关、税务等有关部门。对未按规定期限公示年度报告的企业，工商行政管理机关在市场主体信用信息公示系统上将其载入经营异常名录，提醒其履行年度报告公示义务。企业在三年内履行年度报告公示义务的，可以向工商行政管理机关申请恢复正常记载状态；超过三年未履行的，工商行政管理机关将其永久载入经营异常名录，不得恢复正常记载状态，并列入严重违法企业名单（"黑名单"）。

改革个体工商户验照制度，建立符合个体工商户特点的年度报告制度。

探索实施农民专业合作社年度报告制度。

（三）简化住所（经营场所）登记手续

申请人提交场所合法使用证明即可予以登记。对市场主体住所（经营场所）的条件，各

省、自治区、直辖市人民政府根据法律法规的规定和本地区管理的实际需要，按照既方便市场主体准入，又有效保障经济社会秩序的原则，可以自行或者授权下级人民政府作出具体规定。

（四）推行电子营业执照和全程电子化登记管理

建立适应互联网环境下的工商登记数字证书管理系统，积极推行全国统一标准规范的电子营业执照，为电子政务和电子商务提供身份认证和电子签名服务保障。电子营业执照载有工商登记信息，与纸质营业执照具有同等法律效力。大力推进以电子营业执照为支撑的网上申请、网上受理、网上审核、网上公示、网上发照等全程电子化登记管理方式，提高市场主体登记管理的信息化、便利化、规范化水平。

三、严格市场主体监督管理，依法维护市场秩序

（一）构建市场主体信用信息公示体系

完善市场主体信用信息公示制度。以企业法人国家信息资源库为基础构建市场主体信用信息公示系统，支撑社会信用体系建设。在市场主体信用信息公示系统上，工商行政管理机关公示市场主体登记、备案、监管等信息；企业按照规定报送、公示年度报告和获得资质资格的许可信息；个体工商户、农民专业合作社的年度报告和获得资质资格的许可信息可以按照规定在系统上公示。公示内容作为相关部门实施行政许可、监督管理的重要依据。加强公示系统管理，建立服务保障机制，为相关单位和社会公众提供方便快捷服务。

（二）完善信用约束机制

建立经营异常名录制度，将未按规定期限公示年度报告、通过登记的住所（经营场所）无法取得联系等的市场主体载入经营异常名录，并在市场主体信用信息公示系统上向社会公示。进一步推进"黑名单"管理应用，完善以企业法人法定代表人、负责人任职限制为主要内容的失信惩戒机制。建立联动响应机制，对被载入经营异常名录或"黑名单"、有其他违法记录的市场主体及其相关责任人，各有关部门要采取有针对性的信用约束措施，形成"一处违法，处处受限"的局面。建立健全境外追偿保障机制，将违反认缴义务、有欺诈和违规行为的境外投资者及其实际控制人列入"重点监控名单"，并严格审查或限制其未来可能采取的各种方式的对华投资。

（三）强化司法救济和刑事惩治

明确政府对市场主体和市场活动监督管理的行政职责，区分民事争议与行政争议的界限。尊重市场主体民事权利，工商行政管理机关对工商登记环节中的申请材料实行形式审查。股东与公司、股东与股东之间因工商登记争议引发民事纠纷时，当事人依法向人民法院提起民事诉讼，寻求司法救济。支持配合人民法院履行民事审判职能，依法审理股权纠纷、合同纠纷等经济纠纷案件，保护当事人合法权益。当事人或者利害关系人依照人民法院生效裁判文书或者协助执行通知书要求办理工商登记的，工商行政管理机关应当依法办理。充分发挥刑事司法对犯罪行为的惩治、威慑作用，相关部门要主动配合公安机关、检察机关、人民法院履行职责，依法惩处破坏社会主义市场经济秩序的犯罪行为。

（四）发挥社会组织的监督自律作用

扩大行业协会参与度，发挥行业协会的行业管理、监督、约束和职业道德建设等作用，引导市场主体履行出资义务和社会责任。积极发挥会计师事务所、公证机构等专业服务机构

的作用，强化对市场主体及其行为的监督。支持行业协会、仲裁机构等组织通过调解、仲裁、裁决等方式解决市场主体之间的争议。积极培育、鼓励发展社会信用评价机构，支持开展信用评级，提供客观、公正的企业资信信息。

（五）强化企业自我管理

实行注册资本认缴登记制，涉及公司基础制度的调整，公司应健全自我管理办法和机制，完善内部治理结构，发挥独立董事、监事的监督作用，强化主体责任。公司股东（发起人）应正确认识注册资本认缴的责任，理性作出认缴承诺，严格按照章程、协议约定的时间、数额等履行实际出资责任。

（六）加强市场主体经营行为监管

要加强对市场主体准入和退出行为的监管，大力推进反不正当竞争与反垄断执法，加强对各类商品交易市场的规范管理，维护公平竞争的市场秩序。要强化商品质量监管，严厉打击侵犯商标专用权和销售假冒伪劣商品的违法行为，严肃查处虚假违法广告，严厉打击传销，严格规范直销，维护经营者和消费者合法权益。各部门要依法履行职能范围内的监管职责，强化部门间协调配合，形成分工明确、沟通顺畅、齐抓共管的工作格局，提升监管效能。

（七）加强市场主体住所（经营场所）管理

工商行政管理机关根据投诉举报，依法处理市场主体登记住所（经营场所）与实际情况不符的问题。对于应当具备特定条件的住所（经营场所），或者利用非法建筑、擅自改变房屋用途等从事经营活动的，由规划、建设、国土、房屋管理、公安、环保、安全监管等部门依法管理；涉及许可审批事项的，由负责许可审批的行政管理部门依法监管。

四、保障措施

（一）加强组织领导

注册资本登记制度改革，涉及部门多、牵涉面广、政策性强。按照国务院的统一部署，地方各级人民政府要健全政府统一领导，部门各司其职、相互配合，集中各方力量协调推进改革的工作机制。调剂充实一线登记窗口人员力量，保障便捷高效登记。有关部门要加快制定和完善配套监管制度，统筹推进，同步实施，强化后续监管。建立健全部门间信息沟通共享机制、信用信息披露机制和案件协查移送机制，强化协同监管。上级部门要加强指导、监督，及时研究解决改革中遇到的问题，协调联动推进改革。

（二）加快信息化建设

充分利用信息化手段提升市场主体基础信息和信用信息的采集、整合、服务能力。要按照"物理分散、逻辑集中、差异屏蔽"的原则，加快建设统一规范的市场主体信用信息公示系统。各省、自治区、直辖市要将建成本地区集中统一的市场主体信用信息公示系统，作为本地区实施改革的前提条件。工商行政管理机关要优化完善工商登记管理信息化系统，确保改革前后工商登记管理业务的平稳过渡。有关部门要积极推进政务服务创新，建立面向市场主体的部门协同办理政务事项的工作机制和技术环境，提高政务服务综合效能。各级人民政府要加大投入，为构建市场主体信用信息公示系统、推行电子营业执照等信息化建设提供必要的人员、设施、资金保障。

（三）完善法制保障

积极推进统一的商事登记立法，加快完善市场主体准入与监管的法律法规，建立市场主体信用信息公示和管理制度，防范市场风险，保障交易安全。各地区、各部门要根据法律法规修订情况，按照国务院部署开展相关规章和规范性文件的"立、改、废"工作。

（四）注重宣传引导

坚持正确的舆论导向，充分利用各种媒介，做好注册资本登记制度改革政策的宣传解读，及时解答和回应社会关注的热点问题，引导社会正确认识注册资本认缴登记制的意义和股东出资责任、全面了解市场主体信用信息公示制度的作用，广泛参与诚信体系建设，在全社会形成理解改革、关心改革、支持改革的良好氛围，确保改革顺利推进。

中华人民共和国企业法人登记管理条例

（1988 年 6 月 3 日中华人民共和国国务院令第 1 号发布　根据 2011 年 1 月 8 日《国务院关于废止和修改部分行政法规的决定》第一次修订　根据 2014 年 2 月 19 日《国务院关于废止和修改部分行政法规的决定》第二次修订　根据 2016 年 2 月 6 日《国务院关于修改部分行政法规的决定》第三次修订　根据 2019 年 3 月 2 日《国务院关于修改部分行政法规的决定》第四次修订）

第一章　总　则

第一条　为建立企业法人登记管理制度，确认企业法人资格，保障企业合法权益，取缔非法经营，维护社会经济秩序，根据《中华人民共和国民法通则》的有关规定，制定本条例。

第二条　具备法人条件的下列企业，应当依照本条例的规定办理企业法人登记：

（一）全民所有制企业；

（二）集体所有制企业；

（三）联营企业；

（四）在中华人民共和国境内设立的中外合资经营企业、中外合作经营企业和外资企业；

（五）私营企业；

（六）依法需要办理企业法人登记的其他企业。

第三条　申请企业法人登记，经企业法人登记主管机关审核，准予登记注册的，领取《企业法人营业执照》，取得法人资格，其合法权益受国家法律保护。

依法需要办理企业法人登记的，未经企业法人登记主管机关核准登记注册，不得从事经营活动。

第二章　登记主管机关

第四条　企业法人登记主管机关（以下简称登记主管机关）是国家市场监督管理总局和地方各级市场监督管理部门。各级登记主管机关在上级登记主管机关的领导下，依法履行职责，不受非法干预。

第五条　经国务院或者国务院授权部门批准的全国性公司、经营进出口业务的公司，由国家市场监督管理总局核准登记注册。中外合资经营企业、中外合作经营企业、外资企业由国家市场监督管理总局或者国家市场监督管理总局授权的地方市场监督管理部门核准登记注册。

全国性公司的子（分）公司，经省、自治区、直辖市人民政府或其授权部门批准设立的企业、经营进出口业务的公司，由省、自治区、直辖市市场监督管理部门核准登记注册。

其他企业，由所在市、县（区）市场监督管理部门核准登记注册。

第六条　各级登记主管机关，应当建立企业法人登记档案和登记统计制度，掌握企业法人登记有关的基础信息，为发展有计划的商品经济服务。

登记主管机关应当根据社会需要，有计划地开展向公众提供企业法人登记资料的服务。

第三章　登记条件和申请登记单位

第七条　申请企业法人登记的单位应当具备下列条件：

（一）名称、组织机构和章程；

（二）固定的经营场所和必要的设施；

（三）符合国家规定并与其生产经营和服务规模相适应的资金数额和从业人员；

（四）能够独立承担民事责任；

（五）符合国家法律、法规和政策规定的经营范围。

第八条　企业办理企业法人登记，由该企业的组建负责人申请。

独立承担民事责任的联营企业办理企业法人登记，由联营企业的组建负责人申请。

第四章　登记注册事项

第九条　企业法人登记注册的主要事项：企业法人名称、住所、经营场所、法定代表人、经济性质、经营范围、经营方式、注册资金、从业人数、经营期限、分支机构。

第十条　企业法人只准使用一个名称。企业法人申请登记注册的名称由登记主管机关核定，经核准登记注册后在规定的范围内享有专用权。

申请设立中外合资经营企业、中外合作经营企业和外资企业应当在合同、章程审批之前，向登记主管机关申请企业名称登记。

第十一条　登记主管机关核准登记注册的企业法人的法定代表人是代表企业行使职权的签字人。法定代表人的签字应当向登记主管机关备案。

第十二条　注册资金是国家授予企业法人经营管理的财产或者企业法人自有财产的数额体现。

企业法人办理开业登记，申请注册的资金数额与实有资金不一致的，按照国家专项规定办理。

第十三条　企业法人的经营范围应当与其资金、场地、设备、从业人员以及技术力量相适应；按照国家有关规定，可以一业为主，兼营他业。企业法人应当在核准登记注册的经营范围内从事经营活动。

第五章　开业登记

第十四条　企业法人办理开业登记，应当在主管部门或者审批机关批准后30日内，向登记主管机关提出申请；没有主管部门、审批机关的企业申请开业登记，由登记主管机关进行审查。登记主管机关应当在受理申请后30日内，做出核准登记或者不予核准登记的决定。

第十五条　申请企业法人开业登记，应当提交下列文件、证件：

（一）组建负责人签署的登记申请书；

（二）主管部门或者审批机关的批准文件；

（三）组织章程；

（四）资金信用证明、验资证明或者资金担保；

（五）企业主要负责人的身份证明；

（六）住所和经营场所使用证明；

（七）其他有关文件、证件。

第十六条 申请企业法人开业登记的单位，经登记主管机关核准登记注册，领取《企业法人营业执照》后，企业即告成立。企业法人凭据《企业法人营业执照》可以刻制公章、开立银行账户、签订合同，进行经营活动。

登记主管机关可以根据企业法人开展业务的需要，核发《企业法人营业执照》副本。

第六章 变更登记

第十七条 企业法人改变名称、住所、经营场所、法定代表人、经济性质、经营范围、经营方式、注册资金、经营期限，以及增设或者撤销分支机构，应当申请办理变更登记。

第十八条 企业法人申请变更登记，应当在主管部门或者审批机关批准后30日内，向登记主管机关申请办理变更登记。

第十九条 企业法人分立、合并、迁移，应当在主管部门或者审批机关批准后30日内，向登记主管机关申请办理变更登记、开业登记或者注销登记。

第七章 注销登记

第二十条 企业法人歇业、被撤销、宣告破产或者因其他原因终止营业，应当向登记主管机关办理注销登记。

第二十一条 企业法人办理注销登记，应当提交法定代表人签署的申请注销登记报告、主管部门或者审批机关的批准文件、清理债务完结的证明或者清算组织负责清理债权债务的文件。经登记主管机关核准后，收缴《企业法人营业执照》、《企业法人营业执照》副本，收缴公章，并将注销登记情况告知其开户银行。

第二十二条 企业法人领取《企业法人营业执照》后，满6个月尚未开展经营活动或者停止经营活动满1年的，视同歇业，登记主管机关应当收缴《企业法人营业执照》、《企业法人营业执照》副本，收缴公章，并将注销登记情况告知其开户银行。

第八章 公示和证照管理

第二十三条 登记主管机关应当将企业法人登记、备案信息通过企业信用信息公示系统向社会公示。

第二十四条 企业法人应当于每年1月1日至6月30日，通过企业信用信息公示系统向登记主管机关报送上一年度年度报告，并向社会公示。

年度报告公示的内容以及监督检查办法由国务院制定。

第二十五条 登记主管机关核发的《企业法人营业执照》是企业法人凭证，除登记主管机关依照法定程序可以扣缴或者吊销外，其他任何单位和个人不得收缴、扣押、毁坏。

企业法人遗失《企业法人营业执照》、《企业法人营业执照》副本，应当在国家企业信用信息公示系统声明作废，申请补领。

《企业法人营业执照》、《企业法人营业执照》副本，不得伪造、涂改、出租、出借、转让或者出卖。

国家推行电子营业执照。电子营业执照与纸质营业执照具有同等法律效力。

第九章 事业单位、科技性的社会团体从事经营活动的登记管理

第二十六条 事业单位、科技性的社会团体根据国家有关规定，设立具备法人条件的企业，由该企业申请登记，经登记主管机关核准，领取《企业法人营业执照》，方可从事经营活动。

第二十七条 根据国家有关规定，实行企业化经营，国家不再核拨经费的事业单位和从事经营活动的科技性的社会团体，具备企业法人登记条件的，由该单位申请登记，经登记主管机关核准，领取《企业法人营业执照》，方可从事经营活动。

第十章 监督管理

第二十八条 登记主管机关对企业法人依法履行下列监督管理职责：

（一）监督企业法人按照规定办理开业、变更、注销登记；

（二）监督企业法人按照登记注册事项和章程、合同从事经营活动；

（三）监督企业法人和法定代表人遵守国家法律、法规和政策；

（四）制止和查处企业法人的违法经营活动，保护企业法人的合法权益。

第二十九条 企业法人有下列情形之一的，登记主管机关可以根据情况分别给予警告、罚款、没收非法所得、停业整顿、扣缴、吊销《企业法人营业执照》的处罚：

（一）登记中隐瞒真实情况、弄虚作假或者未经核准登记注册擅自开业的；

（二）擅自改变主要登记事项或者超出核准登记的经营范围从事经营活动的；

（三）不按照规定办理注销登记的；

（四）伪造、涂改、出租、出借、转让或者出卖《企业法人营业执照》、《企业法人营业执照》副本的；

（五）抽逃、转移资金，隐匿财产逃避债务的；

（六）从事非法经营活动的。

对企业法人按照上述规定进行处罚时，应当根据违法行为的情节，追究法定代表人的行政责任、经济责任；触犯刑律的，由司法机关依法追究刑事责任。

第三十条 登记主管机关处理企业法人违法活动，必须查明事实，依法处理，并将处理决定书面通知当事人。

第三十一条 企业法人对登记主管机关的处罚不服时，可以在收到处罚通知后15日内向上一级登记主管机关申请复议。上级登记主管机关应当在收到复议申请之日起30日内作出复议决定。申请人对复议决定不服的，可以在收到复议通知之日起30日内向人民法院起诉。逾期不提出申诉又不缴纳罚没款的，登记主管机关可以按照规定程序申请人民法院强制执行。

第三十二条 企业法人被吊销《企业法人营业执照》，登记主管机关应当收缴其公章，并将注销登记情况告知其开户银行，其债权债务由主管部门或者清算组织负责清理。

第三十三条 主管部门、审批机关、登记主管机关的工作人员违反本条例规定，严重失职、滥用职权、营私舞弊、索贿受贿或者侵害企业法人合法权益的，应当根据情节给予行政处分和经济处罚；触犯刑律的，由司法机关依法追究刑事责任。

第十一章 附 则

第三十四条 企业法人设立不能独立承担民事责任的分支机构，由该企业法人申请登记，经登记主管机关核准，领取《营业执照》，在核准登记的经营范围内从事经营活动。

根据国家有关规定，由国家核拨经费的事业单位、科技性的社会团体从事经营活动或者设立不具备法人条件的企业，由该单位申请登记，经登记主管机关核准，领取《营业执照》，在核准登记的经营范围内从事经营活动。

具体登记管理参照本条例的规定执行。

第三十五条　经国务院有关部门或者各级计划部门批准的新建企业，其筹建期满 1 年的，应当按照专项规定办理筹建登记。

第三十六条　本条例施行前，具备法人条件的企业，已经登记主管机关核准登记注册的，不再另行办理企业法人登记。

第三十七条　本条例施行细则由国家市场监督管理总局制定。

第三十八条　本条例自 1988 年 7 月 1 日起施行。1980 年 7 月 26 日国务院发布的《中外合资经营企业登记管理办法》，1982 年 8 月 9 日国务院发布的《工商企业登记管理条例》，1985 年 8 月 14 日国务院批准、1985 年 8 月 25 日原国家工商行政管理局发布的《公司登记管理暂行规定》同时废止。

中华人民共和国企业法人登记管理条例施行细则（节选）

（1988 年 11 月 3 日国家工商行政管理局令第 1 号公布　根据 1996 年 12 月 25 日国家工商行政管理局令第 66 号第一次修订　根据 2000 年 12 月 1 日国家工商行政管理局令第 96 号第二次修订　根据 2011 年 12 月 12 日国家工商行政管理总局令第 58 号第三次修订　根据 2014 年 2 月 20 日国家工商行政管理总局令第 63 号第四次修订　根据 2016 年 4 月 29 日国家工商行政管理总局令第 86 号第五次修订　根据 2017 年 10 月 27 日国家工商行政管理总局令第 92 号第六次修订　根据 2019 年 8 月 8 日国家市场监督管理总局令第 14 号第七次修订　根据 2020 年 10 月 23 日国家市场监督管理总局令第 31 号第八次修订）

第一条　根据《中华人民共和国企业法人登记管理条例》（以下简称《条例》），制定本施行细则。

登记范围

第二条　具备企业法人条件的全民所有制企业、集体所有制企业、联营企业、在中国境内设立的外商投资企业和其他企业，应当根据国家法律、法规及本细则有关规定，申请企业法人登记。

第三条　实行企业化经营、国家不再核拨经费的事业单位和从事经营活动的科技性社会团体，具备企业法人条件的，应当申请企业法人登记。

第四条　不具备企业法人条件的下列企业和经营单位，应当申请营业登记：

（一）联营企业；

（二）企业法人所属的分支机构；

（三）外商投资企业设立的分支机构；

（四）其他从事经营活动的单位。

第五条　省、自治区、直辖市人民政府规定应当办理登记的企业和经营单位，按照《条例》和本细则的有关规定申请登记。

登记主管机关

第六条　市场监督管理部门是企业法人登记和营业登记的主管机关。登记主管机关依法独立行使职权，实行分级登记管理的原则。

对外商投资企业实行国家市场监督管理总局登记管理和授权登记管理的原则。

上级登记主管机关有权纠正下级登记主管机关不符合国家法律、法规和政策的决定。

第七条　国家市场监督管理总局负责以下企业的登记管理：

（一）国务院批准设立的或者行业归口管理部门审查同意由国务院各部门以及科技性社会团体设立的全国性公司和大型企业；

（二）国务院授权部门审查同意由国务院各部门设立的经营进出口业务、劳务输出业务或者对外承包工程的公司。

第八条　省、自治区、直辖市市场监督管理部门负责以下企业的登记管理：

（一）省、自治区、直辖市人民政府批准设立的或者行业归口管理部门审查同意由政府各部门以及科技性社会团体设立的公司和企业；

（二）省、自治区、直辖市人民政府授权部门审查同意由政府各部门设立的经营进出口业务、劳务输出业务或者对外承包工程的公司；

（三）国家市场监督管理总局根据有关规定核转的企业或分支机构。

第九条　市、县、区（指县级以上的市辖区，下同）市场监督管理部门负责第七条、第八条所列企业外的其他企业的登记管理。

第十条　国家市场监督管理总局和省、自治区、直辖市市场监督管理部门应将核准登记的企业的有关资料，抄送企业所在市、县、区市场监督管理部门。

第十一条　各级登记主管机关可以运用登记注册档案、登记统计资料以及有关的基础信息资料，向机关、企事业单位、社会团体等单位和个人提供各种形式的咨询服务。

登记条件

第十二条　申请企业法人登记，应当具备下列条件（外商投资企业另列）：

（一）有符合规定的名称和章程；

（二）有国家授予的企业经营管理的财产或者企业所有的财产，并能够以其财产独立承担民事责任；

（三）有与生产经营规模相适应的经营管理机构、财务机构、劳动组织以及法律或者章程规定必须建立的其他机构；

（四）有必要的并与经营范围相适应的经营场所和设施；

（五）有与生产经营规模和业务相适应的从业人员，其中专职人员不得少于8人；

（六）有健全的财会制度，能够实行独立核算，自负盈亏，独立编制资金平衡表或者资产负债表；

（七）有符合规定数额并与经营范围相适应的注册资金，国家对企业注册资金数额有专项规定的按规定执行；

（八）有符合国家法律、法规和政策规定的经营范围；

（九）法律、法规规定的其他条件。

第十三条 外商投资企业申请企业法人登记，应当具备下列条件：

（一）有符合规定的名称；

（二）有合同、章程；

（三）有固定经营场所、必要的设施和从业人员；

（四）有符合国家规定的注册资本；

（五）有符合国家法律、法规和政策规定的经营范围；

（六）有健全的财会制度，能够实行独立核算，自负盈亏，独立编制资金平衡表或者资产负债表。

第十四条 申请营业登记，应当具备下列条件：

（一）有符合规定的名称；

（二）有固定的经营场所和设施；

（三）有相应的管理机构和负责人；

（四）有经营活动所需要的资金和从业人员；

（五）有符合规定的经营范围；

（六）有相应的财务核算制度。

不具备企业法人条件的联营企业，还应有联合签署的协议。

外商投资企业设立的从事经营活动的分支机构应当实行非独立核算。

第十五条 企业法人章程的内容应当符合国家法律、法规和政策的规定，并载明下列事项：

（一）宗旨；

（二）名称和住所；

（三）经济性质；

（四）注册资金数额及其来源；

（五）经营范围和经营方式；

（六）组织机构及其职权；

（七）法定代表人产生的程序和职权范围；

（八）财务管理制度和利润分配形式；

（九）劳动用工制度；

（十）章程修改程序；

（十一）终止程序；

（十二）其他事项。

联营企业法人的章程还应载明：

（一）联合各方出资方式、数额和投资期限；

（二）联合各方成员的权利和义务；

（三）参加和退出的条件、程序；

（四）组织管理机构的产生、形式、职权及其决策程序；

（五）主要负责人任期。

登记注册事项

第十六条 企业法人登记注册的主要事项按照《条例》第九条规定办理。

营业登记的主要事项有：名称、地址、负责人、经营范围、经营方式、经济性质、隶属关系、资金数额。

第十七条　企业名称应当符合国家有关法律法规及登记主管机关的规定。

第十八条　住所、地址、经营场所按所在市、县、（镇）及街道门牌号码的详细地址注册。

第十九条　经登记主管机关核准登记注册的代表企业行使职权的主要负责人，是企业法人的法定代表人。法定代表人是代表企业法人根据章程行使职权的签字人。

企业的法定代表人必须是完全民事行为能力人，并且应当符合国家法律、法规和政策的规定。

第二十条　登记主管机关根据申请单位提交的文件和章程所反映的财产所有权、资金来源、分配形式，核准企业和经营单位的经济性质。

经济性质可分别核准为全民所有制、集体所有制。联营企业应注明联合各方的经济性质，并标明"联营"字样。

第二十一条　登记主管机关根据申请单位的申请和所具备的条件，按照国家法律、法规和政策以及规范化要求，核准经营范围和经营方式。企业必须按照登记主管机关核准登记注册的经营范围和经营方式从事经营活动。

第二十二条　注册资金数额是企业法人经营管理的财产或者企业法人所有的财产的货币表现。除国家另有规定外，企业的注册资金应当与实有资金相一致。

企业法人的注册资金的来源包括财政部门或者设立企业的单位的拨款、投资。

第二十三条　营业期限是联营企业、外商投资企业的章程、协议或者合同所确定的经营时限。营业期限自登记主管机关核准登记之日起计算。

开业登记

第二十四条　申请企业法人登记，应按《条例》第十五条（一）至（七）项规定提交文件、证件。

企业章程应经主管部门审查同意。

资金信用证明是财政部门证明全民所有制企业资金数额的文件。

验资证明是会计师事务所或者审计事务所及其他具有验资资格的机构出具的证明资金真实性的文件。

企业主要负责人的身份证明包括任职文件和附照片的个人简历。个人简历由该负责人的人事关系所在单位或者乡镇、街道出具。

第二十五条　申请营业登记，应根据不同情况，提交下列文件、证件：

（一）登记申请书；

（二）经营资金数额的证明；

（三）负责人的任职文件；

（四）经营场所使用证明；

（五）其他有关文件、证件。

第二十六条　登记主管机关应当对申请单位提交的文件、证件、登记申请书、登记注册书以及其他有关文件进行审查，经核准后分别核发下列证照：

（一）对具备企业法人条件的企业，核发《企业法人营业执照》；

（二）对不具备企业法人条件，但具备经营条件的企业和经营单位，核发《营业执照》。

登记主管机关应当分别编定注册号，在颁发的证照上加以注明，并记入登记档案。

第二十七条 登记主管机关核发的《企业法人营业执照》是企业取得法人资格和合法经营权的凭证。登记主管机关核发的《营业执照》是经营单位取得合法经营权的凭证。经营单位凭据《营业执照》可以刻制公章，开立银行账户，开展核准的经营范围以内的生产经营活动。

变更登记

第二十八条 企业法人根据《条例》第十七条规定，申请变更登记时，应提交下列文件、证件：

（一）法定代表人签署的变更登记申请书；

（二）原主管部门审查同意的文件；

（三）其他有关文件、证件。

第二十九条 企业法人实有资金比原注册资金数额增加或者减少超过20%时，应持资金信用证明或者验资证明，向原登记主管机关申请变更登记。

登记主管机关在核准企业法人减少注册资金的申请时，应重新审核经营范围和经营方式。

第三十条 企业法人在异地（跨原登记主管机关管辖地）增设或者撤销分支机构，应向原登记主管机关申请变更登记。经核准后，向分支机构所在地的登记主管机关申请开业登记或者注销登记。

第三十一条 因分立或者合并而保留的企业应当申请变更登记；因分立或者合并而新办的企业应当申请开业登记；因合并而终止的企业应当申请注销登记。

第三十二条 企业法人迁移（跨原登记主管机关管辖地），应向原登记主管机关申请办理迁移手续；原登记主管机关根据新址所在地登记主管机关同意迁入的意见，收缴《企业法人营业执照》，撤销注册号，开出迁移证明，并将企业档案移交企业新址所在地登记主管机关。企业凭迁移证明和有关部门的批准文件，向新址所在地登记主管机关申请变更登记，领取《企业法人营业执照》。

第三十三条 企业法人因主管部门改变，涉及原主要登记事项的，应当分别情况，持有关文件申请变更、开业、注销登记。不涉及原主要登记事项变更的，企业法人应当持主管部门改变的有关文件，及时向原登记主管机关备案。

第三十四条 经营单位改变营业登记的主要事项，应当申请变更登记。变更登记的程序和应当提交的文件、证件，参照企业法人变更登记的有关规定执行。

第三十五条 登记主管机关应当在申请变更登记的单位提交的有关文件、证件齐备后30日内，作出核准变更登记或者不予核准变更登记的决定。

登记审批程序

第三十九条 登记主管机关审核登记注册的程序是受理、审查、核准、发照、公告。

（一）受理：申请登记的单位应提交的文件、证件和填报的登记注册书齐备后，方可受理，否则不予受理。

（二）审查：审查提交的文件、证件和填报的登记注册书是否符合有关登记管理规定。

（三）核准：经过审查和核实后，做出核准登记或者不予核准登记的决定，并及时通知申请登记的单位。

（四）发照：对核准登记的申请单位，应当分别颁发有关证照，及时通知法定代表人（负责人）领取证照，并办理法定代表人签字备案手续。

公示和证照管理

第四十条　登记主管机关应当将企业法人登记、备案信息通过企业信用信息公示系统向社会公示。

第四十一条　企业法人应当于每年1月1日至6月30日，通过企业信用信息公示系统向登记主管机关报送上一年度年度报告，并向社会公示。

年度报告公示的内容及监督检查按照国务院的规定执行。

第四十二条　《企业法人营业执照》、《营业执照》分为正本和副本，同样具有法律效力。正本应悬挂在主要办事场所或者主要经营场所。登记主管机关根据企业申请和开展经营活动的需要，可以核发执照副本若干份。

国家推行电子营业执照。电子营业执照与纸质营业执照具有同等法律效力。

第四十三条　登记主管机关对申请筹建登记的企业，在核准登记后核发《筹建许可证》。

第四十四条　执照正本和副本、《筹建许可证》、企业法人申请开业登记注册书、企业申请营业登记注册书、企业申请变更登记注册书、企业申请注销登记注册书、企业申请筹建登记注册书以及其他有关登记管理的重要文书表式，由国家市场监督管理总局统一制定。

中华人民共和国合伙企业登记管理办法

（1997年11月19日中华人民共和国国务院令第236号发布　根据2007年5月9日《国务院关于修改〈中华人民共和国合伙企业登记管理办法〉的决定》第一次修订　根据2014年2月19日《国务院关于废止和修改部分行政法规的决定》第二次修订　根据2019年3月2日《国务院关于修改部分行政法规的决定》第三次修订）

第一章　总　则

第一条　为了确认合伙企业的经营资格，规范合伙企业登记行为，依据《中华人民共和国合伙企业法》（以下简称合伙企业法），制定本办法。

第二条　合伙企业的设立、变更、注销，应当依照合伙企业法和本办法的规定办理企业登记。

申请办理合伙企业登记，申请人应当对申请材料的真实性负责。

第三条　合伙企业经依法登记，领取合伙企业营业执照后，方可从事经营活动。

第四条　工商行政管理部门是合伙企业登记机关（以下简称企业登记机关）。

国务院工商行政管理部门负责全国的合伙企业登记管理工作。

市、县工商行政管理部门负责本辖区内的合伙企业登记。

国务院工商行政管理部门对特殊的普通合伙企业和有限合伙企业的登记管辖可以作出特别规定。

法律、行政法规对合伙企业登记管辖另有规定的，从其规定。

第二章 设立登记

第五条 设立合伙企业，应当具备合伙企业法规定的条件。

第六条 合伙企业的登记事项应当包括：

（一）名称；

（二）主要经营场所；

（三）执行事务合伙人；

（四）经营范围；

（五）合伙企业类型；

（六）合伙人姓名或者名称及住所、承担责任方式、认缴或者实际缴付的出资数额、缴付期限、出资方式和评估方式。

合伙协议约定合伙期限的，登记事项还应当包括合伙期限。

执行事务合伙人是法人或者其他组织的，登记事项还应当包括法人或者其他组织委派的代表（以下简称委派代表）。

第七条 合伙企业名称中的组织形式后应当标明"普通合伙"、"特殊普通合伙"或者"有限合伙"字样，并符合国家有关企业名称登记管理的规定。

第八条 经企业登记机关登记的合伙企业主要经营场所只能有一个，并且应当在其企业登记机关登记管辖区域内。

第九条 合伙协议未约定或者全体合伙人未决定委托执行事务合伙人的，全体合伙人均为执行事务合伙人。

有限合伙人不得成为执行事务合伙人。

第十条 合伙企业类型包括普通合伙企业（含特殊的普通合伙企业）和有限合伙企业。

第十一条 设立合伙企业，应当由全体合伙人指定的代表或者共同委托的代理人向企业登记机关申请设立登记。

申请设立合伙企业，应当向企业登记机关提交下列文件：

（一）全体合伙人签署的设立登记申请书；

（二）全体合伙人的身份证明；

（三）全体合伙人指定代表或者共同委托代理人的委托书；

（四）合伙协议；

（五）全体合伙人对各合伙人认缴或者实际缴付出资的确认书；

（六）主要经营场所证明；

（七）国务院工商行政管理部门规定提交的其他文件。

法律、行政法规或者国务院规定设立合伙企业须经批准的，还应当提交有关批准文件。

第十二条 合伙企业的经营范围中有属于法律、行政法规或者国务院规定在登记前须经批准的项目的，应当向企业登记机关提交批准文件。

第十三条 全体合伙人决定委托执行事务合伙人的，应当向企业登记机关提交全体合伙人的委托书。执行事务合伙人是法人或者其他组织的，还应当提交其委派代表的委托书和身份证明。

第十四条 以实物、知识产权、土地使用权或者其他财产权利出资，由全体合伙人协商作价的，应当向企业登记机关提交全体合伙人签署的协商作价确认书；由全体合伙人委托法定评估机构评估作价的，应当向企业登记机关提交法定评估机构出具的评估作价证明。

第十五条　法律、行政法规规定设立特殊的普通合伙企业，需要提交合伙人的职业资格证明的，应当向企业登记机关提交有关证明。

第十六条　申请人提交的登记申请材料齐全、符合法定形式，企业登记机关能够当场登记的，应予当场登记，发给合伙企业营业执照。

除前款规定情形外，企业登记机关应当自受理申请之日起 20 日内，作出是否登记的决定。予以登记的，发给合伙企业营业执照；不予登记的，应当给予书面答复，并说明理由。

第十七条　合伙企业营业执照的签发之日，为合伙企业的成立日期。

第三章　变更登记

第十八条　合伙企业登记事项发生变更的，执行合伙事务的合伙人应当自作出变更决定或者发生变更事由之日起 15 日内，向原企业登记机关申请变更登记。

第十九条　合伙企业申请变更登记，应当向原企业登记机关提交下列文件：

（一）执行事务合伙人或者委派代表签署的变更登记申请书；

（二）全体合伙人签署的变更决定书，或者合伙协议约定的人员签署的变更决定书；

（三）国务院工商行政管理部门规定提交的其他文件。

法律、行政法规或者国务院规定变更事项须经批准的，还应当提交有关批准文件。

第二十条　申请人提交的申请材料齐全、符合法定形式，企业登记机关能够当场变更登记的，应予当场变更登记。

除前款规定情形外，企业登记机关应当自受理申请之日起 20 日内，作出是否变更登记的决定。予以变更登记的，应当进行变更登记；不予变更登记的，应当给予书面答复，并说明理由。

合伙企业变更登记事项涉及营业执照变更的，企业登记机关应当换发营业执照。

第四章　注销登记

第二十一条　合伙企业解散，依法由清算人进行清算。清算人应当自被确定之日起 10 日内，将清算人成员名单向企业登记机关备案。

第二十二条　合伙企业依照合伙企业法的规定解散的，清算人应当自清算结束之日起 15 日内，向原企业登记机关办理注销登记。

第二十三条　合伙企业办理注销登记，应当提交下列文件：

（一）清算人签署的注销登记申请书；

（二）人民法院的破产裁定，合伙企业依照合伙企业法作出的决定，行政机关责令关闭、合伙企业依法被吊销营业执照或者被撤销的文件；

（三）全体合伙人签名、盖章的清算报告；

（四）国务院工商行政管理部门规定提交的其他文件。

合伙企业办理注销登记时，应当缴回营业执照。

第二十四条　经企业登记机关注销登记，合伙企业终止。

第五章　分支机构登记

第二十五条　合伙企业设立分支机构，应当向分支机构所在地的企业登记机关申请设立登记。

第二十六条 分支机构的登记事项包括：分支机构的名称、经营场所、经营范围、分支机构负责人的姓名及住所。

分支机构的经营范围不得超出合伙企业的经营范围。

合伙企业有合伙期限的，分支机构的登记事项还应当包括经营期限。分支机构的经营期限不得超过合伙企业的合伙期限。

第二十七条 合伙企业设立分支机构，应当向分支机构所在地的企业登记机关提交下列文件：

（一）分支机构设立登记申请书；

（二）全体合伙人签署的设立分支机构的决定书；

（三）加盖合伙企业印章的合伙企业营业执照复印件；

（四）全体合伙人委派执行分支机构事务负责人的委托书及其身份证明；

（五）经营场所证明；

（六）国务院工商行政管理部门规定提交的其他文件。

法律、行政法规或者国务院规定设立合伙企业分支机构须经批准的，还应当提交有关批准文件。

第二十八条 分支机构的经营范围中有属于法律、行政法规或者国务院规定在登记前须经批准的项目的，应当向分支机构所在地的企业登记机关提交批准文件。

第二十九条 申请人提交的登记申请材料齐全、符合法定形式，企业登记机关能够当场登记的，应予当场登记，发给营业执照。

除前款规定情形外，企业登记机关应当自受理申请之日起 20 日内，作出是否登记的决定。予以登记的，发给营业执照；不予登记的，应当给予书面答复，并说明理由。

第三十条 合伙企业申请分支机构变更登记或者注销登记，比照本办法关于合伙企业变更登记、注销登记的规定办理。

第六章 公示和证照管理

第三十一条 企业登记机关应当将合伙企业登记、备案信息通过企业信用信息公示系统向社会公示。

第三十二条 合伙企业应当于每年 1 月 1 日至 6 月 30 日，通过企业信用信息公示系统向企业登记机关报送上一年度年度报告，并向社会公示。

年度报告公示的内容以及监督检查办法由国务院制定。

第三十三条 合伙企业的营业执照分为正本和副本，正本和副本具有同等法律效力。

国家推行电子营业执照。电子营业执照与纸质营业执照具有同等法律效力。

合伙企业根据业务需要，可以向企业登记机关申请核发若干营业执照副本。

合伙企业应当将营业执照正本置放在经营场所的醒目位置。

第三十四条 任何单位和个人不得伪造、涂改、出售、出租、出借或者以其他方式转让营业执照。

合伙企业营业执照遗失或者毁损的，应当在国家企业信用信息公示系统声明作废，并向企业登记机关申请补领或者更换。

第三十五条　合伙企业及其分支机构营业执照的正本和副本样式，由国务院工商行政管理部门制定。

第三十六条　企业登记机关吊销合伙企业营业执照的，应当发布公告，并不得收取任何费用。

第七章　法律责任

第三十七条　未领取营业执照，而以合伙企业或者合伙企业分支机构名义从事合伙业务的，由企业登记机关责令停止，处 5000 元以上 5 万元以下的罚款。

第三十八条　提交虚假文件或者采取其他欺骗手段，取得合伙企业登记的，由企业登记机关责令改正，处 5000 元以上 5 万元以下的罚款；情节严重的，撤销企业登记，并处 5 万元以上 20 万元以下的罚款。

第三十九条　合伙企业登记事项发生变更，未依照本办法规定办理变更登记的，由企业登记机关责令限期登记；逾期不登记的，处 2000 元以上 2 万元以下的罚款。

第四十条　合伙企业未依照本办法规定在其名称中标明"普通合伙"、"特殊普通合伙"或者"有限合伙"字样的，由企业登记机关责令限期改正，处 2000 元以上 1 万元以下的罚款。

第四十一条　合伙企业未依照本办法规定办理清算人成员名单备案的，由企业登记机关责令限期办理；逾期未办理的，处 2000 元以下的罚款。

第四十二条　合伙企业的清算人未向企业登记机关报送清算报告，或者报送的清算报告隐瞒重要事实，或者有重大遗漏的，由企业登记机关责令改正。由此产生的费用和损失，由清算人承担和赔偿。

第四十三条　合伙企业未将其营业执照正本置放在经营场所醒目位置的，由企业登记机关责令改正；拒不改正的，处 1000 元以上 5000 元以下的罚款。

第四十四条　合伙企业涂改、出售、出租、出借或者以其他方式转让营业执照的，由企业登记机关责令改正，处 2000 元以上 1 万元以下的罚款；情节严重的，吊销营业执照。

第四十五条　企业登记机关的工作人员滥用职权、徇私舞弊、收受贿赂、侵害合伙企业合法权益的，依法给予处分。

第四十六条　违反本办法规定，构成犯罪的，依法追究刑事责任。

第八章　附　则

第四十七条　合伙企业登记收费项目按照国务院财政部门、价格主管部门的有关规定执行，合伙企业登记收费标准按照国务院价格主管部门、财政部门的有关规定执行。

第四十八条　本办法自发布之日起施行。

中华人民共和国农民专业合作社法（节选）

（2006 年 10 月 31 日第十届全国人民代表大会常务委员会第二十四次会议通过　2017 年 12 月 27 日第十二届全国人民代表大会常务委员会第三十一次会议修订）

第十三条　农民专业合作社成员可以用货币出资，也可以用实物、知识产权、土地经营权、林权等可以用货币估价并可以依法转让的非货币财产，以及章程规定的其他方式作价出资；但是，法律、行政法规规定不得作为出资的财产除外。

农民专业合作社成员不得以对该社或者其他成员的债权，充抵出资；不得以缴纳的出资，抵销对该社或者其他成员的债务。

农民专业合作社登记管理条例（节选）

（2007 年 5 月 28 日中华人民共和国国务院令第 498 号发布　根据 2014 年 2 月 19 日《国务院关于废止和修改部分行政法规的决定》修订）

第八条　农民专业合作社成员可以用货币出资，也可以用实物、知识产权等能够用货币估价并可以依法转让的非货币财产作价出资。成员以非货币财产出资的，由全体成员评估作价。成员不得以劳务、信用、自然人姓名、商誉、特许经营权或者设定担保的财产等作价出资。

成员的出资额以及出资总额应当以人民币表示。成员出资额之和为成员出资总额。

第四章　变更登记和注销登记

第二十条　农民专业合作社的名称、住所、成员出资总额、业务范围、法定代表人姓名发生变更的，应当自做出变更决定之日起 30 日内向原登记机关申请变更登记，并提交下列文件：

（一）法定代表人签署的变更登记申请书；

（二）成员大会或者成员代表大会做出的变更决议；

（三）法定代表人签署的修改后的章程或者章程修正案；

（四）法定代表人指定代表或者委托代理人的证明。

第二十一条　农民专业合作社变更业务范围涉及法律、行政法规或者国务院规定须经批准的项目的，应当自批准之日起 30 日内申请变更登记，并提交有关批准文件。

……

国家工商行政管理局关于私营企业登记
管理工作中有关问题的通知（节选）

工商个字〔2000〕第 28 号

四、国有小企业出售后，办理变更登记或重新登记时，申请人除了应提交登记管理法规要求的文件外，还必须提交下列文件：

（一）有审批权限的人民政府或其授权部门的批准文件和企业改制方案，以及企业职工代表大会或者职工大会同意改制方案的意见；

（二）具有法定资格的评估机构出具的企业资产（包括无形资产）、土地使用权的评估报告和国有资产管理部门出具的产权界定、转让的确认文件；

（三）企业转让协议书和按照协议办理资产交割及付款手续的证明文件；中国人民银行或

其派出机构认可的债权金融机构出具的金融债权保全证明文件。

中华人民共和国台湾同胞投资保护法（节选）

（1994 年 3 月 5 日第八届全国人民代表大会常务委员会第六次会议通过　根据 2016 年 9 月 3 日第十二届全国人民代表大会常务委员会第二十二次会议《关于修改〈中华人民共和国外资企业法〉等四部法律的决定》第一次修正　根据 2019 年 12 月 28 日第十三届全国人民代表大会常务委员会第十五次会议通过，全国人民代表大会常务委员会《关于修改〈中华人民共和国台湾同胞投资保护法〉的决定》第二次修正）

第五条　台湾同胞投资者投资的财产、工业产权、投资收益和其他合法权益，可以依法转让和继承。

第六条　台湾同胞投资者可以用可自由兑换货币、机器设备或者其他实物、工业产权、非专利技术等作为投资。

台湾同胞投资者可以用投资获得的收益进行再投资。

中华人民共和国台湾同胞投资保护法实施细则（节选）

（1999 年 12 月 5 日中华人民共和国国务院令第 274 号发布　根据 2020 年 11 月 29 日《国务院关于修改和废止部分行政法规的决定》修订）

第七条　台湾同胞投资者可以用可自由兑换货币、机器设备或者其他实物、工业产权、非专利技术等作为投资。

台湾同胞投资者可以用投资获得的收益进行再投资。

国务院关于鼓励华侨和香港澳门同胞投资的规定（节选）

（1990 年 8 月 19 日中华人民共和国国务院令第 64 号发布）

第六条　华侨、港澳投资者可以用可自由兑换货币、机器设备或者其他实物、工业产权、专有技术等作为投资。

第七条　华侨、港澳投资者在境内的投资、购置的资产、工业产权、投资所得利润和其他合法权益受国家法律保护，并可以依法转让和继承。

技术类知识产权部分

中华人民共和国专利法（略）

（1984 年 3 月 12 日第六届全国人民代表大会常务委员会第四次会议通过　根据 1992 年 9

月 4 日第七届全国人民代表大会常务委员会第二十七次会议《关于修改〈中华人民共和国专利法〉的决定》第一次修正 根据 2000 年 8 月 25 日第九届全国人民代表大会常务委员会第十七次会议《关于修改〈中华人民共和国专利法〉的决定》第二次修正 根据 2008 年 12 月 27 日第十一届全国人民代表大会常务委员会第六次会议《关于修改〈中华人民共和国专利法〉的决定》第三次修正 根据 2020 年 10 月 17 日第十三届全国人民代表大会常务委员会第二十二次会议《关于修改〈中华人民共和国专利法〉的决定》第四次修正)

专利实施许可合同备案办法

(国家知识产权局令第 62 号)

第一条 为了切实保护专利权,规范专利实施许可行为,促进专利权的运用,根据《中华人民共和国专利法》、《中华人民共和国合同法》和相关法律法规,制定本办法。

第二条 国家知识产权局负责全国专利实施许可合同的备案工作。

第三条 专利实施许可的许可人应当是合法的专利权人或者其他权利人。

以共有的专利权订立专利实施许可合同的,除全体共有人另有约定或者《中华人民共和国专利法》另有规定的外,应当取得其他共有人的同意。

第四条 申请备案的专利实施许可合同应当以书面形式订立。

订立专利实施许可合同可以使用国家知识产权局统一制订的合同范本;采用其他合同文本的,应当符合《中华人民共和国合同法》的规定。

第五条 当事人应当自专利实施许可合同生效之日起 3 个月内办理备案手续。

第六条 在中国没有经常居所或者营业所的外国人、外国企业或者外国其他组织办理备案相关手续的,应当委托依法设立的专利代理机构办理。

中国单位或者个人办理备案相关手续的,可以委托依法设立的专利代理机构办理。

第七条 当事人可以通过邮寄、直接送交或者国家知识产权局规定的其他方式办理专利实施许可合同备案相关手续。

第八条 申请专利实施许可合同备案的,应当提交下列文件:

(一)许可人或者其委托的专利代理机构签字或者盖章的专利实施许可合同备案申请表;

(二)专利实施许可合同;

(三)双方当事人的身份证明;

(四)委托专利代理机构的,注明委托权限的委托书;

(五)其他需要提供的材料。

第九条 当事人提交的专利实施许可合同应当包括以下内容:

(一)当事人的姓名或者名称、地址;

(二)专利权项数以及每项专利权的名称、专利号、申请日、授权公告日;

(三)实施许可的种类和期限。

第十条 除身份证明外,当事人提交的其他各种文件应当使用中文。身份证明是外文的,当事人应当附送中文译文;未附送的,视为未提交。

第十一条 国家知识产权局自收到备案申请之日起 7 个工作日内进行审查并决定是否予

以备案。

第十二条 备案申请经审查合格的,国家知识产权局应当向当事人出具《专利实施许可合同备案证明》。

备案申请有下列情形之一的,不予备案,并向当事人发送《专利实施许可合同不予备案通知书》:

(一)专利权已经终止或者被宣告无效的;

(二)许可人不是专利登记簿记载的专利权人或者有权授予许可的其他权利人的;

(三)专利实施许可合同不符合本办法第九条规定的;

(四)实施许可的期限超过专利权有效期的;

(五)共有专利权人违反法律规定或者约定订立专利实施许可合同的;

(六)专利权处于年费缴纳滞纳期的;

(七)因专利权的归属发生纠纷或者人民法院裁定对专利权采取保全措施,专利权的有关程序被中止的;

(八)同一专利实施许可合同重复申请备案的;

(九)专利权被质押的,但经质权人同意的除外;

(十)与已经备案的专利实施许可合同冲突的;

(十一)其他不应当予以备案的情形。

第十三条 专利实施许可合同备案后,国家知识产权局发现备案申请存在本办法第十二条第二款所列情形并且尚未消除的,应当撤销专利实施许可合同备案,并向当事人发出《撤销专利实施许可合同备案通知书》。

第十四条 专利实施许可合同备案的有关内容由国家知识产权局在专利登记簿上登记,并在专利公报上公告以下内容:许可人、被许可人、主分类号、专利号、申请日、授权公告日、实施许可的种类和期限、备案日期。

专利实施许可合同备案后变更、注销以及撤销的,国家知识产权局予以相应登记和公告。

第十五条 国家知识产权局建立专利实施许可合同备案数据库。公众可以查询专利实施许可合同备案的法律状态。

第十六条 当事人延长实施许可的期限的,应当在原实施许可的期限届满前2个月内,持变更协议、备案证明和其他有关文件向国家知识产权局办理备案变更手续。

变更专利实施许可合同其他内容的,参照前款规定办理。

第十七条 实施许可的期限届满或者提前解除专利实施许可合同的,当事人应当在期限届满或者订立解除协议后30日内持备案证明、解除协议和其他有关文件向国家知识产权局办理备案注销手续。

第十八条 经备案的专利实施许可合同涉及的专利权被宣告无效或者在期限届满前终止的,当事人应当及时办理备案注销手续。

第十九条 经备案的专利实施许可合同的种类、期限、许可使用费计算方法或者数额等,可以作为管理专利工作的部门对侵权赔偿数额进行调解的参照。

第二十条 当事人以专利申请实施许可合同申请备案的,参照本办法执行。

申请备案时,专利申请被驳回、撤回或者视为撤回的,不予备案。

第二十一条　当事人以专利申请实施许可合同申请备案的，专利申请被批准授予专利权后，当事人应当及时将专利申请实施许可合同名称及有关条款作相应变更；专利申请被驳回、撤回或者视为撤回的，当事人应当及时办理备案注销手续。

第二十二条　本办法自 2011 年 8 月 1 日起施行。2001 年 12 月 17 日国家知识产权局令第十八号发布的《专利实施许可合同备案管理办法》同时废止。

专利权质押登记办法（略）

（国家知识产权局令第 56 号）

中华人民共和国反不正当竞争法（略）

（1993 年 9 月 2 日第八届全国人民代表大会常务委员会第三次会议通过　2017 年 11 月 4 日第十二届全国人民代表大会常务委员会第三十次会议修订　根据 2019 年 4 月 23 日第十三届全国人民代表大会常务委员会第十次会议《关于修改〈中华人民共和国建筑法〉等八部法律的决定》修正）

中华人民共和国著作权法（略）

（1990 年 9 月 7 日第七届全国人民代表大会常务委员会第十五次会议通过　根据 2001 年 10 月 27 日第九届全国人民代表大会常务委员会第二十四次会议《关于修改〈中华人民共和国著作权法〉的决定》第一次修正　根据 2010 年 2 月 26 日第十一届全国人民代表大会常务委员会第十三次会议《关于修改〈中华人民共和国著作权法〉的决定》第二次修正　根据 2020 年 11 月 11 日第十三届全国人民代表大会常务委员会第二十三次会议《关于修改〈中华人民共和国著作权法〉的决定》第三次修正）

计算机软件保护条例（略）

（2001 年 12 月 20 日中华人民共和国国务院令第 339 号公布　根据 2011 年 1 月 8 日《国务院关于废止和修改部分行政法规的决定》第一次修订　根据 2013 年 1 月 30 日《国务院关于修改〈计算机软件保护条例〉的决定》第二次修订）

计算机软件著作权登记办法（略）

国家版权局令 2002 年第 1 号

中华人民共和国植物新品种保护条例（略）

（1997 年 3 月 20 日中华人民共和国国务院令第 213 号公布　根据 2013 年 1 月 31 日《国务

院关于修改〈中华人民共和国植物新品种保护条例〉的决定》第一次修正 根据 2014 年 7 月 29 日《国务院关于修改部分行政法规的决定》第二次修正)

集成电路布图设计保护条例（略）

（中华人民共和国国务院令第 300 号）

集成电路布图设计保护条例实施细则（略）

（国家知识产权局长令 2001 第 11 号）

涉外部分

中华人民共和国外商投资法（略）

（2019 年 3 月 15 日第十三届全国人民代表大会第二次会议通过）

中华人民共和国中外合资经营企业法（略）

（1979 年 7 月 1 日第五届全国人民代表大会第二次会议通过 根据 1990 年 4 月 4 日第七届全国人民代表大会第三次会议《关于修改〈中华人民共和国中外合资经营企业法〉的决定》第一次修正 根据 2001 年 3 月 15 日第九届全国人民代表大会第四次会议《关于修改〈中华人民共和国中外合资经营企业法〉的决定》第二次修正 根据 2016 年 9 月 3 日第十二届全国人民代表大会常务委员会第二十二次会议《关于修改〈中华人民共和国外资企业法〉等四部法律的决定》第三次修正)

（已废止）

中华人民共和国中外合资经营企业法实施条例（节选）

（1983 年 9 月 20 日国务院发布 根据 1986 年 1 月 15 日国务院《关于〈中华人民共和国中外合资经营企业法实施条例〉第一百条的修订》第一次修订 根据 1987 年 12 月 21 日《国务院关于修订〈中华人民共和国中外合资经营企业法实施条例〉第八十条第三款的通知》第二次修订 根据 2001 年 7 月 22 日《国务院关于修改〈中华人民共和国中外合资经营企业法实施条例〉的决定》第三次修订 根据 2011 年 1 月 8 日《国务院关于废止和修改部分行政法规的决定》第四次修订 根据 2014 年 2 月 19 日《国务院关于废止和修改部分行政法规的决定》第五次修订 根据 2019 年 3 月 2 日《国务院关于修改部分行政法规的决定》第六次修订)

（已废止）

第二十二条 合营者可以用货币出资，也可以用建筑物、厂房、机器设备或者其他物料、工业产权、专有技术、场地使用权等作价出资。以建筑物、厂房、机器设备或者其他物料、工业产权、专有技术作为出资的，其作价由合营各方按照公平合理的原则协商确定，或者聘请合营各方同意的第三者评定。

第二十三条 外国合营者出资的外币，按缴款当日中国人民银行公布的基准汇率折算成人民币或者套算成约定的外币。

中国合营者出资的人民币现金，需要折算成外币的，按缴款当日中国人民银行公布的基准汇率折算。

第二十四条 作为外国合营者出资的机器设备或者其他物料，应当是合营企业生产所必需的。

前款所指机器设备或者其他物料的作价，不得高于同类机器设备或者其他物料当时的国际市场价格。

第二十五条 作为外国合营者出资的工业产权或者专有技术，必须符合下列条件之一：

（一）能显著改进现有产品的性能、质量，提高生产效率的；

（二）能显著节约原材料、燃料、动力的。

第二十六条 外国合营者以工业产权或者专有技术作为出资，应当提交该工业产权或者专有技术的有关资料，包括专利证书或者商标注册证书的复制件、有效状况及其技术特性、实用价值、作价的计算根据、与中国合营者签订的作价协议等有关文件，作为合营合同的附件。

第二十七条 外国合营者作为出资的机器设备或者其他物料、工业产权或者专有技术，应当报审批机构批准。

第四十条 本条例所称引进技术，是指合营企业通过技术转让的方式，从第三者或者合营者获得所需要的技术。

第四十一条 合营企业引进的技术应当是适用的、先进的，使其产品在国内具有显著的社会经济效益或者在国际市场上具有竞争能力。

第四十二条 在订立技术转让协议时，必须维护合营企业独立进行经营管理的权利，并参照本条例第二十六条的规定，要求技术输出方提供有关的资料。

第四十三条 合营企业订立的技术转让协议，应当报审批机构批准。

技术转让协议必须符合下列规定：

（一）技术使用费应当公平合理；

（二）除双方另有协议外，技术输出方不得限制技术输入方出口其产品的地区、数量和价格；

（三）订立技术转让协议双方，相互交换改进技术的条件应当对等；

（四）技术输入方有权按自己认为合适的来源购买需要的机器设备、零部件和原材料；

（五）不得含有为中国的法律、法规所禁止的不合理的限制性条款。

中华人民共和国中外合作经营企业法（节选）

（1988 年 4 月 13 日第七届全国人民代表大会第一次会议通过　根据 2000 年 10 月 31 日第九届全国人民代表大会常务委员会第十八次会议《关于修改〈中华人民共和国中外合作经营企业法〉的决定》第一次修正　根据 2016 年 9 月 3 日第十二届全国人民代表大会常务委员会第二十二次会议《关于修改〈中华人民共和国外资企业法〉等四部法律的决定》第二次修正　根据 2016 年 11 月 7 日第十二届全国人民代表大会常务委员会第二十四次会议《关于修改〈中华人民共和国对外贸易法〉等十二部法律的决定》第三次修正　根据 2017 年 11 月 4 日第十二届全国人民代表大会常务委员会第三十次会议《关于修改〈中华人民共和国会计法〉等十一部法律的决定》第四次修正）

（已废止）

第八条　中外合作者的投资或者提供的合作条件可以是现金、实物、土地使用权、工业产权、非专利技术和其他财产权利。

第九条　中外合作者应当依照法律、法规的规定和合作企业合同的约定，如期履行缴足投资、提供合作条件的义务。逾期不履行的，由工商行政管理机关限期履行；限期届满仍未履行的，由审查批准机关和工商行政管理机关依照国家有关规定处理。

中外合作者的投资或者提供的合作条件，由中国注册会计师或者有关机构验证并出具证明。

中华人民共和国中外合作经营企业法实施细则（节选）

（1995 年 8 月 7 日国务院批准 1995 年 9 月 4 日对外贸易经济合作部第 6 号发布　根据 2014 年 2 月 19 日《国务院关于废止和修改部分行政法规的决定》第一次修订 根据 2017 年 3 月 1 日《国务院关于修改和废止部分行政法规的决定》第二次修订　根据 2017 年 11 月 17 日《国务院关于修改部分行政法规的决定》第三次修订）

（已废止）

第十八条　合作各方向合作企业的投资或者提供的合作条件可以是货币，也可以是实物或者工业产权、专有技术、土地使用权等财产权利。

中国合作者的投资或者提供的合作条件，属于国有资产的，应当依照有关法律、行政法规的规定进行资产评估。

在依法取得中国法人资格的合作企业中，外国合作者的投资一般不低于合作企业注册资本的 25%。在不具有法人资格的合作企业中，对合作各方向合作企业投资或者提供合作条件的具体要求，由对外贸易经济合作部规定。

第十九条　合作各方应当以其自有的财产或者财产权利作为投资或者合作条件，对该投资或者合作条件不得设置抵押权或者其他形式的担保。

中华人民共和国外资企业法（略）

（1986 年 4 月 12 日第六届全国人民代表大会第四次会议通过 根据 2000 年 10 月 31 日第九届全国人民代表大会常务委员会第十八次会议《关于修改〈中华人民共和国外资企业法〉的决定》第一次修正 根据 2016 年 9 月 3 日第十二届全国人民代表大会常务委员会第二十二次会议《关于修改〈中华人民共和国外资企业法〉等四部法律的决定》第二次修正）

（已废止）

中华人民共和国外资企业法实施细则（节选）

（1990 年 10 月 28 日国务院批准 1990 年 12 月 12 日对外经济贸易部发布 根据 2001 年 4 月 12 日《国务院关于修改〈中华人民共和国外资企业法实施细则〉的决定》第一次修订 根据 2014 年 2 月 19 日《国务院关于废止和修改部分行政法规的决定》第二次修订）

（已废止）

第二十五条 外国投资者可以用可自由兑换的外币出资，也可以用机器设备、工业产权、专有技术等作价出资。

经审批机关批准，外国投资者也可以用其从中国境内举办的其他外商投资企业获得的人民币利润出资。

第二十七条 外国投资者以工业产权、专有技术作价出资的，该工业产权、专有技术应当为外国投资者所有。

对作价出资的工业产权、专有技术，应当备有详细资料，包括所有权证书的复制件、有效状况及其技术性能、实用价值，作价的计算根据和标准等，作为设立外资企业申请书的附件一并报送审批机关。

第二十九条 作价出资的工业产权、专有技术实施后，审批机关有权进行检查。该工业产权、专有技术与外国投资者原提供的资料不符的，审批机关有权要求外国投资者限期改正。

第三十条 外国投资者缴付出资的期限应当在设立外资企业申请书和外资企业章程中载明。

商务部关于改进外资审核管理工作的通知（节选）

商资函〔2014〕314 号

二、关于外资统计

（七）根据《外商投资统计制度》，仍以实收资本为基础开展外资统计工作。商务部将在全口径外资管理信息系统"审批发证"项下的"投资各方及出资"模块中增加投资者出资进度及期限的内容。各级商务主管部门在发放批准证书时应在系统中录入相关内容，以此作为了解掌握投资者出资情况及汇总实际使用外资数据的基础。

（八）实际出资后，公司应当按照《公司法》、《中外合资经营企业法实施条例》、《中外合作经营企业法实施细则》等法律法规的要求向投资者签发出资证明书。出资证明书应载明：公司名称；成立日期；注册资本；投资者（股东）名称或姓名、出资方式、缴纳出资金额或提供合作条件的内容；缴纳出资日期；出资证明书的编号和核发日期。

（九）公司向投资者签发出资证明书后，应于 30 日内将加盖公章的出资证明书副本抄报所在地商务主管部门，并提供与出资内容相关的证明材料。

出资证明材料主要包括（但不限于）以下形式：

1. 投资者以现汇或跨境人民币出资的，企业需提交银行进账单（或具有同等证明效力的文件）及报文；

2. 以实物出资的，需提交实物移交与验收证明、作价依据、权属证明等；

3. 以无形资产出资的，需视情况提交专利证书、专利登记簿、商标注册证等，与无形资产出资有关的转让合同，评估报告、投资各方对资产价值的确认文件等；

……

外商投资合伙企业登记管理规定（节选）

（2010 年 1 月 29 日国家工商行政管理总局令第 47 号公布　根据 2014 年 2 月 20 日国家工商行政管理总局令第 63 号公布的《国家工商行政管理总局关于修改〈中华人民共和国企业法人登记管理条例施行细则〉〈外商投资合伙企业登记管理规定〉〈个人独资企业登记管理办法〉〈个体工商户登记管理办法〉等规章的决定》第一次修订　根据 2019 年 8 月 8 日国家市场监督管理总局令第 14 号公布的《市场监管总局关于修改〈中华人民共和国企业法人登记管理条例施行细则〉等四部规章的决定》第二次修订）

第三条　外商投资合伙企业应当遵守《合伙企业法》以及其他有关法律、行政法规、规章的规定，应当符合外商投资的产业政策。

国家鼓励具有先进技术和管理经验的外国企业或者个人在中国境内设立合伙企业，促进现代服务业等产业的发展。

第十五条　以实物、知识产权、土地使用权或者其他财产权利出资，由全体合伙人协商作价的，应当向企业登记机关提交全体合伙人签署的协商作价确认书；由全体合伙人委托法定评估机构评估作价的，应当向企业登记机关提交中国境内法定评估机构出具的评估作价证明。

中华人民共和国技术进出口管理条例（节选）

（2001 年 12 月 10 日中华人民共和国国务院令第 331 号公布　根据 2011 年 1 月 8 日《国务院关于废止和修改部分行政法规的决定》第一次修订　根据 2019 年 3 月 2 日《国务院关于修改部分行政法规的决定》第二次修订　根据 2020 年 11 月 29 日《国务院关于修改和废止部分行政法规的决定》第三次修订）

第二章 技术进口管理

第七条 国家鼓励先进、适用的技术进口。

第八条 有对外贸易法第十六条规定情形之一的技术，禁止或者限制进口。

国务院外经贸主管部门会同国务院有关部门，制定、调整并公布禁止或者限制进口的技术目录。

第九条 属于禁止进口的技术，不得进口。

第十条 属于限制进口的技术，实行许可证管理；未经许可，不得进口。

第十一条 进口属于限制进口的技术，应当向国务院外经贸主管部门提出技术进口申请并附有关文件。

技术进口项目需经有关部门批准的，还应当提交有关部门的批准文件。

第十二条 国务院外经贸主管部门收到技术进口申请后，应当会同国务院有关部门对申请进行审查，并自收到申请之日起30个工作日内作出批准或者不批准的决定。

第十三条 技术进口申请经批准的，由国务院外经贸主管部门发给技术进口许可意向书。

进口经营者取得技术进口许可意向书后，可以对外签订技术进口合同。

第十四条 进口经营者签订技术进口合同后，应当向国务院外经贸主管部门提交技术进口合同副本及有关文件，申请技术进口许可证。

国务院外经贸主管部门对技术进口合同的真实性进行审查，并自收到前款规定的文件之日起10个工作日内，对技术进口作出许可或者不许可的决定。

第十五条 申请人依照本条例第十一条的规定向国务院外经贸主管部门提出技术进口申请时，可以一并提交已经签订的技术进口合同副本。

国务院外经贸主管部门应当依照本条例第十二条和第十四条的规定对申请及其技术进口合同的真实性一并进行审查，并自收到前款规定的文件之日起40个工作日内，对技术进口作出许可或者不许可的决定。

第十六条 技术进口经许可的，由国务院外经贸主管部门颁发技术进口许可证。技术进口合同自技术进口许可证颁发之日起生效。

第十七条 对属于自由进口的技术，实行合同登记管理。

进口属于自由进口的技术，合同自依法成立时生效，不以登记为合同生效的条件。

第十八条 进口属于自由进口的技术，应当向国务院外经贸主管部门办理登记，并提交下列文件：

（一）技术进口合同登记申请书；

（二）技术进口合同副本；

（三）签约双方法律地位的证明文件。

第十九条 国务院外经贸主管部门应当自收到本条例第十八条规定的文件之日起3个工作日内，对技术进口合同进行登记，颁发技术进口合同登记证。

第二十条 申请人凭技术进口许可证或者技术进口合同登记证，办理外汇、银行、税务、海关等相关手续。

第二十一条 依照本条例的规定，经许可或者登记的技术进口合同，合同的主要内容发生变更的，应当重新办理许可或者登记手续。

经许可或者登记的技术进口合同终止的，应当及时向国务院外经贸主管部门备案。

第二十二条　国务院外经贸主管部门和有关部门及其工作人员在履行技术进口管理职责中，对所知悉的商业秘密负有保密义务。

第二十三条　技术进口合同的让与人应当保证自己是所提供技术的合法拥有者或者有权转让、许可者。

技术进口合同的受让人按照合同约定使用让与人提供的技术，被第三方指控侵权的，受让人应当立即通知让与人；让与人接到通知后，应当协助受让人排除妨碍。

第二十四条　技术进口合同的让与人应当保证所提供的技术完整、无误、有效，能够达到约定的技术目标。

第二十五条　技术进口合同的受让人、让与人应当在合同约定的保密范围和保密期限内，对让与人提供的技术中尚未公开的秘密部分承担保密义务。

在保密期限内，承担保密义务的一方在保密技术非因自己的原因被公开后，其承担的保密义务即予终止。

第二十六条　技术进口合同期满后，技术让与人和受让人可以依照公平合理的原则，就技术的继续使用进行协商。

知识产权对外转让有关工作办法（试行）（略）

国办发〔2018〕19号

评估部分

财政部　国家知识产权局关于加强知识产权资产评估管理工作若干问题的通知

财企〔2006〕109号

各省、自治区、直辖市、计划单列市财政厅（局）、知识产权局：

为了加强知识产权资产评估管理，规范知识产权的评估行为，使知识产权资产评估更好地服务于国家创新经济建设和知识产权保护工作，依据《中华人民共和国公司法》、《中华人民共和国专利法》、《中华人民共和国商标法》、《中华人民共和国著作权法》、《中华人民共和国担保法》、《国有资产评估管理办法》等有关规定，现就知识产权资产评估管理工作的有关事项通知如下：

一、知识产权占有单位符合下列情形之一的，应当进行资产评估：

（一）根据《公司法》第二十七条规定，以知识产权资产作价出资成立有限责任公司或股份有限公司的；

（二）以知识产权质押，市场没有参照价格，质权人要求评估的；

（三）行政单位拍卖、转让、置换知识产权的；

（四）国有事业单位改制、合并、分立、清算、投资、转让、置换、拍卖涉及知识产权的；

（五）国有企业改制、上市、合并、分立、清算、投资、转让、置换、拍卖、偿还债务涉及知识产权的；

（六）国有企业收购或通过置换取得非国有单位的知识产权，或接受非国有单位以知识产权出资的；

（七）国有企业以知识产权许可外国公司、企业、其他经济组织或个人使用，市场没有参照价格的；

（八）确定涉及知识产权诉讼价值，人民法院、仲裁机关或当事人要求评估的；

（九）法律、行政法规规定的其他需要进行资产评估的事项。

非国有单位发生合并、分立、清算、投资、转让、置换、偿还债务等经济行为涉及知识产权的，可以参照国有企业进行资产评估。

二、知识产权评估应当依法委托经财政部门批准设立的资产评估机构进行评估。

资产评估机构从事知识产权评估业务时，应当严格遵循有关的资产评估准则和规范。在评估过程中，要考虑知识产权的特殊性，科学、客观地分析知识产权预期收益的可行性和合理性。

资产评估机构在执行知识产权评估业务时，可以聘请专利、商标、版权等知识产权方面的专家协助工作，但不能因此减轻或免除资产评估机构及注册资产评估师应当承担的法律责任。

三、财政部和国家知识产权局共同组织知识产权评估专业培训、考核并颁发培训证书，建立并严格执行继续教育、培训考核制度，确保培训的质量，不断提高注册资产评估师及从业人员知识产权评估的专业能力和水平。

四、中国资产评估协会应当加强行业自律和专业指导工作，可以建立知识产权评估专家库和相关的专业委员会，建立和完善知识产权数据库，为知识产权资产评估创建必要的平台，以提高资产评估的执业质量、行业公信力和影响力。

五、资产评估机构必须坚持独立、客观、公正的原则，不得以迎合委托方对评估结果高估或者低估的要求、给予"回扣"、恶性压价等不正当方式承揽知识产权评估业务。

财政部和国家知识产权局定期组织对从事知识产权评估业务的资产评估机构执业质量进行监督检查。

六、任何单位和个人不得非法干预知识产权评估业务和评估结果。

七、占有知识产权的国有单位和从事知识产权评估业务的资产评估机构违反上述规定的，按国家有关规定处理。

本通知发布后，过去有关规定与本通知内容相抵触的，以本通知为准。

二〇〇六年四月十九日

关于加强以非货币财产出资的评估管理若干问题的通知

财企〔2009〕46号

党中央有关部门，国务院各部委、各直属机构，总后勤部、武警总部，全国人大常委会办公厅，全国政协办公厅，各中央管理企业，各省、自治区、直辖市、计划单列市财政厅（局）、工商行政管理局，新疆生产建设兵团财务局、工商局：

为了加强以实物、知识产权、土地使用权等非货币财产出资的评估管理，规范以非货币财产出资评估行为，依据《中华人民共和国公司法》、《中华人民共和国公司登记管理条例》等有关法律法规，现就以非货币财产出资评估管理有关事项通知如下：

一、有下列情形之一的，应当进行资产评估：

（一）投资人以非货币财产出资的；

（二）在验资或申请工商登记时，验资机构或投资人发现用作出资的非货币财产与评估基准日时的资产状态、使用方式、市场环境等方面发生显著变化，或者由于评估假设已发生重大变化，可能导致资产价值发生重大变化的；

（三）法律、行政法规规定的其他需要进行资产评估的事项。

二、以非货币财产出资评估，投资人应当委托依法设立的资产评估机构进行。

三、以非货币财产出资的投资人，应当对所提供的非货币财产的真实性、合法性承担责任。

四、资产评估机构从事以非货币财产出资评估业务时，应当严格遵循有关的资产评估准则和规范，并对评估结论的合理性承担法律责任。

资产评估机构在执行以非货币财产出资评估业务时，可以聘请相关专业的专家协助工作，但不能因此减轻或免除资产评估机构及注册资产评估师应当承担的法律责任。

五、资产评估机构应当遵循独立、客观、公正的原则，不得迎合委托方要求出具虚假的评估报告，不得以给予"回扣"、恶性压价等不正当竞争方式承揽以非货币财产出资评估业务。

六、投资人及其他任何单位和个人不得干预以非货币财产出资的评估业务和评估结果，相关专业的专家在协助资产评估机构执业时，应当只对评估对象的技术状况发表专业意见，不得对评估报告及评估结果是否合理发表意见。

七、财政、工商管理部门应当建立信息通报机制，对以非货币财产出资的投资人和从事以非货币财产出资评估业务的资产评估机构违反上述规定的，应当按国家有关规定进行处理。

八、中国资产评估协会应当加强行业自律和专业指导工作，建立相关专业的专家库，建立并完善相关的诚信信息档案和数据库，为以非货币财产出资评估创建必要的平台，以提高资产评估的执业质量、行业公信力和影响力。

九、本通知印发后，过去有关规定与本通知内容相抵触的，以本通知为准。

财政部　工商总局

二〇〇九年三月三十日

专利资产评估指导意见

（2008 年 11 月 28 日中国资产评估协会公布　2017 年 9 月 8 日中国资产评估协会根据《资产评估基本准则》进行修订）

第一章　总　则

第一条　为规范专利资产评估行为，保护资产评估当事人的合法权益和公共利益，根据

《资产评估执业准则——无形资产》制定本指导意见。

第二条　本指导意见所称专利资产，是指专利权人拥有或者控制的，能持续发挥作用并且能带来经济利益的专利权益。

第三条　本指导意见所称专利资产评估，是指资产评估机构及其资产评估专业人员遵守法律、行政法规和资产评估准则，根据委托对评估基准日特定目的下的专利资产价值进行评定和估算，并出具资产评估报告的专业服务行为。

第四条　执行专利资产评估业务，应当遵守本指导意见。

第二章　基本遵循

第五条　资产评估机构及其资产评估专业人员开展专利权资产评估业务，应当遵守法律、行政法规的规定，坚持独立、客观、公正的原则，诚实守信，勤勉尽责，谨慎从业，遵守职业道德规范，自觉维护职业形象，不得从事损害职业形象的活动。

第六条　资产评估机构及其资产评估专业人员开展专利权资产评估业务，应当独立进行分析和估算并形成专业意见，拒绝委托人或者其他相关当事人的干预，不得直接以预先设定的价值作为评估结论。

第七条　执行专利资产评估业务，应当具备专利资产评估的专业知识和实践经验，能够胜任所执行的专利资产评估业务。

执行某项特定业务缺乏特定的专业知识和经验时，应当采取弥补措施，包括利用专家工作及相关报告等。

第八条　执行企业价值评估中的专利资产评估业务，应当了解在对持续经营前提下的企业价值进行评估时，专利资产作为企业资产的组成部分的价值可能有别于作为单项资产的价值，其价值取决于它对企业价值的贡献程度。

第九条　执行专利资产评估业务，应当在考虑评估目的、市场条件、评估对象自身条件等因素的基础上，选择价值类型。

以质押为目的可以选择市场价值或者市场价值以外的价值类型，以交易为目的通常选择市场价值或者投资价值，以财务报告为目的通常根据会计准则相关要求选择相应的价值类型。

第十条　执行专利资产评估业务，应当确定评估假设和限制条件。

第三章　资产评估对象

第十一条　专利资产评估业务的评估对象是指专利资产权益，包括专利所有权和专利使用权。专利使用权是指专利实施许可权，具体包括专利权独占许可、独家许可、普通许可和其他许可形式。

执行专利资产评估业务，应当明确专利资产的权利属性。评估对象为专利所有权的，应当关注专利权是否已经许可他人使用及使用权的具体形式，并关注其对专利所有权价值的影响。评估对象为专利使用权的，应当明确专利使用权的许可形式、许可内容及许可期限。

第十二条　执行专利资产评估业务，应当要求委托人明确专利资产的基本状况。专利资产的基本状况通常包括：

（一）专利名称；

（二）专利类别；

（三）专利申请的国别或者地区；

（四）专利申请号或者专利号；

（五）专利的法律状态；

（六）专利申请日；

（七）专利授权日；

（八）专利权利要求书所记载的主权利要求；

（九）专利使用权利。

第十三条　执行专利资产评估业务，应当关注专利的法律状态。专利的法律状态通常包括专利申请人或者专利权人及其变更情况，专利所处的专利审批阶段、年费缴纳情况、专利权的终止、专利权的恢复、专利权的质押，以及是否涉及法律诉讼或者处于复审、宣告无效状态。

第十四条　执行专利资产评估业务，应当关注专利资产的技术状况、实施状况及获利状况。

第十五条　执行专利资产评估业务，应当在要求委托人根据评估对象的具体情况和评估目的对专利资产进行合理的分离或者合并的基础上，恰当进行单项专利资产或者专利资产组合的评估。

第十六条　执行质押、诉讼目的的专利资产评估业务，应当要求委托人提交由国家知识产权局出具的专利登记簿副本。评估对象为实用新型、外观设计专利的，应当要求委托人提供专利检索报告，当实用新型、外观设计专利数量较多时，应当选取部分专利由委托人提供检索报告。

第四章　操作要求

第十七条　执行专利资产评估业务，应当对专利及其实施情况进行调查，包括必要的现场调查、市场调查，并收集相关信息、资料等。

调查过程收集的相关信息、资料包括：

（一）专利资产的权利人及实施企业基本情况；

（二）专利证书、最近一期的专利缴费凭证；

（三）专利权利要求书、专利说明书及其附图；

（四）专利技术的研发过程、技术实验报告，专利资产所属技术领域的发展状况、技术水平、技术成熟度、同类技术竞争状况、技术更新速度等有关信息、资料；如果技术效果需要检测，还应当收集相关产品检测报告；

（五）与分析专利产品的适用范围、市场需求、市场前景及市场寿命、相关行业政策发展状况、宏观经济、同类产品的竞争状况、专利产品的获利能力等相关的信息、资料；

（六）以往的评估和交易情况，包括专利权转让合同、实施许可合同及其他交易情况。

第十八条　执行专利资产评估业务，应当尽可能获取与专利资产相关的财务数据及专利实施企业经审计的财务报表，对专利资产的相关财务数据进行分析。

第十九条　执行专利资产评估业务，应当分析下列事项及其对专利资产价值的影响：

（一）专利权利要求书、专利说明书及其附图的内容；

（二）专利权利要求书所记载的专利技术产品与其实施企业所生产产品的对应性。

第二十条　执行专利资产评估业务，应当对影响专利资产价值的法律因素进行分析，通常包括专利资产的权利属性及权利限制、专利类别、专利的法律状态、专利剩余法定保护期限、专利的保护范围等。资产评估专业人员应当关注专利所有权与使用权的差异、专利使用权的具体形式、以往许可和转让的情况对专利资产价值的影响。

资产评估专业人员应当关注发明、实用新型、外观设计的审批条件、审批程序、保护范围、保护期限、审批阶段的差异对专利资产价值的影响。

资产评估专业人员应当关注专利所处审批阶段，专利是否涉及法律诉讼或者处于复审、宣告无效状态，以及专利有效性维持情况对专利资产价值的影响。

第二十一条 执行专利资产评估业务，应当对影响专利资产价值的技术因素进行分析，通常包括替代性、先进性、创新性、成熟度、实用性、防御性、垄断性等。

第二十二条 对影响专利资产价值的经济因素进行分析时，通常包括专利资产的取得成本、获利状况、许可费、类似资产的交易价格、市场应用情况、市场规模情况、市场占有率、竞争情况等。

第二十三条 当专利资产与其他资产共同发挥作用时，资产评估专业人员应当分析专利资产的作用，确定该专利资产的价值。

第二十四条 执行专利资产评估业务，应当关注经营条件等对专利资产作用和价值的影响。

第二十五条 执行专利资产法律诉讼评估业务，应当关注相关案情基本情况、经过质证的资料以及专利权的历史诉讼情况。

第二十六条 确定专利资产价值的评估方法包括市场法、收益法和成本法三种基本方法及其衍生方法。

执行专利资产评估业务，应当根据评估目的、评估对象、价值类型、资料收集等情况，分析上述三种基本方法的适用性，选择评估方法。

第二十七条 运用收益法进行专利资产评估时，应当收集专利产品的相关收入、成本、费用等数据。

资产评估专业人员应当对委托人或者其他相关当事人提供的专利未来实施情况和收益状况的预测进行分析、判断和调整，确信相关预测的合理性。

资产评估专业人员应当根据专利资产的具体情况选择收益口径。

第二十八条 采用收益法进行专利资产评估时，应当确定预期收益。

专利资产的预期收益应当是专利的使用而额外带来的收益，可以通过增量收益、节省许可费、收益分成或者超额收益等方式估算。确定预期收益时，应当区分并剔除与委托评估的专利资产无关的业务产生的收益，并关注专利产品或者服务所属行业的市场规模、市场地位及相关企业的经营情况。

第二十九条 采用收益法进行专利资产评估时应当合理确定专利资产收益期限。收益期限可以通过分析专利资产的技术寿命、技术成熟度、专利法定寿命及与专利资产相关的合同约定期限等确定。

第三十条 采用收益法进行专利资产评估时应当合理确定折现率。折现率可以通过分析评估基准日的利率、投资回报率，以及专利实施过程中的技术、经营、市场、资金等因素确定。专利资产折现率可以采用无风险报酬率加风险报酬率的方式确定。专利资产折现率应当与预期收益的口径保持一致。

第三十一条　采用市场法进行专利资产评估时，应当收集足够的可比交易案例，并对专利资产与可比交易案例之间的各种差异因素进行分析、比较和调整。

第三十二条　采用成本法进行专利资产评估时，应当合理确定专利资产的重置成本。重置成本包括合理的成本、利润和相关税费等。

确定专利资产重置成本时，应当确定形成专利资产所需的直接成本、间接费用、合理的利润及相关的税费等。

第三十三条　采用成本法进行专利资产评估时，应当合理确定贬值。

第五章　披露要求

第三十四条　编制专利资产评估报告应当反映专利资产的特点，通常包括下列内容：

（一）评估对象的详细情况，通常包括专利资产的权利属性、使用权具体形式、法律状态、专利申请号及专利权利要求等；

（二）专利资产的技术状况和实施状况；

（三）对影响专利资产价值的法律因素、技术因素、经济因素的分析过程；

（四）专利的实施经营条件；

（五）使用的评估假设和限制条件；

（六）专利权许可、转让、诉讼、无效请求及质押情况；

（七）有关评估方法的主要内容，包括评估方法的选取及其理由，评估方法中的运算和逻辑推理方式，各重要参数的来源、分析、比较与测算过程，对测算结果进行分析并形成评估结论的过程；

（八）其他必要信息。

第六章　附　　则

第三十五条　本指导意见自 2017 年 10 月 1 日起施行。

中国资产评估协会于 2008 年 11 月 28 日发布的《关于印发〈资产评估准则——无形资产〉和〈专利资产评估指导意见〉的通知》（中评协〔2008〕217 号）中的《专利资产评估指导意见》同时废止。

关于支持科技成果出资入股确认股权的指导意见

证监发〔2012〕87 号

为了贯彻全国科技创新大会精神，落实中共中央、国务院《关于深化科技体制改革加快国家创新体系建设的意见》，进一步发挥资本市场的资源配置功能，促进科技成果出资入股，建立资本市场推动企业科技创新的长效机制，支持实体经济发展和企业提高科技创新能力，现就进一步优化科技成果出资入股，依法确认股权的相关制度安排提出以下指导意见。

一、鼓励以科技成果出资入股确认股权。以科技成果出资入股的，支持在企业创立之初，通过发起人协议、投资协议或公司章程等形式对科技成果的权属、评估作价、折股数量和比例等事项作出明确约定，形成明晰的产权，避免今后发生纠纷，影响企业发行上市或挂牌转让。按照《公司法》的相关规定，包括科技成果在内的无形资产占注册资本的比例可达到 70%。

二、鼓励企业明确科技人员在科技成果中享有的权益，依法确认股权。支持企业根据《科学技术进步法》、《促进科技成果转化法》、《专利法》和《专利法实施细则》等相关法律法规的规定，在相关的职务发明合同中约定科技人员在职务发明中享有的权益，并依法确认科技人员在企业中的股权。

三、落实北京中关村等园区先行先试政策，采取多种方式合理确认股权。支持北京中关村、上海张江、武汉东湖国家自主创新示范区和安徽合芜蚌自主创新综合试验区内的企业、高等院校及科研院所按照依国家法律法规制定的先行先试政策进行股权和分红权激励，对做出突出贡献的科技人员和经营管理人员所实施的技术入股、股权奖励、分红权等，以合理的方式确认其在企业中的股权。

四、进一步深化发行审核机制改革，对科技成果形成的股权予以审核确认。对于企业在股权形成及演变过程中存在的审批或者备案手续方面的瑕疵，中国证监会本着重要性原则处理。涉及的股权占比较低、不影响公司控制权稳定且没有重大风险隐患的，在做充分的信息披露并说明出现股权纠纷时的解决机制的情况下，将不再要求企业在上市前补办相关确认手续。

合同部分

中华人民共和国民法典（略）

（2020 年 5 月 28 日第十三届全国人民代表大会第三次会议通过　2020 年 5 月 28 日中华人民共和国主席令第四十五号公布，自 2021 年 1 月 1 日起施行）

关于加强技术合同认定登记工作的通知

〔91〕国科发市字 512 号

各省、自治区、直辖市和计划单列市科委、技术市场管理办公室，国务院各有关部委、直属机构科技司（局）及有关单位：

为加强技术合同管理，保障技术合同法的正确实施和监督，促进技术市场的健康发展，根据《技术合同法》及其实施条例，国家科委于一九九〇年发布施行了《技术合同认定登记管理办法》（以下简称《办法》）及两个配套文件（技术合同认定规则〔试行〕、技术合同示范文本）。《办法》和相应配套文件的发布施行，有助于指导当事人正确订立和全面履行技术合同；有利于正确贯彻执行国家扶植技术市场的信贷、税收、奖励政策，有利于加强技术市场的统计，有利于国家从宏观上调控技术成果的转移和流向等。实践表明，总的情况是好的。但也存在着一些值得注意的问题。例如，少数技术合同登记机构工作程序混乱，管理与经营不分，个别地区对登记人员的资格培训、考核过于草率，或是无证人员继续从事技术合同认定登记工作；极个别地区规定技术合同进行认定登记后，还一定要申请鉴证。这些情况影响了技术市场的健康发展。因此，为了进一步规范技术市场的行为，促进技术市场健康发展，现就技术合同认定登记工作，通知如下：

一、技术合同进行认定登记，是技术合同法实施条例所规定的法律制度，属政府行政管理工作。各省、自治区、直辖市和计划单列市科委，必须严格按照"管理与经营分离"和"服务于基层"等原则，进一步确认、理顺和健全技术合同登记机构，对管理与经营不分、工作程序混乱、不依法进行认定登记工作的机构，要限期整顿。对工作认真、成绩优异的技术合同登记机构要给予表彰和奖励。

二、专利技术是技术合同的重要标的之一。为了加强对这类合同的管理，各省、自治区、直辖市和计划单列市科委，可以根据各自实际情况，决定在本行政区划内的专利管理机关中设立登记机构，受理本地区有关专利权转让、专利申请权转让、专利实施许可合同的认定登记申请。专利管理机关的合同登记机构受所在地区科委的领导和技术市场管理机构的业务指导。

三、按照国家科委制定的培训考核大纲，进一步认真做好技术合同认定登记人员的资格培训、考核和发证工作。1991 年底以前，技术合同登记员一律持证上岗，无证人员一律不得从事技术合同认定登记工作，各地区科委、技术市场管理机构应当加强对本地区技术合同登记员的监督、管理和指导，并建立、健全登记员的工作业绩考核制度。

四、依法申请认定登记是一项政策性很强的工作。未经申请认定登记和未予登记的合同，不得享受国家和地方在信贷、税收和奖励等方面的优惠。对违反此项规定的，除追回违法取得的科技贷款、减免的税收和已发的奖酬金外，还要追究当事人和直接责任人员的责任。

五、技术合同的鉴证是技术合同管理机关根据当事人申请，审查和证明合同真实性和合法性的活动。技术合同的鉴证实行自愿原则。技术合同成立，不以鉴证为前提条件，任何部门和地区不得强行要求当事人就技术合同申请鉴证。另按技术合同法实施条例第一百二十三条规定，技术合同管理机关，是各级科委、工商行政管理局等主管部门，当事人可以向这些机关申请技术合同鉴证。为方便群众、简化手续、提高效率、对于当事人向有关科委申请鉴证的合同，可由技术合同管理机关办理鉴证手续后，再行认定登记。

以上，请遵照执行。

1991 年 7 月 26 日

技术合同认定登记管理办法

国科发政字〔2000〕063 号

第一条 为了规范技术合同认定登记工作，加强技术市场管理，保障国家有关促进科技成果转化政策的贯彻落实，制定本办法。

第二条 本办法适用于法人、个人和其他组织依法订立的技术开发合同、技术转让合同、技术咨询合同和技术服务合同的认定登记工作。

法人、个人和其他组织依法订立的技术培训合同、技术中介合同，可以参照本办法规定申请认定登记。

第三条 科学技术部管理全国技术合同认定登记工作。

省、自治区、直辖市和计划单列市科学技术行政部门管理本行政区划的技术合同认定登记工作。地、市、区、县科学技术行政部门设技术合同登记机构,具体负责办理技术合同的认定登记工作。

第四条 省、自治区、直辖市和计划单列市科学技术行政部门及技术合同登记机构,应当通过技术合同的认定登记,加强对技术市场和科技成果转化工作的指导、管理和服务,并进行相关的技术市场统计和分析工作。

第五条 法人和其他组织按照国家有关规定,根据所订立的技术合同,从技术开发、技术转让、技术咨询和技术服务的净收入中提取一定比例作为奖励和报酬,给予职务技术成果完成人和为成果转化做出重要贡献人员的,应当申请对相关的技术合同进行认定登记,并依照有关规定提取奖金和报酬。

第六条 未申请认定登记和未予登记的技术合同,不得享受国家对有关促进科技成果转化规定的税收、信贷和奖励等方面的优惠政策。

第七条 经认定登记的技术合同,当事人可以持认定登记证明,向主管税务机关提出申请,经审核批准后,享受国家规定的税收优惠政策。

第八条 技术合同认定登记实行按地域一次登记制度。技术开发合同的研究开发人、技术转让合同的让与人、技术咨询和技术服务合同的受托人,以及技术培训合同的培训人、技术中介合同的中介人,应当在合同成立后向所在地区的技术合同登记机构提出认定登记申请。

第九条 当事人申请技术合同认定登记,应当向技术合同登记机构提交完整的书面合同文本和相关附件。合同文本可以采用由科学技术部监制的技术合同示范文本;采用其他书面合同文本的,应当符合《中华人民共和国合同法》的有关规定。

采用口头形式订立技术合同的,技术合同登记机构不予受理。

第十条 技术合同登记机构应当对当事人提交申请认定登记的合同文本及相关附件进行审查,认为合同内容不完整或者有关附件不齐全的,应当以书面形式要求当事人在规定的时间内补正。

第十一条 申请认定登记的合同应当根据《中华人民共和国合同法》的规定,使用技术开发、技术转让、技术咨询、技术服务等规范名称,完整准确地表达合同内容。使用其他名称或者所表述内容在认定合同性质上引起混乱的,技术合同登记机构应当退回当事人补正。

第十二条 技术合同的认定登记,以当事人提交的合同文本和有关材料为依据,以国家有关法律、法规和政策为准绳。当事人应当在合同中明确相互权利与义务关系,如实反映技术交易的实际情况。当事人在合同文本中作虚假表示,骗取技术合同登记证明的,应当对其后果承担责任。

第十三条 技术合同登记机构对当事人所提交的合同文本和有关材料进行审查和认定。其主要事项是:

(一)是否属于技术合同;

(二)分类登记;

(三)核定技术性收入。

第十四条 技术合同登记机构应当自受理认定登记申请之日起 30 日内完成认定登记事项。技术合同登记机构对认定符合登记条件的合同,应当分类登记和存档,向当事人发给技术合同登记证明，并载明经核定的技术性收入额。对认定为非技术合同或者不符合登记条件的合同，应当不予登记，并在合同文本上注明"未予登记"字样，退还当事人。

第十五条 申请认定登记的合同，涉及国家安全或者重大利益需要保密的，技术合同登记机构应当采取措施保守国家秘密。

当事人在合同中约定了保密义务的，技术合同登记机构应当保守有关技术秘密，维护当事人的合法权益。

第十六条 当事人对技术合同登记机构的认定结论有异议的，可以按照《中华人民共和国行政复议法》的规定申请行政复议。

第十七条 财政、税务等机关在审核享受有关优惠政策的申请时，认为技术合同登记机构的认定有误的，可以要求原技术合同登记机构重新认定。财政、税务等机关对重新认定的技术合同仍认为认定有误的，可以按国家有关规定对当事人享受相关优惠政策的申请不予审批。

第十八条 经技术合同登记机构认定登记的合同，当事人协商一致变更、转让或者解除，以及被有关机关撤销、宣布无效时，应当向原技术合同登记机构办理变更登记或者注销登记手续。变更登记的，应当重新核定技术性收入；注销登记的，应当及时通知有关财政、税务机关。

第十九条 省、自治区、直辖市和计划单列市科学技术行政部门应当加强对技术合同登记机构和登记人员的管理，建立健全技术合同登记岗位责任制，加强对技术合同登记人员的业务培训和考核，保证技术合同登记人员的工作质量和效率。

技术合同登记机构进行技术合同认定登记工作所需经费，按国家有关规定执行。

第二十条 对于订立假技术合同或者以弄虚作假、采取欺骗手段取得技术合同登记证明的，由省、自治区、直辖市和计划单列市科学技术行政部门会同有关部门予以查处。涉及偷税的，由税务机关依法处理；违反国家财务制度的，由财政部门依法处理。

第二十一条 技术合同登记机构在认定登记工作中，发现当事人有利用合同危害国家利益、社会公共利益的违法行为的，应当及时通知省、自治区、直辖市和计划单列市科学技术行政部门进行监督处理。

第二十二条 省、自治区、直辖市和计划单列市科学技术行政部门发现技术合同登记机构管理混乱、统计失实、违规登记的，应当通报批评、责令限期整顿，并可给予直接责任人员行政处分。

第二十三条 技术合同登记机构违反本办法第十五条规定，泄露国家秘密的，按照国家有关规定追究其负责人和直接责任人员的法律责任；泄露技术合同约定的技术秘密，给当事人造成损失的，应当承担相应的法律责任。

第二十四条 本办法自发布之日起施行。1990 年 7 月 6 日原国家科学技术委员会发布的《技术合同认定登记管理办法》同时废止。

技术合同认定规则（节选）

国科发政字〔2001〕253 号

第一章 一般规定

第一条 为推动技术创新，加速科技成果转化，保障国家有关促进科技成果转化法律法规和政策的实施，加强技术市场管理，根据《中华人民共和国合同法》及科技部、财政部、国家税务总局《技术合同认定登记管理办法》的规定，制定本规则。

第二条　技术合同认定是指根据《技术合同认定登记管理办法》设立的技术合同登记机构对技术合同当事人申请认定登记的合同文本从技术上进行核查，确认其是否符合技术合同要求的专项管理工作。

技术合同登记机构应当对申请认定登记的合同是否属于技术合同及属于何种技术合同作出结论，并核定其技术交易额（技术性收入）。

第三条　技术合同认定登记应当贯彻依法认定、客观准确、高效服务、严格管理的工作原则，提高认定质量，切实保障国家有关促进科技成果转化财税优惠政策的落实。

第四条　本规则适用于自然人（个人）、法人、其他组织之间依据《中华人民共和国合同法》第十八章的规定，就下列技术开发、技术转让、技术咨询和技术服务活动所订立的确立民事权利与义务关系的技术合同：

（一）技术开发合同

1. 委托开发技术合同

2. 合作开发技术合同

（二）技术转让合同

1. 专利权转让合同

2. 专利申请权转让合同

3. 专利实施许可合同

4. 技术秘密转让合同

（三）技术咨询合同

（四）技术服务合同

1. 技术服务合同

2. 技术培训合同

3. 技术中介合同

第五条　《中华人民共和国合同法》分则部分所列的其他合同，不得按技术合同登记。但其合同标的中明显含有技术开发、转让、咨询或服务内容，其技术交易部分能独立成立并且合同当事人单独订立合同的，可以就其单独订立的合同申请认定登记。

第六条　以技术入股方式订立的合同，可按技术转让合同认定登记。

以技术开发、转让、咨询或服务为内容的技术承包合同，可根据承包项目的性质和具体技术内容确定合同的类型，并予以认定登记。

第七条　当事人申请认定登记技术合同，应当向技术合同登记机构提交合同的书面文本。技术合同登记机构可以要求当事人一并出具与该合同有关的证明文件。当事人拒绝出具或者所出具的证明文件不符合要求的，不予登记。

各技术合同登记机构应当向当事人推荐和介绍由科学技术部印制的《技术合同示范文本》，供当事人在签订技术合同时参照使用。

第八条　申请认定登记的技术合同应当是依法已经生效的合同。当事人以合同书形式订立的合同，自双方当事人签字或者盖章时成立。依法成立的合同，自成立时生效。法律、行政法规规定应当办理批准、登记等手续生效的，依照其规定，在批准、登记后生效，如专利申请权转让合同、专利权转让合同等。

当事人为法人的技术合同，应当有其法定代表人或者其授权的人员在合同上签名或者盖章，并加盖法人的公章或者合同专用章；当事人为自然人的技术合同，应当有其本人在合同上签名或者盖章；当事人为其他组织的合同，应当有该组织负责人在合同上签名或者盖章，并加盖组织的印章。

印章不齐备或者印章与书写名称不一致的，不予登记。

第九条　法人、其他组织的内部职能机构或课题组订立的技术合同申请认定登记的，应当在申请认定登记时提交其法定代表人或组织负责人的书面授权证明。

第十条　当事人就承担国家科技计划项目而与有关计划主管部门或者项目执行部门订立的技术合同申请认定登记，符合《中华人民共和国合同法》的规定并附有有关计划主管部门或者项目执行部门的批准文件的，技术合同登记机构应予受理，并进行认定登记。

第十一条　申请认定登记的技术合同，其标的范围不受行业、专业和科技领域限制。

第十二条　申请认定登记的技术合同，其技术标的或内容不得违反国家有关法律法规的强制性规定和限制性要求。

第十三条　技术合同标的涉及法律法规规定投产前需经有关部门审批或领取生产许可证的产品技术，当事人应当在办理有关审批手续或生产许可证后，持合同文本及有关批准文件申请认定登记。

第十四条　申请认定登记的合同涉及当事人商业秘密（包括经营信息和技术信息）的，当事人应当以书面方式向技术合同登记机构提出保密要求。

当事人未提出保密要求，而所申请认定登记的合同中约定了当事人保密义务的，技术合同登记机构应当主动保守当事人有关的技术秘密，维护其合法权益。

第十五条　申请认定登记的技术合同下列主要条款不明确的，不予登记：

（一）合同主体不明确的；

（二）合同标的不明确，不能使登记人员了解其技术内容的；

（三）合同价款、报酬、使用费等约定不明确的。

第十六条　约定担保条款（定金、抵押、保证等）并以此为合同成立条件的技术合同，申请认定登记时当事人担保义务尚未履行的，不予登记。

第十七条　申请认定登记的技术合同，合同名称与合同中的权利义务关系不一致的，技术合同登记机构应当要求当事人补正后重新申请认定登记；拒不补正的，不予登记。

第十八条　申请认定登记的技术合同，其合同条款含有下列非法垄断技术、妨碍技术进步等不合理限制条款的，不予登记：

（一）一方限制另一方在合同标的技术的基础上进行新的研究开发的；

（二）一方强制性要求另一方在合同标的基础上研究开发所取得的科技成果及其知识产权独占回授的；

（三）一方限制另一方从其他渠道吸收竞争技术的；

（四）一方限制另一方根据市场需求实施专利和使用技术秘密的。

第十九条　申请认定登记的技术合同，当事人约定提交有关技术成果的载体，不得超出合理的数量范围。

技术成果载体数量的合理范围，按以下原则认定：

（一）技术文件（包括技术方案、产品和工艺设计、工程设计图纸、试验报告及其他文字性技术资料），以通常掌握该技术和必要存档所需份数为限；

（二）磁盘、光盘等软件性技术载体、动植物（包括转基因动植物）新品种、微生物菌种，以及样品、样机等产品技术和硬件性技术载体，以当事人进行必要试验和掌握、使用该技术所需数量为限；

（三）成套技术设备和试验装置一般限于 1～2 套。

第二章　技术开发合同

第二十条　技术开发合同是当事人之间就新技术、新产品、新工艺、新材料、新品种及其系统的研究开发所订立的合同。

技术开发合同包括委托开发合同和合作开发合同。委托开发合同是一方当事人委托另一方当事人进行研究开发工作并提供相应研究开发经费和报酬所订立的技术开发合同。合作开发合同是当事人各方就共同进行研究开发工作所订立的技术开发合同。

第二十一条　技术开发合同的认定条件是：

（一）有明确、具体的科学研究和技术开发目标；

（二）合同标的为当事人在订立合同时尚未掌握的技术方案；

（三）研究开发工作及其预期成果有相应的技术创新内容。

第二十二条　单纯以揭示自然现象、规律和特征为目标的基础性研究项目所订立的合同，以及软科学研究项目所订立的合同，不予登记。

第二十三条　下列各项符合本规则第二十一条规定的，属于技术开发合同：

（一）小试、中试技术成果的产业化开发项目；

（二）技术改造项目；

（三）成套技术设备和试验装置的技术改进项目；

（四）引进技术和设备消化、吸收基础上的创新开发项目；

（五）信息技术的研究开发项目，包括语言系统、过程控制、管理工程、特定专家系统、计算机辅助设计、计算机集成制造系统等，但软件复制和无原创性的程序编制的除外；

（六）自然资源的开发利用项目；

（七）治理污染、保护环境和生态项目；

（八）其他科技成果转化项目。

前款各项中属一般设备维修、改装、常规的设计变更及其已有技术直接应用于产品生产的，不属于技术开发合同。

第二十四条　下列合同不属于技术开发合同：

（一）合同标的为当事人已经掌握的技术方案，包括已完成产业化开发的产品、工艺、材料及其系统；

（二）合同标的为通过简单改变尺寸、参数、排列，或者通过类似技术手段的变换实现的产品改型、工艺变更以及材料配方调整；

（三）合同标的为一般检验、测试、鉴定、仿制和应用。

第三章　技术转让合同

第二十五条　技术转让合同是当事人之间就专利权转让、专利申请权转让、专利实施许可、技术秘密转让所订立的下列合同：

（一）专利权转让合同，是指一方当事人（让与方）将其发明创造专利权转让受让方，受让方支付相应价款而订立的合同。

（二）专利申请权转让合同，是指一方当事人（让与方）将其就特定的发明创造申请专利的权利转让受让方，受让方支村相应价款而订立的合同。

（三）专利实施许可合同，是指一方当事人（让与方、专利权人或者其授权的人）许可受让方在约定的范围内实施专利，受让方支付相应的使用费而订立的合同。

（四）技术秘密转让合同，是指一方当事人（让与方）将其拥有的技术秘密提供给受让方，明确相互之间技术秘密使用权、转让权，受让方支付相应使用费而订立的合同。

第二十六条　技术转让合同的认定条件是：

（一）合同标的为当事人订立合同时已经掌握的技术成果，包括发明创造专利、技术秘密及其他知识产权成果；

（二）合同标的具有完整性和实用性，相关技术内容应构成一项产品、工艺、材料、品种及其改进的技术方案；

（三）当事人对合同标的有明确的知识产权权属约定。

第二十七条　当事人就植物新品种权转让和实施许可、集成电路布图设计权转让与许可订立的合同，按技术转让合同认定登记。

第二十八条　当事人就技术进出口项目订立的合同，可参照技术转让合同予以认定登记。

第二十九条　申请认定登记的技术合同，其标的涉及专利申请权、专利权、植物新品种权、集成电路布图设计权的，当事人应当提交相应的知识产权权利证书复印件。无相应证书复印件或者在有关知识产权终止、被宣告无效后申请认定登记的，不予登记。

申请认定登记的技术合同，其标的涉及计算机软件著作权的，可以提示当事人提供计算机软件著作权登记证明的复印件。

第三十条　申请认定登记的技术合同，其标的为技术秘密的，该项技术秘密应同时具备以下条件：

（一）不为公众所知悉；

（二）能为权利人带来经济利益；

（三）具有实用性；

（四）权利人采取了保密措施。

前款技术秘密可以含有公知技术成分或者部分公知技术的组合。但其全部或者实质性部分已经公开，即可以直接从公共信息渠道中直接得到的，不应认定为技术转让合同。

第三十一条　申请认定登记的技术合同，其合同标的为进入公有领域的知识、技术、经验和信息等（如专利权或有关知识产权已经终止的技术成果），或者技术秘密转让未约定使用权、转让权归属的，不应认定为技术转让合同。

前款合同标的符合技术咨询合同、技术服务合同条件的，可由当事人补正后，按技术咨询合同、技术服务合同重新申请认定登记。

第三十二条 申请认定登记的技术合同，其合同标的仅为高新技术产品交易，不包含技术转让成分的，不应认定为技术转让合同。

随高新技术产品提供用户的有关产品性能和使用方法等商业性说明材料，也不属于技术成果文件。

第七章 核定技术性收入

第五十一条 技术合同登记机构应当对申请认定登记合同的交易总额和技术交易额进行审查，核定技术性收入。

申请认定登记的合同，应当载明合同交易总额、技术交易额。申请认定登记时不能确定合同交易总额、技术交易额的，或者在履行合同中金额发生变化的，当事人应当在办理减免税或提取奖酬金手续前予以补正。不予补正并违反国家有关法律法规的，应承担相应的法律责任。

第五十二条 本规则第五十一条用语的含义是：

（一）合同交易总额是指技术合同成交项目的总金额；

（二）技术交易额是指从合同交易总额中扣除购置设备、仪器、零部件、原材料等非技术性费用后的剩余金额。但合理数量标的物的直接成本不计入非技术性费用；

（三）技术性收入是指履行合同后所获得的价款、使用费、报酬的金额。

第五十三条 企业、事业单位和其他组织按照国家有关政策减免税、提取奖酬金和其他技术劳务费用，应当以技术合同登记机构核定的技术交易额或技术性收入为基数计算。

第八章 附 则

第五十四条 本规则自 2001 年 7 月 18 日起施行。1990 年 7 月 27 日原国家科委发布的《技术合同认定规则（试行）》同时废止。

中华人民共和国技术进出口管理条例（节选）

（2001 年 12 月 10 日中华人民共和国国务院令第 331 号公布 根据 2011 年 1 月 8 日《国务院关于废止和修改部分行政法规的决定》第一次修订 根据 2019 年 3 月 2 日《国务院关于修改部分行政法规的决定》第二次修订 根据 2020 年 11 月 29 日《国务院关于修改和废止部分行政法规的决定》第三次修订）

第二章 技术进口管理

第七条 国家鼓励先进、适用的技术进口。

第八条 有对外贸易法第十六条规定情形之一的技术，禁止或者限制进口。

国务院外经贸主管部门会同国务院有关部门，制定、调整并公布禁止或者限制进口的技术目录。

第九条 属于禁止进口的技术，不得进口。

第十条 属于限制进口的技术，实行许可证管理；未经许可，不得进口。

第十一条 进口属于限制进口的技术，应当向国务院外经贸主管部门提出技术进口申请并附有关文件。

技术进口项目需经有关部门批准的，还应当提交有关部门的批准文件。

第十二条 国务院外经贸主管部门收到技术进口申请后，应当会同国务院有关部门对申请进行审查，并自收到申请之日起30个工作日内作出批准或者不批准的决定。

第十三条 技术进口申请经批准的，由国务院外经贸主管部门发给技术进口许可意向书。

进口经营者取得技术进口许可意向书后，可以对外签订技术进口合同。

第十四条 进口经营者签订技术进口合同后，应当向国务院外经贸主管部门提交技术进口合同副本及有关文件，申请技术进口许可证。

国务院外经贸主管部门对技术进口合同的真实性进行审查，并自收到前款规定的文件之日起10个工作日内，对技术进口作出许可或者不许可的决定。

第十五条 申请人依照本条例第十一条的规定向国务院外经贸主管部门提出技术进口申请时，可以一并提交已经签订的技术进口合同副本。

国务院外经贸主管部门应当依照本条例第十二条和第十四条的规定对申请及其技术进口合同的真实性一并进行审查，并自收到前款规定的文件之日起40个工作日内，对技术进口作出许可或者不许可的决定。

第十六条 技术进口经许可的，由国务院外经贸主管部门颁发技术进口许可证。技术进口合同自技术进口许可证颁发之日起生效。

第十七条 对属于自由进口的技术，实行合同登记管理。

进口属于自由进口的技术，合同自依法成立时生效，不以登记为合同生效的条件。

第十八条 进口属于自由进口的技术，应当向国务院外经贸主管部门办理登记，并提交下列文件：

（一）技术进口合同登记申请书；

（二）技术进口合同副本；

（三）签约双方法律地位的证明文件。

第十九条 国务院外经贸主管部门应当自收到本条例第十八条规定的文件之日起3个工作日内，对技术进口合同进行登记，颁发技术进口合同登记证。

第二十条 申请人凭技术进口许可证或者技术进口合同登记证，办理外汇、银行、税务、海关等相关手续。

第二十一条 依照本条例的规定，经许可或者登记的技术进口合同，合同的主要内容发生变更的，应当重新办理许可或者登记手续。

经许可或者登记的技术进口合同终止的，应当及时向国务院外经贸主管部门备案。

第二十二条 国务院外经贸主管部门和有关部门及其工作人员在履行技术进口管理职责中，对所知悉的商业秘密负有保密义务。

第二十三条 技术进口合同的让与人应当保证自己是所提供技术的合法拥有者或者有权转让、许可者。

技术进口合同的受让人按照合同约定使用让与人提供的技术，被第三方指控侵权的，受让人应当立即通知让与人；让与人接到通知后，应当协助受让人排除妨碍。

第二十四条 技术进口合同的让与人应当保证所提供的技术完整、无误、有效，能够达到约定的技术目标。

第二十五条 技术进口合同的受让人、让与人应当在合同约定的保密范围和保密期限内，对让与人提供的技术中尚未公开的秘密部分承担保密义务。

在保密期限内，承担保密义务的一方在保密技术非因自己的原因被公开后，其承担的保密义务即予终止。

第二十六条 技术进口合同期满后，技术让与人和受让人可以依照公平合理的原则，就技术的继续使用进行协商。

......

第五十二条 本条例自 2002 年 1 月 1 日起施行。1985 年 5 月 24 日国务院发布的《中华人民共和国技术引进合同管理条例》和 1987 年 12 月 30 日国务院批准、1988 年 1 月 20 日对外经济贸易部发布的《中华人民共和国技术引进合同管理条例施行细则》同时废止。

技术进出口合同登记管理办法

商务部令 2009 年第 3 号

第一条 为规范自由进出口技术的管理，建立技术进出口信息管理制度，促进我国技术进出口的发展，根据《中华人民共和国技术进出口管理条例》，特制定本办法。

第二条 技术进出口合同包括专利权转让合同、专利申请权转让合同、专利实施许可合同、技术秘密许可合同、技术服务合同和含有技术进出口的其他合同。

第三条 商务主管部门是技术进出口合同的登记管理部门。

自由进出口技术合同自依法成立时生效。

第四条 商务部负责对《政府核准的投资项目目录》和政府投资项目中由国务院或国务院投资主管部门核准或审批的项目项下的技术进口合同进行登记管理。

第五条 各省、自治区、直辖市和计划单列市商务主管部门负责对本办法第四条以外的自由进出口技术合同进行登记管理。中央管理企业的自由进出口技术合同，按属地原则到各省、自治区、直辖市和计划单列市商务主管部门办理登记。

各省、自治区、直辖市和计划单列市商务主管部门可授权下一级商务主管部门对自由进出口技术合同进行登记管理。

第六条 技术进出口经营者应在合同生效后 60 天内办理合同登记手续，支付方式为提成的合同除外。

第七条 支付方式为提成的合同，技术进出口经营者应在首次提成基准金额形成后 60 天内，履行合同登记手续，并在以后每次提成基准金额形成后，办理合同变更手续。

技术进出口经营者在办理登记和变更手续时，应提供提成基准金额的相关证明文件。

第八条 国家对自由进出口技术合同实行网上在线登记管理。技术进出口经营者应登陆商务部政府网站上的"技术进出口合同信息管理系统"（网址：jsjckqy.fwmys.mofcom.gov.cn）进行合同登记，并持技术进（出）口合同登记申请书、技术进（出）口合同副本（包括中文译本）和签约双方法律地位的证明文件，到商务主管部门履行登记手续。商务主管部门在收到上述文件起 3 个工作日内，对合同登记内容进行核对，并向技术进出口经营者颁发《技术进口合同登记证》或《技术出口合同登记证》。

第九条 对申请文件不符合《中华人民共和国技术进出口管理条例》第十八条、第四十条规定要求或登记记录与合同内容不一致的，商务主管部门应当在收到申请文件的 3 个工作日内通知技术进出口经营者补正、修改，并在收到补正的申请文件起 3 个工作日内，对合同登记的内容进行核对，颁发《技术进口合同登记证》或《技术出口合同登记证》。

第十条　自由进出口技术合同登记的主要内容为：

（一）合同号

（二）合同名称

（三）技术供方

（四）技术受方

（五）技术使用方

（六）合同概况

（七）合同金额

（八）支付方式

（九）合同有效期

第十一条　国家对自由进出口技术合同号实行标准代码管理。技术进出口经营者编制技术进出口合同号应符合下述规则：

（一）合同号总长度为 17 位。

（二）前 9 位为固定号：第 1～2 位表示制合同的年份（年代后 2 位）、第 3～4 位表示进口或出口国别地区（国标 2 位代码）、第 5～6 位表示进出口企业所在地区（国标 2 位代码）、第 7 位表示技术进出口合同标识（进口 Y，出口 E）、第 8～9 位表示进出口技术的行业分类（国标 2 位代码）。后 8 位为企业自定义。例：01USBJE01CNTIC001。

第十二条　已登记的自由进出口技术合同若变更本办法第十条规定合同登记内容的，技术进出口经营者应当办理合同登记变更手续。

办理合同变更手续时，技术进出口经营者应登录"技术进出口合同信息管理系统"，填写合同数据变更记录表，持合同变更协议和合同数据变更记录表，到商务主管部门办理手续。商务主管部门自收到完备的变更申请材料之日起 3 日内办理合同变更手续。

按本办法第七条办理变更手续的，应持变更申请和合同数据变更记录表办理。

第十三条　经登记的自由进出口技术合同在执行过程中因故中止或解除，技术进出口经营者应当持技术进出口合同登记证等材料及时向商务主管部门备案。

第十四条　技术进出口合同登记证遗失，进出口经营者应公开挂失。凭挂失证明、补办申请和相关部门证明到商务主管部门办理补发手续。

第十五条　各级商务主管部门应加强对技术进出口合同登记管理部门和人员的管理，建立健全合同登记岗位责任制，加强业务培训和考核。

第十六条　中外合资、中外合作和外资企业成立时作为资本入股并作为合资章程附件的技术进口合同按外商投资企业有关法律规定办理相关手续。

第十七条　商务部负责对全国技术进出口情况进行统计并定期发布统计数据。各级商务主管部门负责对本行政区域内的技术进出口情况进行统计。

第十八条　本办法自公布之日起 30 日后施行。2002 年 1 月 1 日起施行的《技术进出口合同登记管理办法》（对外贸易经济合作部 2001 年第 17 号令）同时废止。

科技成果转化部分

关于实行以增加知识价值为导向分配政策的若干意见（节选）

国务院公报 2016 年第 33 号

五、加强科技成果产权对科研人员的长期激励

（一）强化科研机构、高校履行科技成果转化长期激励的法人责任。坚持长期产权激励与现金奖励并举，探索对科研人员实施股权、期权和分红激励，加大在专利权、著作权、植物新品种权、集成电路布图设计专有权等知识产权及科技成果转化形成的股权、岗位分红权等方面的激励力度。科研机构、高校应建立健全科技成果转化内部管理与奖励制度，自主决定科技成果转化收益分配和奖励方案，单位负责人和相关责任人按照《中华人民共和国促进科技成果转化法》及《实施〈中华人民共和国促进科技成果转化法〉若干规定》予以免责，构建对科技人员的股权激励等中长期激励机制。以科技成果作价入股作为对科技人员的奖励涉及股权注册登记及变更的，无需报科研机构、高校的主管部门审批。加快出台科研机构、高校以科技成果作价入股方式投资未上市中小企业形成的国有股，在企业上市时豁免向全国社会保障基金转持的政策。

（二）完善科研机构、高校领导人员科技成果转化股权奖励管理制度。科研机构、高校的正职领导和领导班子成员中属中央管理的干部，所属单位中担任法人代表的正职领导，在担任现职前因科技成果转化获得的股权，任职后应及时予以转让，逾期未转让的，任期内限制交易。限制股权交易的，在本人不担任上述职务一年后解除限制。相关部门、单位要加快制定具体落实办法。

（三）完善国有企业对科研人员的中长期激励机制。尊重企业作为市场经济主体在收入分配上的自主权，完善国有企业科研人员收入与科技成果、创新绩效挂钩的奖励制度。国有企业科研人员按照合同约定薪酬，探索对聘用的国际高端科技人才、高端技能人才实行协议工资、项目工资等市场化薪酬制度。符合条件的国有科技型企业，可采取股权出售、股权奖励、股权期权等股权方式，或项目收益分红、岗位分红等分红方式进行激励。

（四）完善股权激励等相关税收政策。对符合条件的股票期权、股权期权、限制性股票、股权奖励以及科技成果投资入股等实施递延纳税优惠政策，鼓励科研人员创新创业，进一步促进科技成果转化。

......

中华人民共和国促进科技成果转化法（节选）

（1996 年 5 月 15 日第八届全国人民代表大会常务委员会第十九次会议通过　根据 2015 年 8 月 29 日第十二届全国人民代表大会常务委员会第十六次会议《关于修改〈中华人民共和国促进科技成果转化法〉的决定》修正）

第十六条　科技成果持有者可以采用下列方式进行科技成果转化：

（一）自行投资实施转化；

（二）向他人转让该科技成果；

（三）许可他人使用该科技成果；

（四）以该科技成果作为合作条件，与他人共同实施转化；

（五）以该科技成果作价投资，折算股份或者出资比例；

（六）其他协商确定的方式。

第十七条　国家鼓励研究开发机构、高等院校采取转让、许可或者作价投资等方式，向企业或者其他组织转移科技成果。

国家设立的研究开发机构、高等院校应当加强对科技成果转化的管理、组织和协调，促进科技成果转化队伍建设，优化科技成果转化流程，通过本单位负责技术转移工作的机构或者委托独立的科技成果转化服务机构开展技术转移。

第十八条　国家设立的研究开发机构、高等院校对其持有的科技成果，可以自主决定转让、许可或者作价投资，但应当通过协议定价、在技术交易市场挂牌交易、拍卖等方式确定价格。通过协议定价的，应当在本单位公示科技成果名称和拟交易价格。

第十九条　国家设立的研究开发机构、高等院校所取得的职务科技成果，完成人和参加人在不变更职务科技成果权属的前提下，可以根据与本单位的协议进行该项科技成果的转化，并享有协议规定的权益。该单位对上述科技成果转化活动应当予以支持。

科技成果完成人或者课题负责人，不得阻碍职务科技成果的转化，不得将职务科技成果及其技术资料和数据占为己有，侵犯单位的合法权益。

第四十五条　科技成果完成单位未规定、也未与科技人员约定奖励和报酬的方式和数额的，按照下列标准对完成、转化职务科技成果做出重要贡献的人员给予奖励和报酬：

（一）将该项职务科技成果转让、许可给他人实施的，从该项科技成果转让净收入或者许可净收入中提取不低于百分之五十的比例；

（二）利用该项职务科技成果作价投资的，从该项科技成果形成的股份或者出资比例中提取不低于百分之五十的比例；

……

实施《中华人民共和国促进科技成果转化法》
若干规定（节选）

国发〔2016〕16 号

一、促进研究开发机构、高等院校技术转移

……

（四）国家鼓励以科技成果作价入股方式投资的中小企业充分利用资本市场做大做强，国务院财政、科技行政主管部门要研究制定国家设立的研究开发机构、高等院校以技术入股形成的国有股在企业上市时豁免向全国社会保障基金转持的有关政策。

……

二、激励科技人员创新创业

（六）国家设立的研究开发机构、高等院校制定转化科技成果收益分配制度时，要按照规定充分听取本单位科技人员的意见，并在本单位公开相关制度。依法对职务科技成果完成人和为成果转化作出重要贡献的其他人员给予奖励时，按照以下规定执行：

1. 以技术转让或者许可方式转化职务科技成果的，应当从技术转让或者许可所取得的净收入中提取不低于50%的比例用于奖励。

2. 以科技成果作价投资实施转化的，应当从作价投资取得的股份或者出资比例中提取不低于50%的比例用于奖励。

3. 在研究开发和科技成果转化中作出主要贡献的人员，获得奖励的份额不低于奖励总额的50%。

4. 对科技人员在科技成果转化工作中开展技术开发、技术咨询、技术服务等活动给予的奖励，可按照促进科技成果转化法和本规定执行。

（八）对于担任领导职务的科技人员获得科技成果转化奖励，按照分类管理的原则执行：

1. 国务院部门、单位和各地方所属研究开发机构、高等院校等事业单位（不含内设机构）正职领导，以及上述事业单位所属具有独立法人资格单位的正职领导，是科技成果的主要完成人或者对科技成果转化作出重要贡献的，可以按照促进科技成果转化法的规定获得现金奖励，原则上不得获取股权激励。其他担任领导职务的科技人员，是科技成果的主要完成人或者对科技成果转化作出重要贡献的，可以按照促进科技成果转化法的规定获得现金、股份或者出资比例等奖励和报酬。

……

（九）国家鼓励企业建立健全科技成果转化的激励分配机制，充分利用股权出售、股权奖励、股票期权、项目收益分红、岗位分红等方式激励科技人员开展科技成果转化。国务院财政、科技等行政主管部门要研究制定国有科技型企业股权和分红激励政策，结合深化国有企业改革，对科技人员实施激励。

国务院办公厅关于抓好赋予科研机构和人员
更大自主权有关文件贯彻落实工作的通知（节选）

国办发〔2018〕127号

各省、自治区、直辖市人民政府，国务院各部委、各直属机构：

党中央、国务院高度重视激发科研人员创新积极性。近年来，党中央、国务院聚焦完善科研管理、提升科研绩效、推进成果转化、优化分配机制等方面，先后制定出台了一系列政策文件，在赋予科研单位和科研人员自主权等方面取得了显著效果，受到广大科技工作者的拥护和欢迎。但在有关政策落实过程中还不同程度存在各类问题，有的部门、地方以及科研单位没有及时修订本部门、本地方和本单位的科研管理相关制度规定，仍然按照老办法来操作；有的经费调剂使用、仪器设备采购等仍然由相关机构管理，没有落实到项目承担单位；科技成果转化、薪酬激励、人员流动还受到相关规定的约束等。这些问题制约了政策效果，影响了科研人员的积极性主动性。为了进一步推动赋予科研单位和科研人员更大自主权有关文件精神落实到位，经国务院同意，现就有关事项通知如下。

一、充分认识赋予科研机构和人员自主权的重要意义

深入推进科技体制改革、赋予科研单位和科研人员更大自主权、切实减轻科研人员负担，对于调动科研人员积极性、充分释放创新创造活力、推进建设创新型国家、实现经济高质量发展具有十分重要的意义。各地区、各部门、各单位要坚持以习近平新时代中国特色社会主义思想为指导，深入贯彻党的十九大精神，增强"四个意识"，坚定"四个自信"，坚决做到"两个维护"，进一步统一思想，充分认识赋予科研单位和科研人员自主权的重要意义，坚决贯彻落实党中央、国务院各项部署要求，尊重规律，尊重科研人员，充分发挥市场在科技资源配置中的决定性作用，更好发挥政府作用，进一步发挥企业的技术创新主体作用，密切协调配合，精心组织实施，抓紧解决政策落实中存在的突出问题，杜绝形式主义、官僚主义等现象，真抓实干，务求实效，切实为科研单位和科研人员营造良好创新环境，进一步解放生产力，为实施创新驱动发展战略和建设创新型国家增添动力。

二、制定政策落实的配套制度和具体实施办法

对党中央、国务院已经出台的赋予科研单位和科研人员自主权的有关政策，各地区、各部门和各单位都要制定具体的实施办法，对现行的科研项目、科研资金、科研人员以及因公临时出国等管理办法进行修订，对与新出台政策精神不符的规定要进行清理和修改。各高校、科研院所、国有企业和智库以及其他承担科研任务的单位要按照上述原则修订和制定相关实施办法和制度。以上工作要在2019年2月底前完成。

三、深入推进下放科技管理权限工作

（一）推动预算调剂和仪器采购管理权落实到位。科技部、财政部和相关科技项目管理部门要按照《中共中央办公厅 国务院办公厅印发〈关于进一步完善中央财政科研项目资金管理等政策的若干意见〉的通知》和《国务院关于优化科研管理提升科研绩效若干措施的通知》等精神，分别修订相关科技计划项目和经费管理办法，将文件规定的有关预算调剂、科研仪器采购等事项交由项目承担单位自主决定，由单位主管部门报项目管理部门备案。

（二）推动科研人员的技术路线决策权落实到位。各地区、各部门在制定相关规定和具体办法时，要明确"赋予科研人员更大技术路线决策权"、"科研项目负责人可以根据项目需要，按规定自主组建科研团队，并结合项目实施进展情况进行相应调整"。

（三）推动项目过程管理权落实到位。各项目管理部门对科研项目要由重过程管理向重项目目标和标志性成果转变，加强对科研项目结果及阶段性成果的考核，实施过程中的管理主要由项目承担单位负责。要精简信息和材料报送，有关单位不得随意要求项目承担单位填报各种信息或报送有关材料。

（四）科研单位要健全完善内部管理制度。项目管理专业机构不再承担已明确下放给科研单位管理的有关事项，请科技部、工业和信息化部、农业农村部、卫生健康委等部门在2019年2月底前完成。各地区、各有关部门根据有关规定，负责指导所属科研单位制定详细可操作的管理制度和办法，确保在落实科研人员自主权的基础上，突出成果导向，提高科研资金使用绩效，完成科研目标任务。项目管理部门要通过随机抽查等方式加强事中事后监管，防止发生违规行为。

四、进一步做好已出台法规文件中相关规定的衔接

（一）明确科研人员兼职的操作办法。各单位要认真执行《国务院关于印发实施〈中华人民共和国促进科技成果转化法》若干规定的通知》和《中共中央办公厅国务院办公厅印发〈关于实行以增加知识价值为导向分配政策的若干意见〉的通知》，与企业通过股权合作、共同研发、互派人员、成果应用等多种方式建立紧密的合作关系，支持科研人员深入企业进行成果转化，落实"科研人员在履行好岗位职责、完成本职工作的前提下，经所在单位同意，可以到企业和其他科研机构、高校、社会组织等兼职并取得合法报酬"的规定。各地区、各有关部门和单位要进一步明确科研人员兼职兼薪问题的具体管理办法，明确审批程序，约定相关权利与义务。对担任领导职务的科研人员兼职，按中央有关规定执行。

（二）明确科研人员获得科技成果转化收益的具体办法。各高校、科研院所要按照《中华人民共和国促进科技成果转化法》的规定，制定本单位转化科技成果的专门管理办法，完善评价激励机制，对科技成果的主要完成人和其他对科技成果转化作出重要贡献的人员，区分不同情况给予现金、股份或者出资比例等奖励和报酬。请人力资源社会保障部会同有关部门按照《国务院关于优化科研管理提升科研绩效若干措施的通知》精神，落实"科研人员获得的职务科技成果转化现金奖励计入当年本单位绩效工资总量，但不受总量限制，不纳入总量基数"的要求，制定出台具体操作办法，推动各单位落实到位。

（三）明确科技成果作为国有资产的管理程序。请财政部落实《中华人民共和国促进科技成果转化法》，按照对科技成果价值"通过协议定价、在技术市场挂牌交易、拍卖等方式确定价格"的规定，提出对《国有资产评估管理办法》的修订建议，简化科技成果的国有资产评估程序，缩短评估周期，改进对评估结果的使用方式，研究建立资产评估报告公示制度，同时探索利用市场化机制确定科技成果价值的多种方式。要进一步优化国有资产产权登记和变更程序，提高科技成果转化效率。

（四）明确有关项目经费的细化管理制度。各地区、各部门、各单位要进一步推进产学研结合，并制定专门管理办法，对以市场委托方式取得的横向经费，由项目承担单位按照委托方要求或合同约定管理使用。请财政部在相关项目经费使用管理规定中明确，中央高校、科研院所要根据科研工作的特点，对科研需要的出差和会议按标准报销相关费用并简化相关手续。探索建立项目立项环节技术专家和财务专家共同审核机制，在科研项目评审的同时进行预算评审。

教育部　科技部关于加强高等学校科技成果转移转化工作的若干意见（节选）

教技〔2016〕3号

一、全面认识高校科技成果转移转化工作。科技成果转化是高校科技活动的重要内容，高校要引导科研工作和经济社会发展需求更加紧密结合，为支撑经济发展转型升级提供源源不断的有效成果。高校要改革完善科技评价考核机制，促进科技成果转化。高校科技成果转移转化工作，既要注重以技术交易、作价入股等形式向企业转移转化科技成果；又要加大产学研结合的力度，支持科技人员面向企业开展技术开发、技术服务、技术咨询和技术培训；还要创新科研组织方式，组织科技人员面向国家需求和经济社会发展积极承担各类科研计划项目，积极参与国家、区域创新体系建设，为经济社会发展提供技术支撑和政策建议；高校作为人才培养的主阵地，更要引导、激励科研人员教书育人，注重知识扩散和转移，及时将科研成果转化为教育教学、学科专业发展资源，提高人才培养质量。

二、简政放权鼓励科技成果转移转化。高校对其持有的科技成果，可以自主决定转让、许可或者作价投资，除涉及国家秘密、国家安全外，不需要审批或备案。高校有权依法以持有的科技成果作价入股确认股权和出资比例，通过发起人协议、投资协议或者公司章程等形式对科技成果的权属、作价、折股数量或出资比例等事项明确约定、明晰产权，并指定所属专业部门统一管理技术成果作价入股所形成的企业股份或出资比例。高校职务科技成果完成人和参加人在不变更职务科技成果权属的前提下，可以按照学校规定与学校签订协议，进行该项科技成果的转化，并享有相应权益。高校科技成果转移转化收益全部留归学校，纳入单位预算，不上缴国库；在对完成、转化科技成果做出重要贡献的人员给予奖励和报酬后，主要用于科学技术研究与成果转化等相关工作。

三、建立健全科技成果转移转化工作机制。高校要加强对科技成果转移转化的管理、组织和协调，成立科技成果转移转化工作领导小组，建立科技成果转移转化重大事项领导班子集体决策制度；统筹成果管理、技术转移、资产经营管理、法律等事务，建立成果转移转化管理平台；明确科技成果转移转化管理机构和职能，落实科技成果报告、知识产权保护、资产经营管理等工作的责任主体，优化并公示科技成果转移转化工作流程。

高校应根据国家规定和学校实际建立科技成果使用、处置的程序与规则。在向企业或者其他组织转移转化科技成果时，可以通过在技术交易市场挂牌、拍卖等方式确定价格，也可以通过协议定价。协议定价的，应当通过网站、办公系统、公示栏等方式在校内公示科技成果名称、简介等基本要素和拟交易价格、价格形成过程等，公示时间不少于15日。高校对科技成果的使用、处置在校内实行公示制度，同时明确并公开异议处理程序和办法。涉及国家秘密和国家安全的，按国家相关规定执行。

科技成果转化过程中，通过技术交易市场挂牌、拍卖等方式确定价格的，或者通过协议定价并按规定在校内公示的，高校领导在履行勤勉尽职义务、没有牟取非法利益的前提下，免除其在科技成果定价中因科技成果转化后续价值变化产生的决策责任。

……

五、健全以增加知识价值为导向的收益分配政策。高校要根据国家规定和学校实际，制定科技成果转移转化奖励和收益分配办法，并在校内公开。在制定科技成果转移转化奖励和收益分配办法时，要充分听取学校科技人员的意见，兼顾学校、院系、成果完成人和专业技术转移转化机构等参与科技成果转化的各方利益。

高校依法对职务科技成果完成人和为成果转化作出重要贡献的其他人员给予奖励时，按照以下规定执行：以技术转让或者许可方式转化职务科技成果的，应当从技术转让或者许可所取得的净收入中提取不低于50%的比例用于奖励；以科技成果作价投资实施转化的，应当从作价投资取得的股份或者出资比例中提取不低于50%的比例用于奖励；在研究开发和科技成果转化中作出主要贡献的人员，获得奖励的份额不低于总额的50%。成果转移转化收益扣除对上述人员的奖励和报酬后，应当主要用于科学技术研发与成果转移转化等相关工作，并支持技术转移机构的运行和发展。

担任高校正职领导以及高校所属具有独立法人资格单位的正职领导，是科技成果的主要完成人或者为成果转移转化作出重要贡献的，可以按照学校制定的成果转移转化奖励和收益分配办法给予现金奖励，原则上不得给予股权激励；其他担任领导职务的科技人员，是科技成果的主要完成人或者为成果转移转化作出重要贡献的，可以按照学校制定的成果转化奖励和收益分配办法给予现金、股份或出资比例等奖励和报酬。对担任领导职务的科技人员的科技成果转化收益分配实行公示和报告制度，明确公示其在成果完成或成果转化过程中的贡献情况及拟分配的奖励、占比情况等。

高校科技人员面向企业开展技术开发、技术咨询、技术服务、技术培训等横向合作活动，是高校科技成果转化的重要形式，其管理应依据合同法和科技成果转化法；高校应与合作单位依法签订合同或协议，约定任务分工、资金投入和使用、知识产权归属、权益分配等事项，经费支出按照合同或协议约定执行，净收入可按照学校制定的科技成果转移转化奖励和收益分配办法对完成项目的科技人员给予奖励和报酬。对科技人员承担横向科研项目与承担政府科技计划项目，在业绩考核中同等对待。

科技成果转移转化的奖励和报酬的支出，计入单位当年工资总额，不受单位当年工资总额限制，不纳入单位工资总额基数。

关于扩大高校和科研院所科研相关自主权的若干意见（节选）

国科发政〔2019〕260号

（十六）强化绩效工资对科技创新的激励作用。对全时承担国家关键领域核心技术攻关任务的团队负责人以及单位引进的急需紧缺高层次人才等可实行年薪制、协议工资、项目工资等灵活分配方式，其薪酬在所在单位绩效工资总量中单列，相应增加单位当年绩效工资总量。加大高校和科研院所人员科技成果转化股权期权激励力度，科研人员获得的职务科技成果转化现金奖励、兼职或离岗创业收入不受绩效工资总量限制，不纳入总量基数。

赋予科研人员职务科技成果所有权
或长期使用权试点实施方案

国科发区〔2020〕128号

为深化科技成果使用权、处置权和收益权改革，进一步激发科研人员创新热情，促进科技成果转化，根据《中华人民共和国科学技术进步法》《中华人民共和国促进科技成果转化法》《中华人民共和国专利法》相关规定，现就开展赋予科研人员职务科技成果所有权或长期使用权试点工作制定本实施方案。

一、总体要求

（一）指导思想

以习近平新时代中国特色社会主义思想为指导，全面贯彻党的十九大和十九届二中、三中、四中全会精神，认真贯彻党中央、国务院决策部署，加快实施创新驱动发展战略，树立科技成果只有转化才能真正实现创新价值、不转化是最大损失的理念，创新促进科技成果转化的机制和模式，着力破除制约科技成果转化的障碍和藩篱，通过赋予科研人员职务科技成果所有权或长期使用权实施产权激励，完善科技成果转化激励政策，激发科研人员创新创业的积极性，促进科技与经济深度融合，推动经济高质量发展，加快建设创新型国家。

（二）基本原则

系统设计、统筹布局。聚焦科技成果所有权和长期使用权改革，从规范赋予科研人员职务科技成果所有权和长期使用权流程、充分赋予单位管理科技成果自主权、建立尽职免责机制、做好科技成果转化管理和服务等方面做好顶层设计，统筹推进试点工作。

问题导向、补齐短板。遵循市场经济和科技创新规律，着力破解科技成果有效转化的政策制度瓶颈，找准改革突破口，集中资源和力量，畅通科技成果转化通道。

先行先试、重点突破。以调动科研人员创新积极性、促进科技成果转化为出发点和落脚点，强化政策引导，鼓励先行开展探索，破除体制机制障碍，形成新路径和新模式，加快构建有利于科技创新和科技成果转化的长效机制。

（三）主要目标

分领域选择40家高等院校和科研机构开展试点，探索建立赋予科研人员职务科技成果所有权或长期使用权的机制和模式，形成可复制、可推广的经验和做法，推动完善相关法律法规和政策措施，进一步激发科研人员创新积极性，促进科技成果转移转化。

二、试点主要任务

（一）赋予科研人员职务科技成果所有权

国家设立的高等院校、科研机构科研人员完成的职务科技成果所有权属于单位。试点单位可以结合本单位实际，将本单位利用财政性资金形成或接受企业、其他社会组织委托形成的归单位所有的职务科技成果所有权赋予成果完成人（团队），试点单位与成果完成人（团队）成为共同所有权人。赋权的成果应具备权属清晰、应用前景明朗、承接对象明确、科研人员转化意愿强烈等条件。成果类型包括专利权、计算机软件著作权、集成电路布图设计专有权、植物新品种权，以及生物医药新品种和技术秘密等。对可能影响国家安全、国防安全、公共安全、经济安全、社会稳定等事关国家利益和重大社会公共利益的成果暂不纳入赋权范围，加快推动建立赋权成果的负面清单制度。

试点单位应建立健全职务科技成果赋权的管理制度、工作流程和决策机制，按照科研人员意愿采取转化前赋予职务科技成果所有权（先赋权后转化）或转化后奖励现金、股权（先转化后奖励）的不同激励方式，对同一科技成果转化不进行重复激励。先赋权后转化的，科技成果完成人（团队）应在团队内部协商一致，书面约定内部收益分配比例等事项，指定代表向单位提出赋权申请，试点单位进行审批并在单位内公示，公示期不少于15日。试点单位与科技成果完成人（团队）应签署书面协议，合理约定转化科技成果收益分配比例、转化决策机制、转化费用分担以及知识产权维持费用等，明确转化科技成果各方的权利和义务，并及时办理相应的权属变更等手续。

（二）赋予科研人员职务科技成果长期使用权

试点单位可赋予科研人员不低于10年的职务科技成果长期使用权。科技成果完成人（团队）应向单位申请并提交成果转化实施方案，由其单独或与其他单位共同实施该项科技成果转化。试点单位进行审批并在单位内公示，公示期不少于15日。试点单位与科技成果完成人（团队）应签署书面协议，合理约定成果的收益分配等事项，在科研人员履行协议、科技成果转化取得积极进展、收益情况良好的情况下，试点单位可进一步延长科研人员长期使用权期限。试点结束后，试点期内签署生效的长期使用权协议应当按照协议约定继续履行。

（三）落实以增加知识价值为导向的分配政策

试点单位应建立健全职务科技成果转化收益分配机制，使科研人员收入与对成果转化的实际贡献相匹配。试点单位实施科技成果转化，包括开展技术开发、技术咨询、技术服务等活动，按规定给个人的现金奖励，应及时足额发放给对科技成果转化作出重要贡献的人员，计入当年本单位绩效工资总量，不受单位总量限制，不纳入总量基数。

（四）优化科技成果转化国有资产管理方式

充分赋予试点单位管理科技成果自主权，探索形成符合科技成果转化规律的国有资产管理模式。高等院校、科研机构对其持有的科技成果，可以自主决定转让、许可或者作价投资，不需报主管部门、财政部门审批。试点单位将科技成果转让、许可或者作价投资给国有全资企业的，可以不进行资产评估。试点单位将其持有的科技成果转让、许可或作价投资给非国有全资企业的，由单位自主决定是否进行资产评估。

（五）强化科技成果转化全过程管理和服务

试点单位要加强对科技成果转化的全过程管理和服务，坚持放管结合，通过年度报告制度、技术合同认定、科技成果登记等方式，及时掌握赋权科技成果转化情况。试点单位可以通过协议定价、在技术交易市场挂牌交易、拍卖等方式确定交易价格，探索和完善科技成果转移转化的资产评估机制。获得科技成果所有权或长期使用权的科技成果完成人（团队）应勤勉尽职，积极采取多种方式加快推动科技成果转化。对于赋权科技成果作价入股的，应完善相应的法人治理结构，维护各方权益。鼓励试点单位和科研人员通过科研发展基金等方式，将成果转化收益继续用于中试熟化和新项目研发等科技创新活动。建立健全相关信息公开机制，加强全社会监督。

（六）加强赋权科技成果转化的科技安全和科技伦理管理

鼓励赋权科技成果首先在中国境内转化和实施。国家出于重大利益和安全需要，可以依法组织对赋权职务科技成果进行推广应用。科研人员将赋权科技成果向境外转移转化的，应遵守国家技术出口等相关法律法规。涉及国家秘密的职务科技成果的赋权和转化，试点单位和成果完成人（团队）要严格执行科学技术保密制度，加强保密管理；试点单位和成果完成人（团队）与企业、个人合作开展涉密成果转移转化的，要依法依规进行审批，并签订保密协议。加强对赋权科技成果转化的科技伦理管理，严格遵守科技伦理相关规定，确保科技成果的转化应用安全可控。

（七）建立尽职免责机制

试点单位领导人员履行勤勉尽职义务，严格执行决策、公示等管理制度，在没有牟取非法利益的前提下，可以免除追究其在科技成果定价、自主决定资产评估以及成果赋权中的相关决策失误责任。各地方、各主管部门要建立相应容错和纠错机制，探索通过负面清单等方式，制定勤勉尽责的规范和细则，激发试点单位的转化积极性和科研人员干事创业的主动性、创造性。完善纪检监察、审计、财政等部门监督检查机制，以是否符合中央精神和改革方向、是否有利于科技成果转化作为对科技成果转化活动的定性判断标准，实行审慎包容监管。

（八）充分发挥专业化技术转移机构的作用

试点单位应在不增加编制的前提下完善专业化技术转移机制建设，发挥社会化技术转移机构作用，开展信息发布、成果评价、成果对接、经纪服务、知识产权管理与运用等工作，创新技术转移管理和运营机制，加强技术经理人队伍建设，提升专业化服务能力。

三、试点对象和期限

（一）试点单位范围

试点单位为国家设立的高等院校和科研机构。优先在开展基于绩效、诚信和能力的科研管理改革试点的中央部门所属高等院校和中科院所属科研院所，医疗卫生、农业等行业所属中央级科研机构，以及全面创新改革试验区和国家自主创新示范区内的地方高等院校和科研机构中，选择一批改革动力足、创新能力强、转化成效显著以及示范作用突出的单位开展试点。

（二）试点期限

试点期3年。

四、组织实施

（一）加强组织领导

在国家科技体制改革和创新体系建设领导小组指导下，科技部会同发展改革委、教育部、工业和信息化部、财政部、商务部、人力资源社会保障部、知识产权局、中科院等部门建立高效、精简的试点工作协调机制，及时研究重大政策问题，编制赋权协议范本，加强风险防控，指导推进试点工作，确保试点宏观可控。相关地方要建立协调机制，推动试点任务落实，做好成效总结评估和经验推广工作。试点单位应按照实施方案的原则和要求，编制试点工作方案。

（二）加强评估监测

科技部会同相关部门完善试点工作报告制度，试点单位应及时将试点工作方案、年度试点执行情况和赋权成果名单报告主管部门和科技部。对试点中的一些重大事项，可组织科技、产业、法律、财务、知识产权等方面的专家，开展决策咨询服务。发挥第三方评估机构的作用，对试点进展情况开展监测和评估。对于试点前有关地方和单位已经开展的科技成果赋权和转化成功经验、做法和模式，及时纳入试点方案。对试点中发现的问题和偏差，及时予以解决和纠正。

（三）加强推广应用

充分发挥试点示范作用，开展经验交流，编发典型案例，加强宣传引导。对形成的一些好的经验做法，通过扩大试点范围等方式进行复制推广，总结试点中形成的改革新举措，及时健全完善相关政策措施。为解决试点中可能出现的突出问题和矛盾，需要对现行法律法规进行调整的，依法律程序解决。

各有关部门和地方要按照本方案精神，强化全局和责任意识，统一思想，主动改革，勇于创新，积极作为，确保试点工作取得实效。国防领域赋予科研人员职务科技成果所有权或长期使用权的试点由国防科技工业主管部门和军队有关部门参照本方案精神制定实施方案，另行开展。

事业单位国有资产管理暂行办法（节选）

（2006年5月30日财政部令第36号公布　根据2017年12月4日财政部令第90号《财政部关于修改〈注册会计师注册办法〉等6部规章的决定》第一次修改　根据2019年3月29

日财政部令第100号《财政部关于修改〈事业单位国有资产管理暂行办法〉的决定》第二次修改）

第十九条 事业单位国有资产的使用包括单位自用和对外投资、出租、出借、担保等方式。

第二十条 事业单位应当建立健全资产购置、验收、保管、使用等内部管理制度。

事业单位应当对实物资产进行定期清查，做到账账、账卡、账实相符，加强对本单位专利权、商标权、著作权、土地使用权、非专利技术、商誉等无形资产的管理，防止无形资产流失。

第二十一条 事业单位利用国有资产对外投资、出租、出借和担保等应当进行必要的可行性论证，并提出申请，经主管部门审核同意后，报同级财政部门审批。法律、行政法规和本办法第五十六条另有规定的，依照其规定。

事业单位应当对本单位用于对外投资、出租和出借的资产实行专项管理，并在单位财务会计报告中对相关信息进行充分披露。

第二十二条 财政部门和主管部门应当加强对事业单位利用国有资产对外投资、出租、出借和担保等行为的风险控制。

第四章 资产处置

第二十四条 事业单位国有资产处置，是指事业单位对其占有、使用的国有资产进行产权转让或者注销产权的行为。处置方式包括出售、出让、转让、对外捐赠、报废、报损以及货币性资产损失核销等。

第二十五条 除本办法第五十六条另有规定外，事业单位处置国有资产，应当严格履行审批手续，未经批准不得自行处置。

第三十八条 事业单位有下列情形之一的，应当对相关国有资产进行评估：

（一）整体或者部分改制为企业；

（二）以非货币性资产对外投资；

（三）合并、分立、清算；

（四）资产拍卖、转让、置换；

（五）整体或者部分资产租赁给非国有单位；

（六）确定涉讼资产价值；

（七）法律、行政法规规定的其他需要进行评估的事项。

第三十九条 事业单位有下列情形之一的，可以不进行资产评估：

（一）经批准事业单位整体或者部分资产无偿划转；

（二）行政、事业单位下属的事业单位之间的合并、资产划转、置换和转让；

（三）国家设立的研究开发机构、高等院校将其持有的科技成果转让、许可或者作价投资给国有全资企业的；

（四）发生其他不影响国有资产权益的特殊产权变动行为，报经同级财政部门确认可以不进行资产评估的。

第四十条 国家设立的研究开发机构、高等院校将其持有的科技成果转让、许可或者作价投资给非国有全资企业的，由单位自主决定是否进行资产评估。

关于进一步加大授权力度　促进科技成果转化的通知

财资〔2019〕57 号

党中央有关部门，国务院各部委、各直属机构，全国人大常委会办公厅，全国政协办公厅，最高人民法院，最高人民检察院，各民主党派中央，有关人民团体，有关中央管理企业，各省、自治区、直辖市、计划单列市财政厅（局），新疆生产建设兵团财政局：

为贯彻"放管服"改革要求，进一步加大国家设立的中央级研究开发机构、高等院校科技成果转化有关国有资产管理授权力度，落实创新驱动发展战略，促进科技成果转移转化，支持科技创新，现就有关事项通知如下：

一、加大授权力度，简化管理程序

（一）中央级研究开发机构、高等院校对持有的科技成果，可以自主决定转让、许可或者作价投资，除涉及国家秘密、国家安全及关键核心技术外，不需报主管部门和财政部审批或者备案。涉及国家秘密、国家安全及关键核心技术的科技成果转让、许可或者作价投资，授权中央级研究开发机构、高等院校的主管部门按照国家有关保密制度的规定进行审批，并于批复之日起 15 个工作日内将批复文件报财政部备案。

（二）授权中央级研究开发机构、高等院校的主管部门办理科技成果作价投资形成国有股权的转让、无偿划转或者对外投资等管理事项，不需报财政部审批或者备案。纳入国有资本投资运营公司集中统一监管的，公司要按照科技成果转化授权要求，简化科技成果作价投资形成的国有股权管理决策程序，积极支持科技成果转化和科技创新。

（三）授权中央级研究开发机构、高等院校的主管部门办理科技成果作价投资成立企业的国有资产产权登记事项，不需报财政部办理登记。

二、优化评估管理，明确收益归属

（四）中央级研究开发机构、高等院校将科技成果转让、许可或者作价投资，由单位自主决定是否进行资产评估；通过协议定价的，应当在本单位公示科技成果名称和拟交易价格。

（五）中央级研究开发机构、高等院校转化科技成果所获得的收入全部留归本单位，纳入单位预算，不上缴国库，主要用于对完成和转化职务科技成果做出重要贡献人员的奖励和报酬、科学技术研发与成果转化等相关工作。

三、落实主体责任，加强监督管理

（六）中央级研究开发机构、高等院校要遵循科技成果转移转化规律，完善科技成果转化机制，加强科技成果管理，规范科技成果转化程序，建立健全科技成果转化重大事项领导班子集体决策制度，提高科技成果转化成效。对在科技成果转化工作过程中，通过串通作弊、暗箱操作等低价处置国有资产的，要依据国家有关规定进行处理。

（七）中央级研究开发机构、高等院校的主管部门要承担科技成果转化有关国有资产管理的主体责任，加强对科技成果作价投资形成国有股权的管理，健全完善管理制度，建立内控和风险防控机制，加强监管约束。同时，要加强对中央级研究开发机构、高等院校自主转化科技成果的监督，落实监管职责。

（八）财政部门加强对科技成果转化有关国有资产管理的监督，督促改进发现的问题，做到放管结合，实现有效监管。

四、鼓励地方探索，支持改革创新

（九）地方财政部门要将支持科技成果转移转化、推动科技创新作为重要职责，根据本通知精神，结合本地区经济发展、产业转型、科技创新等实际需要，制定具体规定，进一步完善科技成果国有资产管理制度。

（十）鼓励地方开拓创新，探索符合科技成果国有资产特点的管理模式，充分发挥国有资产在科技成果转移转化中的支撑作用，支持地方促进科技成果转移转化。

本通知自印发之日起施行。

财政部

2019 年 9 月 23 日

教育部　国家知识产权局　科技部关于提升
高等学校专利质量　促进转化运用的若干意见

教科技〔2020〕1 号

各省、自治区、直辖市教育厅（教委）、知识产权局（知识产权管理部门）、科技厅（委、局），新疆生产建设兵团教育局、知识产权局、科技局，有关部门（单位）教育司（局）、知识产权工作管理机构、科技司，部属各高等学校、部省合建各高等学校：

《国家知识产权战略纲要》颁布实施以来，高校知识产权创造、运用和管理水平不断提高，专利申请量、授权量大幅提升。但是与国外高水平大学相比，我国高校专利还存在"重数量轻质量""重申请轻实施"等问题。为全面提升高校专利质量，强化高价值专利的创造、运用和管理，更好地发挥高校服务经济社会发展的重要作用，现提出如下意见。

一、总体要求

（一）指导思想

以习近平新时代中国特色社会主义思想为指导，全面贯彻党的十九大和十九届二中、三中、四中全会精神，落实全国教育大会部署，坚持新发展理念，紧扣高质量发展这一主线，深入实施创新驱动发展战略和知识产权强国战略，全面提升高校专利创造质量、运用效益、管理水平和服务能力，推动科技创新和学科建设取得新进展，支撑教育强国、科技强国和知识产权强国建设。

（二）基本原则

坚持质量优先。牢牢把握知识产权高质量发展的要求，坚持质量优先，找准突破口，增强针对性，始终把高质量贯穿高校知识产权创造、管理和运用的全过程。

突出转化导向。树立高校专利等科技成果只有转化才能实现创新价值、不转化是最大损失的理念，突出转化应用导向，倒逼高校知识产权管理工作的优化提升。

强化政策引导。发挥资助奖励、考核评价等政策在推进改革、指导工作中的重要作用，建立并不断完善有利于提升专利质量、强化转化运用的各类政策和措施。

（三）主要目标

到 2022 年，涵盖专利导航与布局、专利申请与维护、专利转化运用等内容的高校知识产权全流程管理体系更加完善，并与高校科技创新体系、科技成果转移转化体系有机融合。到2025 年，高校专利质量明显提升，专利运营能力显著增强，部分高校专利授权率和实施率达到世界一流高校水平。

二、重点任务

（一）完善知识产权管理体系

1. 健全知识产权统筹协调机制。高校要成立知识产权管理与运营领导小组或科技成果转移转化领导小组，统筹科研、知识产权、国资、人事、成果转移转化和图书馆等有关机构，积极贯彻《高校知识产权管理规范》（GB/T 33251—2016），形成科技创新和知识产权管理、科技成果转移转化相融合的统筹协调机制。已成立科技成果转移转化领导小组的高校，要将知识产权管理纳入领导小组职责范围。

2. 建立健全重大项目知识产权管理流程。高校应将知识产权管理体现在项目的选题、立项、实施、结题、成果转移转化等各个环节。围绕科技创新 2030 重大项目、重点研发计划等国家重大科研项目，探索建立健全专利导航工作机制。在项目立项前，进行专利信息、文献情报分析，开展知识产权风险评估，确定研究技术路线，提高研发起点；项目实施过程中，跟踪项目研究领域工作动态，适时调整研究方向和技术路线，及时评估研究成果并形成知识产权；项目验收前，要以转化应用为导向，做好专利布局、技术秘密保护等工作，形成项目成果知识产权清单；项目结题后，加强专利运用实施，促进成果转移转化。鼓励高校围绕优势特色学科，强化战略性新兴产业和国家重大经济领域有关产业的知识产权布局，加强国际专利的申请。

3. 逐步建立职务科技成果披露制度。高校应从源头上加强对科技创新成果的管理与服务，逐步建立完善职务科技成果披露制度。科研人员应主动、及时向所在高校进行职务科技成果披露。高校要提高科研人员从事创新创业的法律风险意识，引导科研人员依法开展科技成果转移转化活动，切实保障高校合法权益。未经单位允许，任何人不得利用职务科技成果从事创办企业等行为。涉密职务科技成果的披露要严格遵守保密有关规定。

（二）开展专利申请前评估

4. 建立专利申请前评估制度。有条件的高校要加快建立专利申请前评估制度，明确评估机构与流程、费用分担与奖励等事项，对拟申请专利的技术进行评估，以决定是否申请专利，切实提升专利申请质量。评估工作可由本校知识产权管理部门（技术转移部门）或委托市场化机构开展。对于评估机构经评估认为不适宜申请专利的职务科技成果，因放弃申请专利而给高校带来损失的，相关责任人已履行勤勉尽责义务、未牟取非法利益的，可依法依规免除其放弃申请专利的决策责任。对于接受企业、其他社会组织委托项目形成的职务科技成果，允许合同相关方自主约定是否申请专利。

5. 明确产权归属与费用分担。允许高校开展职务发明所有权改革探索，并按照权利义务对等的原则，充分发挥产权奖励、费用分担等方式的作用，促进专利质量提升。发明人不得利用财政资金支付专利费用。

专利申请评估后，对于高校决定申请专利的职务科技成果，鼓励发明人承担专利费用。高校与发明人进行所有权分割的，发明人应按照产权比例承担专利费用。不进行所有权分割的，要明确专利费用分担和收益分配；高校承担全部专利费用的，专利转化取得的收益，扣除专利费用等成本后，按照既定比例进行分配；发明人承担部分或全部专利费用的，专利转化取得的收益，先扣除专利费用等成本，其中发明人承担的专利费用要加倍扣除并返还给发明人，然后再按照既定比例进行分配。

专利申请评估后，对于高校决定不申请专利的职务科技成果，高校要与发明人订立书面合同，依照法定程序转让专利申请权或者专利权，允许发明人自行申请专利，获得授权后专利权归发明人所有，专利费用由发明人承担，专利转化取得的收益，扣除专利申请、运维费用等成本后，发明人根据约定比例向高校交纳收益。

（三）加强专业化机构和人才队伍建设

6. 加强技术转移与知识产权运营机构建设。支持有条件的高校建立健全集技术转移与知识产权管理运营为一体的专门机构，在人员、场地、经费等方面予以保障，通过"国家知识产权试点示范高校""高校科技成果转化和技术转移基地""高校国家知识产权信息服务中心"等平台和试点示范建设，促进技术转移与知识产权管理运营体系建设，不断提升高校科技成果转移转化能力。鼓励各高校探索市场化运营机制，充分调动专业机构和人才的积极性。

支持市场化知识产权运营机构建设，为高校提供知识产权、法律咨询、成果评价、项目融资等专业服务。鼓励高校与第三方知识产权运营服务平台或机构合作，并从科技成果转移转化收益中给予第三方专业机构中介服务费。鼓励高校与地方结合，围绕各地产业规划布局和高校学科优势，设立行业性的知识产权运营中心。

7. 加快专业化人才队伍建设。支持高校设立技术转移及知识产权运营相关课程，加强知识产权相关专业、学科建设，引育结合打造知识产权管理与技术转移的专业人才队伍，推动专业化人才队伍建设。鼓励高校组建科技成果转移转化工作专家委员会，引入技术经理人全程参与高校发明披露、价值评估、专利申请与维护、技术推广、对接谈判等科技成果转移转化的全过程，促进专利转化运用。

8. 设立知识产权管理与运营基金。支持高校通过学校拨款、地方奖励、科技成果转移转化收益等途径筹资设立知识产权管理与运营基金，用于委托第三方专业机构开展专利导航、专利布局、专利运营等知识产权管理运营工作以及技术转移专业机构建设、人才队伍建设等，形成转化收益促进转化的良好循环。

（四）优化政策制度体系

9. 完善人才评聘体系。高校要以质量和转化绩效为导向，更加重视专利质量和转化运用等指标，在职称晋升、绩效考核、岗位聘任、项目结题、人才评价和奖学金评定等政策中，坚决杜绝简单以专利申请量、授权量为考核内容，加大专利转化运用绩效的权重。支持高校根据岗位设置管理有关规定自主设置技术转移转化系列技术类和管理类岗位，激励科研人员和管理人员从事科技成果转移转化工作。

10. 优化专利资助奖励政策。高校要以优化专利质量和促进科技成果转移转化为导向，停止对专利申请的资助奖励，大幅减少并逐步取消对专利授权的奖励，可通过提高转化收益比例等"后补助"方式对发明人或团队予以奖励。

三、组织实施

（一）完善工作机制

教育部、国家知识产权局、科技部建立定期沟通机制，及时研究高校专利申请、授权、转化有关情况。各高校要深刻认识进一步做好专利质量提升工作的重要性，坚持质量第一，积极推动把专利质量提升工作纳入重要议事日程，进一步提高知识产权工作水平，促进知识产权的创造和运用。其他类型知识产权管理工作可参照本意见执行。

（二）加强政策引导

将专利转化等科技成果转移转化绩效作为一流大学和一流学科建设动态监测和成效评价以及学科评估的重要指标，不单纯考核专利数量，更加突出转化应用。遴选若干高校开展专业化知识产权运营或技术转移人才队伍培养，不断提升高校知识产权运营和技术转移能力。国家知识产权局加强对专利申请的审查力度，严把专利质量关。反对发布并坚决抵制高校专利申请量和授权量排行榜。

（三）实行备案监测

每年3月底前高校通过国家知识产权局系统对以许可、转让、作价入股或与企业共有所有权等形式进行转化实施的专利进行备案。教育部、国家知识产权局根据备案情况，每年公布高校专利转化实施情况，对专利交易情况进行监测。按照《关于规范专利申请行为的若干规定》（国家知识产权局令2017年第75号），每季度监测高校非正常专利申请情况。对非正常专利申请每季度超过5件或本年度非正常专利申请占专利申请总量的比例超过5%的高校，国家知识产权局取消其下一年度申报中国专利奖的资格。

（四）创新许可模式

鼓励高校以普通许可方式进行专利实施转化，提升转化效率。支持高校创新许可模式，被授予专利权满三年无正当理由未实施的专利，可确定相关许可条件，通过国家知识产权运营相关平台发布，在一定时期内向社会开放许可。

教育部　国家知识产权局　科技部

2020年2月3日

涉税部分

中华人民共和国增值税暂行条例（节选）

（1993年12月13日中华人民共和国国务院令第134号公布　2008年11月5日国务院第34次常务会议修订通过　根据2016年2月6日《国务院关于修改部分行政法规的决定》第一次修订　根据2017年11月19日《国务院关于废止〈中华人民共和国营业税暂行条例〉和修改〈中华人民共和国增值税暂行条例〉的决定》第二次修订）

第二条　增值税税率：

……

（三）纳税人销售服务、无形资产，除本条第一项、第二项、第五项另有规定外，税率为6%。

……

第四条 除本条例第十一条规定外，纳税人销售货物、劳务、服务、无形资产、不动产（以下统称应税销售行为），应纳税额为当期销项税额抵扣当期进项税额后的余额。应纳税额计算公式：

$$应纳税额 = 当期销项税额 - 当期进项税额$$

当期销项税额小于当期进项税额不足抵扣时，其不足部分可以结转下期继续抵扣。

第八条 纳税人购进货物、劳务、服务、无形资产、不动产支付或者负担的增值税额，为进项税额。

下列进项税额准予从销项税额中抵扣：

（一）从销售方取得的增值税专用发票上注明的增值税额。

（二）从海关取得的海关进口增值税专用缴款书上注明的增值税额。

（三）购进农产品，除取得增值税专用发票或者海关进口增值税专用缴款书外，按照农产品收购发票或者销售发票上注明的农产品买价和11%的扣除率计算的进项税额，国务院另有规定的除外。进项税额计算公式：

$$进项税额 = 买价 \times 扣除率$$

（四）自境外单位或者个人购进劳务、服务、无形资产或者境内的不动产，从税务机关或者扣缴义务人取得的代扣代缴税款的完税凭证上注明的增值税额。

准予抵扣的项目和扣除率的调整，由国务院决定。

第9条 纳税人购进货物、劳务、服务、无形资产、不动产，取得的增值税扣税凭证不符合法律、行政法规或者国务院税务主管部门有关规定的，其进项税额不得从销项税额中抵扣。

中华人民共和国个人所得税法实施条例（略）

（1994年1月28日中华人民共和国国务院令第142号发布 根据2005年12月19日《国务院关于修改〈中华人民共和国个人所得税法实施条例〉的决定》第一次修订 根据2008年2月18日《国务院关于修改〈中华人民共和国个人所得税法实施条例〉的决定》第二次修订 根据2011年7月19日《国务院关于修改〈中华人民共和国个人所得税法实施条例〉的决定》第三次修订 2018年12月18日中华人民共和国国务院令第707号第四次修订）

国家税务总局关于个人以专利技术入股及通过转让专利技术所有权取得股权有关个人所得税问题的批复

国税函〔1998〕621号

深圳市地方税务局：

你局《深圳市地方税务局关于熊建明以专利技术入股及转让股权过程中有关税务问题的请示》（深地税发〔1998〕313号）收悉。经研究，现批复如下：

一、依据《中华人民共和国个人所得税法》及其实施条例的有关规定，对于熊建明以其专利技术使用权向深圳方大建材有限公司投资取得的股权所得338万元（3380×10%）和向该公司转让专利技术所有权取得的股权所得1172万元（8000×18.875%－338），均应按"特许权使用费所得"应税项目计征个人所得税。

考虑到上述所得以股权形式取得且税款数额较大的实际情况，可分期缴纳税款，具体期限由你局确定。

二、鉴于香港集康国际有限公司是熊建明在深圳方大建材有限公司改组时为符合《公司法》的有关规定而替代其继续持有原有股份而成立的，并将其本人持有的深圳方大建材有限公司的全部股份以 1 元人民币的价格转让给香港集康国际有限公司，该公司并不从事实际生产经营活动的实际情况，可以认定：深圳方大股份有限公司对香港集康国际有限公司派息分红实际上就是对熊建明派息分红，因此，熊建明对该项所得承担缴纳个人所得税的义务。根据个人所得税法的有关规定，深圳方大股份有限公司向香港集康国际有限公司派息分红时，应按"利息、股息、红利所得"应税项目代扣代缴熊建明应纳的个人所得税。

1998 年 10 月 19 日

财政部　国家税务总局关于促进科技成果转化有关税收政策的通知

财税字〔1999〕45 号

各省、自治区、直辖市、计划单列市财政厅（局）、国家税务局、地方税务局：

为贯彻落实《中华人民共和国科学技术进步法》和《中华人民共和国促进科技成果转化法》，鼓励高新技术产业发展，经国务院批准，现将科研机构、高等学校研究开发高新技术，转化科技成果有关税收政策通知如下：

一、科研机构的技术转让收入继续免征营业税，对高等学校的技术转让收入自 1999 年 5 月 1 日起免征营业税。

二、科研机构、高等学校服务于各业的技术成果转让、技术培训、技术咨询、技术服务、技术承包所取得的技术性服务收入暂免征收企业所得税。

三、自 1999 年 7 月 1 日起，科研机构、高等学校转化职务科技成果以股份或出资比例等股权形式给予个人奖励，获奖人在取得股份、出资比例时，暂不缴纳个人所得税；取得按股份、出资比例分红或转让股权、出资比例所得时，应依法缴纳个人所得税。有关此项的具体操作规定，由国家税务总局另行制定。

1999 年 5 月 27 日

国家税务总局关于促进科技成果转化有关个人所得税问题的通知

国税发〔1999〕125 号

各省、自治区、直辖市和计划单列市地方税务局：

为便于《财政部　国家税务总局关于促进科技成果转化有关税收政策的通知》（财税字〔1999〕45 号）的贯彻执行，现将有关个人所得税的问题明确如下：

一、科研机构、高等学校转化职务科技成果以股份或出资比例等股权形式给予科技人员个人奖励，经主管税务机关审核后，暂不征收个人所得税。

为了便于主管税务机关审核，奖励单位或获奖人应向主管税务机关提供有关部门根据国家科委和国家工商行政管理局联合制定的《关于以高新技术成果出资入股若干问题的规定》（国科发政字〔1997〕326 号）和科学技术部和国家工商行政管理局联合制定的《〈关于以高新技术成果出资入股若干问题的规定〉实施办法》（国科发政字〔1998〕171 号）出具的《出资入股高新技术成果认定书》、工商行政管理部门办理的企业登记手续及经工商行政管理机关登记注册的评估机构的技术成果价值评估报告和确认书。不提供上述资料的，不得享受暂不征收个人所得税优惠政策。

上述科研机构是指按中央机构编制委员会和国家科学技术委员会《关于科研事业单位机构设置审批事项的通知》（中编办发〔1997〕14 号）的规定设置审批的自然科学研究事业单位机构。

上述高等学校是指全日制普通高等学校（包括大学、专门学院和高等专科学校）。

二、在获奖人按股份、出资比例获得分红时，对其所得按"利息、股息、红利所得"应税项目征收个人所得税。

三、获奖人转让股权、出资比例，对其所得按"财产转让所得"应税项目征收个人所得税，财产原值为零。

四、享受上述优惠政策的科技人员必须是科研机构和高等学校的在编正式职工。

附件：1. 中央机构编制委员会办公室、国家科学技术委员会关于科研事业单位机构设置审批事项的通知

2. 国家科委、国家工商行政管理局关于印发《关于以高新技术成果出资入股若干问题的规定》的通知

3. 科学技术部、国家工商行政管理局关于印发《〈关于以高新技术成果出资入股若干问题的规定〉实施办法》的通知

1999 年 7 月 1 日

财政部　国家税务总局关于个人非货币性资产投资有关个人所得税政策的通知

财税〔2015〕41 号

各省、自治区、直辖市、计划单列市财政厅（局）、地方税务局，新疆生产建设兵团财务局：

为进一步鼓励和引导民间个人投资，经国务院批准，将在上海自由贸易试验区试点的个人非货币性资产投资分期缴税政策推广至全国。现就个人非货币性资产投资有关个人所得税政策通知如下：

一、个人以非货币性资产投资，属于个人转让非货币性资产和投资同时发生。对个人转让非货币性资产的所得，应按照"财产转让所得"项目，依法计算缴纳个人所得税。

二、个人以非货币性资产投资，应按评估后的公允价值确认非货币性资产转让收入。非货币性资产转让收入减除该资产原值及合理税费后的余额为应纳税所得额。

个人以非货币性资产投资，应于非货币性资产转让、取得被投资企业股权时，确认非货

币性资产转让收入的实现。

三、个人应在发生上述应税行为的次月 15 日内向主管税务机关申报纳税。纳税人一次性缴税有困难的,可合理确定分期缴纳计划并报主管税务机关备案后,自发生上述应税行为之日起不超过 5 个公历年度内(含)分期缴纳个人所得税。

四、个人以非货币性资产投资交易过程中取得现金补价的,现金部分应优先用于缴税;现金不足以缴纳的部分,可分期缴纳。

个人在分期缴税期间转让其持有的上述全部或部分股权,并取得现金收入的,该现金收入应优先用于缴纳尚未缴清的税款。

五、本通知所称非货币性资产,是指现金、银行存款等货币性资产以外的资产,包括股权、不动产、技术发明成果以及其他形式的非货币性资产。

本通知所称非货币性资产投资,包括以非货币性资产出资设立新的企业,以及以非货币性资产出资参与企业增资扩股、定向增发股票、股权置换、重组改制等投资行为。

六、本通知规定的分期缴税政策自 2015 年 4 月 1 日起施行。对 2015 年 4 月 1 日之前发生的个人非货币性资产投资,尚未进行税收处理且自发生上述应税行为之日起期限未超过 5 年的,可在剩余的期限内分期缴纳其应纳税款。

财政部　国家税务总局

2015 年 3 月 30 日

财政部　国家税务总局关于完善股权激励和
技术入股有关所得税政策的通知(节选)

财税〔2016〕101 号

各省、自治区、直辖市、计划单列市财政厅(局)、国家税务局、地方税务局,新疆生产建设兵团财务局:

为支持国家大众创业、万众创新战略的实施,促进我国经济结构转型升级,经国务院批准,现就完善股权激励和技术入股有关所得税政策通知如下:

……

三、对技术成果投资入股实施选择性税收优惠政策

(一)企业或个人以技术成果投资入股到境内居民企业,被投资企业支付的对价全部为股票(权)的,企业或个人可选择继续按现行有关税收政策执行,也可选择适用递延纳税优惠政策。

选择技术成果投资入股递延纳税政策的,经向主管税务机关备案,投资入股当期可暂不纳税,允许递延至转让股权时,按股权转让收入减去技术成果原值和合理税费后的差额计算缴纳所得税。

(二)企业或个人选择适用上述任一项政策,均允许被投资企业按技术成果投资入股时的评估值入账并在企业所得税前摊销扣除。

(三)技术成果是指专利技术(含国防专利)、计算机软件著作权、集成电路布图设计专有权、植物新品种权、生物医药新品种,以及科技部、财政部、国家税务总局确定的其他技

术成果。

（四）技术成果投资入股，是指纳税人将技术成果所有权让渡给被投资企业、取得该企业股票（权）的行为。

四、相关政策

（一）个人从任职受雇企业以低于公平市场价格取得股票（权）的，凡不符合递延纳税条件，应在获得股票（权）时，对实际出资额低于公平市场价格的差额，按照"工资、薪金所得"项目，参照《财政部　国家税务总局关于个人股票期权所得征收个人所得税问题的通知》（财税〔2005〕35号）有关规定计算缴纳个人所得税。

（二）个人因股权激励、技术成果投资入股取得股权后，非上市公司在境内上市的，处置递延纳税的股权时，按照现行限售股有关征税规定执行。

（三）个人转让股权时，视同享受递延纳税优惠政策的股权优先转让。递延纳税的股权成本按照加权平均法计算，不与其他方式取得的股权成本合并计算。

（四）持有递延纳税的股权期间，因该股权产生的转增股本收入，以及以该递延纳税的股权再进行非货币性资产投资的，应在当期缴纳税款。

（五）全国中小企业股份转让系统挂牌公司按照本通知第一条规定执行。

适用本通知第二条规定的上市公司是指其股票在上海证券交易所、深圳证券交易所上市交易的股份有限公司。

五、配套管理措施

（一）对股权激励或技术成果投资入股选择适用递延纳税政策的，企业应在规定期限内到主管税务机关办理备案手续。未办理备案手续的，不得享受本通知规定的递延纳税优惠政策。

（二）企业实施股权激励或个人以技术成果投资入股，以实施股权激励或取得技术成果的企业为个人所得税扣缴义务人。递延纳税期间，扣缴义务人应在每个纳税年度终了后向主管税务机关报告递延纳税有关情况。

（三）工商部门应将企业股权变更信息及时与税务部门共享，暂不具备联网实时共享信息条件的，工商部门应在股权变更登记3个工作日内将信息与税务部门共享。

六、本通知自2016年9月1日起施行。

中关村国家自主创新示范区2016年1月1日至8月31日之间发生的尚未纳税的股权奖励事项，符合本通知规定的相关条件的，可按本通知有关政策执行。

财政部　国家税务总局

2016年9月20日

关于科技人员取得职务科技成果转化现金奖励
有关个人所得税政策的通知

财税〔2018〕58号

各省、自治区、直辖市、计划单列市财政厅（局）、地方税务局、科技厅（委、局），新疆生产建设兵团财政局、科技局：

为进一步支持国家大众创业、万众创新战略的实施，促进科技成果转化，现将科技人员取得职务科技成果转化现金奖励有关个人所得税政策通知如下：

一、依法批准设立的非营利性研究开发机构和高等学校（以下简称非营利性科研机构和高校）根据《中华人民共和国促进科技成果转化法》规定，从职务科技成果转化收入中给予科技人员的现金奖励，可减按 50% 计入科技人员当月"工资、薪金所得"，依法缴纳个人所得税。

二、非营利性科研机构和高校包括国家设立的科研机构和高校、民办非营利性科研机构和高校。

三、国家设立的科研机构和高校是指利用财政性资金设立的、取得《事业单位法人证书》的科研机构和公办高校，包括中央和地方所属科研机构和高校。

四、民办非营利性科研机构和高校，是指同时满足以下条件的科研机构和高校：

（一）根据《民办非企业单位登记管理暂行条例》在民政部门登记，并取得《民办非企业单位登记证书》。

（二）对于民办非营利性科研机构，其《民办非企业单位登记证书》记载的业务范围应属于"科学研究与技术开发、成果转让、科技咨询与服务、科技成果评估"范围。对业务范围存在争议的，由税务机关转请县级（含）以上科技行政主管部门确认。

对于民办非营利性高校，应取得教育主管部门颁发的《民办学校办学许可证》，《民办学校办学许可证》记载学校类型为"高等学校"。

（三）经认定取得企业所得税非营利组织免税资格。

五、科技人员享受本通知规定税收优惠政策，须同时符合以下条件：

（一）科技人员是指非营利性科研机构和高校中对完成或转化职务科技成果作出重要贡献的人员。非营利性科研机构和高校应按规定公示有关科技人员名单及相关信息（国防专利转化除外），具体公示办法由科技部会同财政部、税务总局制定。

（二）科技成果是指专利技术（含国防专利）、计算机软件著作权、集成电路布图设计专有权、植物新品种权、生物医药新品种，以及科技部、财政部、税务总局确定的其他技术成果。

（三）科技成果转化是指非营利性科研机构和高校向他人转让科技成果或者许可他人使用科技成果。现金奖励是指非营利性科研机构和高校在取得科技成果转化收入三年（36 个月）内奖励给科技人员的现金。

（四）非营利性科研机构和高校转化科技成果，应当签订技术合同，并根据《技术合同认定登记管理办法》，在技术合同登记机构进行审核登记，并取得技术合同认定登记证明。

非营利性科研机构和高校应健全科技成果转化的资金核算，不得将正常工资、奖金等收入列入科技人员职务科技成果转化现金奖励享受税收优惠。

六、非营利性科研机构和高校向科技人员发放现金奖励时，应按个人所得税法规定代扣代缴个人所得税，并按规定向税务机关履行备案手续。

七、本通知自 2018 年 7 月 1 日起施行。本通知施行前非营利性科研机构和高校取得的科技成果转化收入，自施行后 36 个月内给科技人员发放现金奖励，符合本通知规定的其他条件的，适用本通知。

财政部 税务总局 科技部

2018 年 5 月 29 日

国家税务总局关于科技人员取得职务科技成果转化现金奖励有关个人所得税征管问题的公告

国家税务总局公告 2018 年第 30 号

为贯彻落实《财政部 税务总局 科技部关于科技人员取得职务科技成果转化现金奖励有关个人所得税政策的通知》（财税〔2018〕58 号，以下简称《通知》），现就有关征管问题公告如下：

一、《通知》第五条第（三）项所称"三年（36 个月）内"，是指自非营利性科研机构和高校实际取得科技成果转化收入之日起 36 个月内。非营利性科研机构和高校分次取得科技成果转化收入的，以每次实际取得日期为准。

二、非营利性科研机构和高校向科技人员发放职务科技成果转化现金奖励（以下简称"现金奖励"），应于发放之日的次月 15 日内，向主管税务机关报送《科技人员取得职务科技成果转化现金奖励个人所得税备案表》（见附件）。单位资质材料（《事业单位法人证书》《民办学校办学许可证》《民办非企业单位登记证书》等）、科技成果转化技术合同、科技人员现金奖励公示材料、现金奖励公示结果文件等相关资料自行留存备查。

三、非营利性科研机构和高校向科技人员发放现金奖励，在填报《扣缴个人所得税报告表》时，应将当期现金奖励收入金额与当月工资、薪金合并，全额计入"收入额"列，同时将现金奖励的 50% 填至《扣缴个人所得税报告表》"免税所得"列，并在备注栏注明"科技人员现金奖励免税部分"字样，据此以"收入额"减除"免税所得"以及相关扣除后的余额计算缴纳个人所得税。

四、本公告自 2018 年 7 月 1 日起施行。

特此公告。

国家税务总局

2018 年 6 月 11 日

科技部 财政部 税务总局关于科技人员取得职务科技成果转化现金奖励信息公示办法的通知

国科发政〔2018〕103 号

各省、自治区、直辖市、计划单列市科技厅（委、局）、财政厅（局）、税务局，新疆生产建设兵团科技局、财政局：

为落实《财政部 税务总局 科技部关于科技人员取得职务科技成果转化现金奖励有关个人所得税政策的通知》（财税〔2018〕58 号）的要求，规范科技人员取得职务科技成果转化现金奖励有关个人所得税缴纳，确保现金奖励相关信息公开、透明，现就科技人员取得职务科技成果转化现金奖励信息公示有关工作通知如下：

一、符合《关于科技人员取得职务科技成果转化现金奖励有关个人所得税政策的通知》（财税〔2018〕58 号）条件的职务科技成果完成单位应当按照本通知要求，对本单位科技人员取得职务科技成果转化现金奖励相关信息予以公示。职务科技成果完成单位是指具有独立法人资格的非营利性研究开发机构和高等学校。

二、科技成果完成单位要结合本单位科技成果转化工作实际，健全完善内控制度，明确公示工作的负责机构，制定公示办法，对公示内容、公示方式、公示范围、公示时限和公示异议处理程序等事项作出明确规定。

三、公示信息应当包含科技成果转化信息、奖励人员信息、现金奖励信息、技术合同登记信息、公示期限等内容。

科技成果转化信息包括转化的科技成果的名称、种类（专利、计算机软件著作权、集成电路布图设计专有权、植物新品种权、生物医药新品种及其他）、转化方式（转让、许可）、转化收入及取得时间等。

奖励人员信息包括获得现金奖励人员姓名、岗位职务、对完成和转化科技成果作出的贡献情况等。

现金奖励信息包括科技成果现金奖励总额，现金奖励发放时间等。

技术合同登记信息包括技术合同在技术合同登记机构的登记情况等。

四、科技成果完成单位已经按照《中华人民共和国促进科技成果转化法》的规定公示上述信息的，如公示信息没有变化，可不再重复公示。

五、公示期限不得低于 15 个工作日。公示期内如有异议，科技成果完成单位应及时受理，认真做好调查核实并公布调查结果。

六、公示范围应当覆盖科技成果完成单位，并保证单位内的员工能够以便捷的方式获取公示信息。

七、公示信息应真实、准确。科技成果完成单位发现存在提供虚假信息、伪造变造信息等情况的，应当对责任人严肃处理并在本单位公布处理结果。

八、科技成果完成单位应当在职务科技成果转化现金奖励发放前 15 个工作日内完成公示，并将公示信息结果和个人奖励数额形成书面文件留存备相关部门查验。

九、公示应当遵守国家保密相关规定。

十、本通知自发布之日起实施。

科技部　财政部　税务总局

2018 年 7 月 26 日

国家税务总局关于股权激励和技术入
股所得税征管问题的公告

国家税务总局公告 2016 年第 62 号

为贯彻落实《财政部　国家税务总局关于完善股权激励和技术入股有关所得税政策的通知》（财税〔2016〕101 号，以下简称《通知》），现就股权激励和技术入股有关所得税征管问题公告如下：

一、关于个人所得税征管问题

（一）非上市公司实施符合条件的股权激励，本公司最近 6 个月在职职工平均人数，按照股票（权）期权行权、限制性股票解禁、股权奖励获得之上月起前 6 个月"工资薪金所得"项目全员全额扣缴明细申报的平均人数确定。

（二）递延纳税期间，非上市公司情况发生变化，不再同时符合《通知》第一条第（二）款第 4 至 6 项条件的，应于情况发生变化之次月 15 日内，按《通知》第四条第（一）款规定计算缴纳个人所得税。

（三）员工以在一个公历月份中取得的股票（权）形式工资薪金所得为一次。员工取得符合条件、实行递延纳税政策的股权激励，与不符合递延纳税条件的股权激励分别计算。

员工在一个纳税年度中多次取得不符合递延纳税条件的股票（权）形式工资薪金所得的，参照《国家税务总局关于个人股票期权所得缴纳个人所得税有关问题的补充通知》（国税函〔2006〕902 号）第七条规定执行。

（四）《通知》所称公平市场价格按以下方法确定：

1. 上市公司股票的公平市场价格，按照取得股票当日的收盘价确定。取得股票当日为非交易日的，按照上一个交易日收盘价确定。

2. 非上市公司股票（权）的公平市场价格，依次按照净资产法、类比法和其他合理方法确定。净资产法按照取得股票（权）的上年末净资产确定。

（五）企业备案具体按以下规定执行：

1. 非上市公司实施符合条件的股权激励，个人选择递延纳税的，非上市公司应于股票（权）期权行权、限制性股票解禁、股权奖励获得之次月 15 日内，向主管税务机关报送《非上市公司股权激励个人所得税递延纳税备案表》（附件 1）、股权激励计划、董事会或股东大会决议、激励对象任职或从事技术工作情况说明等。实施股权奖励的企业同时报送本企业及其奖励股权标的企业上一纳税年度主营业务收入构成情况说明。

2. 上市公司实施股权激励，个人选择在不超过 12 个月期限内缴税的，上市公司应自股票期权行权、限制性股票解禁、股权奖励获得之次月 15 日内，向主管税务机关报送《上市公司股权激励个人所得税延期纳税备案表》（附件 2）。上市公司初次办理股权激励备案时，还应一并向主管税务机关报送股权激励计划、董事会或股东大会决议。

3. 个人以技术成果投资入股境内公司并选择递延纳税的，被投资公司应于取得技术成果并支付股权之次月 15 日内，向主管税务机关报送《技术成果投资入股个人所得税递延纳税备案表》（附件 3）、技术成果相关证书或证明材料、技术成果投资入股协议、技术成果评估报告等资料。

（六）个人因非上市公司实施股权激励或以技术成果投资入股取得的股票（权），实行递延纳税期间，扣缴义务人应于每个纳税年度终了后 30 日内，向主管税务机关报送《个人所得税递延纳税情况年度报告表》（附件 4）。

（七）递延纳税股票（权）转让、办理纳税申报时，扣缴义务人、个人应向主管税务机关一并报送能够证明股票（权）转让价格、递延纳税股票（权）原值、合理税费的有关资料，具体包括转让协议、评估报告和相关票据等。资料不全或无法充分证明有关情况，造成计税依据偏低，又无正当理由的，主管税务机关可依据税收征管法有关规定进行核定。

二、关于企业所得税征管问题

（一）选择适用《通知》中递延纳税政策的，应当为实行查账征收的居民企业以技术成果所有权投资。

（二）企业适用递延纳税政策的，应在投资完成后首次预缴申报时，将相关内容填入《技术成果投资入股企业所得税递延纳税备案表》（附件5）。

（三）企业接受技术成果投资入股，技术成果评估值明显不合理的，主管税务机关有权进行调整。

三、实施时间

本公告自 2016 年 9 月 1 日起实施。中关村国家自主创新示范区 2016 年 1 月 1 日至 8 月 31 日之间发生的尚未纳税的股权奖励事项，按《通知》有关政策执行的，可按本公告有关规定办理相关税收事宜。《国家税务总局关于 3 项个人所得税事项取消审批实施后续管理的公告》（国家税务总局公告 2016 年第 5 号）第二条第（一）项同时废止。

特此公告。

国家税务总局

2016 年 9 月 28 日

国家税务总局关于技术转让所得减免
企业所得税有关问题的通知

[根据《国家税务总局关于公布失效废止的税务部门规章和税收规范性文件
目录的决定》（2017 年 12 月 29 日国家税务总局令第 42 号）废止第四条]

国税函〔2009〕212 号

各省、自治区、直辖市和计划单列市国家税务局、地方税务局：

根据《中华人民共和国企业所得税法》（以下简称企业所得税法）及其实施条例和相关规定，现就符合条件的技术转让所得减免企业所得税有关问题通知如下：

一、根据企业所得税法第二十七条第（四）项规定，享受减免企业所得税优惠的技术转让应符合以下条件：

（一）享受优惠的技术转让主体是企业所得税法规定的居民企业；

（二）技术转让属于财政部、国家税务总局规定的范围；

（三）境内技术转让经省级以上科技部门认定；

（四）向境外转让技术经省级以上商务部门认定；

（五）国务院税务主管部门规定的其他条件。

二、符合条件的技术转让所得应按以下方法计算：

$$技术转让所得 = 技术转让收入 - 技术转让成本 - 相关税费$$

技术转让收入是指当事人履行技术转让合同后获得的价款，不包括销售或转让设备、仪器、零部件、原材料等非技术性收入。不属于与技术转让项目密不可分的技术咨询、技术服务、技术培训等收入，不得计入技术转让收入。

技术转让成本是指转让的无形资产的净值，即该无形资产的计税基础减除在资产使用期间按照规定计算的摊销扣除额后的余额。

相关税费是指技术转让过程中实际发生的有关税费，包括除企业所得税和允许抵扣的增值税以外的各项税金及其附加、合同签订费用、律师费等相关费用及其他支出。

三、享受技术转让所得减免企业所得税优惠的企业，应单独计算技术转让所得，并合理分摊企业的期间费用；没有单独计算的，不得享受技术转让所得企业所得税优惠。

四、企业发生技术转让，应在纳税年度终了后至报送年度纳税申报表以前，向主管税务机关办理减免税备案手续。

（一）企业发生境内技术转让，向主管税务机关备案时应报送以下资料：

1. 技术转让合同（副本）；

2. 省级以上科技部门出具的技术合同登记证明；

3. 技术转让所得归集、分摊、计算的相关资料；

4. 实际缴纳相关税费的证明资料；

5. 主管税务机关要求提供的其他资料。

（二）企业向境外转让技术，向主管税务机关备案时应报送以下资料：

1. 技术出口合同（副本）；

2. 省级以上商务部门出具的技术出口合同登记证书或技术出口许可证；

3. 技术出口合同数据表；

4. 技术转让所得归集、分摊、计算的相关资料；

5. 实际缴纳相关税费的证明资料；

6. 主管税务机关要求提供的其他资料。

五、本通知自 2008 年 1 月 1 日起执行。

国家税务总局

二〇〇九年四月二十四日

财政部　国家税务总局关于居民企业技术转让有关企业所得税政策问题的通知

财税〔2010〕111 号

各省、自治区、直辖市、计划单列市财政厅（局）、国家税务局、地方税务局，新疆生产建设兵团财务局：

根据《中华人民共和国企业所得税法》（以下简称企业所得税法）及《中华人民共和国企业所得税法实施条例》（国务院令第 512 号，以下简称实施条例）的有关规定，现就符合条件的技术转让所得减免企业所得税有关问题通知如下：

一、技术转让的范围，包括居民企业转让专利技术、计算机软件著作权、集成电路布图设计权、植物新品种、生物医药新品种，以及财政部和国家税务总局确定的其他技术。

其中：专利技术，是指法律授予独占权的发明、实用新型和非简单改变产品图案的外观设计。

二、本通知所称技术转让，是指居民企业转让其拥有符合本通知第一条规定技术的所有权或 5 年以上（含 5 年）全球独占许可使用权的行为。

三、技术转让应签订技术转让合同。其中，境内的技术转让须经省级以上（含省级）科技部门认定登记，跨境的技术转让须经省级以上（含省级）商务部门认定登记，涉及财政经费支持产生技术的转让，需省级以上（含省级）科技部门审批。

居民企业技术出口应由有关部门按照商务部、科技部发布的《中国禁止出口限制出口技术目录》（商务部、科技部令 2008 年第 12 号）进行审查。居民企业取得禁止出口和限制出口技术转让所得，不享受技术转让减免企业所得税优惠政策。

四、居民企业从直接或间接持有股权之和达到 100% 的关联方取得的技术转让所得，不享受技术转让减免企业所得税优惠政策。

五、本通知自 2008 年 1 月 1 日起执行。

财政部　国家税务总局

二○一○年十二月三十一日

国家税务总局关于技术转让所得减免
企业所得税有关问题的公告

国家税务总局公告 2013 年第 62 号

为加强技术转让所得减免企业所得税的征收管理，现将《国家税务总局关于技术转让所得减免企业所得税有关问题的通知》（国税函〔2009〕212 号）中技术转让收入计算的有关问题，公告如下：

一、可以计入技术转让收入的技术咨询、技术服务、技术培训收入，是指转让方为使受让方掌握所转让的技术投入使用、实现产业化而提供的必要的技术咨询、技术服务、技术培训所产生的收入，并应同时符合以下条件：

（一）在技术转让合同中约定的与该技术转让相关的技术咨询、技术服务、技术培训；

（二）技术咨询、技术服务、技术培训收入与该技术转让项目收入一并收取价款。

二、本公告自 2013 年 11 月 1 日起施行。此前已进行企业所得税处理的相关业务，不作纳税调整。

国家税务总局

2013 年 10 月 21 日

财政部　国家税务总局关于非货币性资产
投资企业所得税政策问题的通知

财税〔2014〕116 号

各省、自治区、直辖市、计划单列市财政厅（局）、国家税务局、地方税务局，新疆生产建设兵团财务局：

为贯彻落实《国务院关于进一步优化企业兼并重组市场环境的意见》（国发〔2014〕14 号），根据《中华人民共和国企业所得税法》及其实施条例有关规定，现就非货币性资产投资涉及的企业所得税政策问题明确如下：

一、居民企业（以下简称企业）以非货币性资产对外投资确认的非货币性资产转让所得，可在不超过 5 年期限内，分期均匀计入相应年度的应纳税所得额，按规定计算缴纳企业所得税。

二、企业以非货币性资产对外投资，应对非货币性资产进行评估并按评估后的公允价值扣除计税基础后的余额，计算确认非货币性资产转让所得。

企业以非货币性资产对外投资，应于投资协议生效并办理股权登记手续时，确认非货币性资产转让收入的实现。

三、企业以非货币性资产对外投资而取得被投资企业的股权，应以非货币性资产的原计税成本为计税基础，加上每年确认的非货币性资产转让所得，逐年进行调整。

被投资企业取得非货币性资产的计税基础，应按非货币性资产的公允价值确定。

四、企业在对外投资 5 年内转让上述股权或投资收回的，应停止执行递延纳税政策，并就递延期内尚未确认的非货币性资产转让所得，在转让股权或投资收回当年的企业所得税年度汇算清缴时，一次性计算缴纳企业所得税；企业在计算股权转让所得时，可按本通知第三条第一款规定将股权的计税基础一次调整到位。

企业在对外投资 5 年内注销的，应停止执行递延纳税政策，并就递延期内尚未确认的非货币性资产转让所得，在注销当年的企业所得税年度汇算清缴时，一次性计算缴纳企业所得税。

五、本通知所称非货币性资产，是指现金、银行存款、应收账款、应收票据以及准备持有至到期的债券投资等货币性资产以外的资产。

本通知所称非货币性资产投资，限于以非货币性资产出资设立新的居民企业，或将非货币性资产注入现存的居民企业。

六、企业发生非货币性资产投资，符合《财政部 国家税务总局关于企业重组业务企业所得税处理若干问题的通知》（财税〔2009〕59 号）等文件规定的特殊性税务处理条件的，也可选择按特殊性税务处理规定执行。

七、本通知自 2014 年 1 月 1 日起执行。本通知发布前尚未处理的非货币性资产投资，符合本通知规定的可按本通知执行。

财政部 国家税务总局

2014 年 12 月 31 日

国家税务总局关于非货币性资产投资
企业所得税有关征管问题的公告

国家税务总局公告 2015 年第 33 号

《国务院关于进一步优化企业兼并重组市场环境的意见》（国发〔2014〕14 号）和《财政部 国家税务总局关于非货币性资产投资企业所得税政策问题的通知》（财税〔2014〕116 号）发布后，各地陆续反映在非货币性资产投资企业所得税政策执行过程中有些征管问题亟需明确。经研究，现就非货币性资产投资企业所得税有关征管问题公告如下：

一、实行查账征收的居民企业（以下简称企业）以非货币性资产对外投资确认的非货币性资产转让所得，可自确认非货币性资产转让收入年度起不超过连续 5 个纳税年度的期间内，分期均匀计入相应年度的应纳税所得额，按规定计算缴纳企业所得税。

二、关联企业之间发生的非货币性资产投资行为，投资协议生效后 12 个月内尚未完成股权变更登记手续的，于投资协议生效时，确认非货币性资产转让收入的实现。

三、符合财税〔2014〕116 号文件规定的企业非货币性资产投资行为，同时又符合《财政部 国家税务总局关于企业重组业务企业所得税处理若干问题的通知》（财税〔2009〕59 号）、《财政部 国家税务总局关于促进企业重组有关企业所得税处理问题的通知》（财税〔2014〕109 号）等文件规定的特殊性税务处理条件的，可由企业选择其中一项政策执行，且一经选择，不得改变。

四、企业选择适用本公告第一条规定进行税务处理的，应在非货币性资产转让所得递延确认期间每年企业所得税汇算清缴时，填报《中华人民共和国企业所得税年度纳税申报表》（A 类，2014 年版）中"A105100 企业重组纳税调整明细表"第 13 行"其中：以非货币性资产对外投资"的相关栏目，并向主管税务机关报送《非货币性资产投资递延纳税调整明细表》（详见附件）。

五、企业应将股权投资合同或协议、对外投资的非货币性资产（明细）公允价值评估确认报告、非货币性资产（明细）计税基础的情况说明、被投资企业设立或变更的工商部门证明材料等资料留存备查，并单独准确核算税法与会计差异情况。

主管税务机关应加强企业非货币性资产投资递延纳税的后续管理。

六、本公告适用于 2014 年度及以后年度企业所得税汇算清缴。此前尚未处理的非货币性资产投资，符合财税〔2014〕116 号文件和本公告规定的可按本公告执行。

特此公告。

国家税务总局

2015 年 5 月 8 日

财政部　国家税务总局关于将国家自主创新示范区有关税收试点政策推广到全国范围实施的通知（节选）

财税〔2015〕116 号

二、关于技术转让所得企业所得税政策

1. 自 2015 年 10 月 1 日起，全国范围内的居民企业转让 5 年以上非独占许可使用权取得的技术转让所得，纳入享受企业所得税优惠的技术转让所得范围。居民企业的年度技术转让所得不超过 500 万元的部分，免征企业所得税；超过 500 万元的部分，减半征收企业所得税。

2. 本通知所称技术，包括专利（含国防专利）、计算机软件著作权、集成电路布图设计专有权、植物新品种权、生物医药新品种，以及财政部和国家税务总局确定的其他技术。其中，专利是指法律授予独占权的发明、实用新型以及非简单改变产品图案和形状的外观设计。

三、关于企业转增股本个人所得税政策

1. 自 2016 年 1 月 1 日起，全国范围内的中小高新技术企业以未分配利润、盈余公积、资本公积向个人股东转增股本时，个人股东一次缴纳个人所得税确有困难的，可根据实际情况自行制定分期缴税计划，在不超过 5 个公历年度内（含）分期缴纳，并将有关资料报主管税务机关备案。

2. 个人股东获得转增的股本，应按照"利息、股息、红利所得"项目，适用 20% 税率征收个人所得税。

3. 股东转让股权并取得现金收入的，该现金收入应优先用于缴纳尚未缴清的税款。

4. 在股东转让该部分股权之前，企业依法宣告破产，股东进行相关权益处置后没有取得收益或收益小于初始投资额的，主管税务机关对其尚未缴纳的个人所得税可不予追征。

5. 本通知所称中小高新技术企业，是指注册在中国境内实行查账征收的、经认定取得高新技术企业资格，且年销售额和资产总额均不超过 2 亿元、从业人数不超过 500 人的企业。

6. 上市中小高新技术企业或在全国中小企业股份转让系统挂牌的中小高新技术企业向个人股东转增股本，股东应纳的个人所得税，继续按照现行有关股息红利差别化个人所得税政策执行，不适用本通知规定的分期纳税政策。

四、关于股权奖励个人所得税政策

1. 自 2016 年 1 月 1 日起，全国范围内的高新技术企业转化科技成果，给予本企业相关技术人员的股权奖励，个人一次缴纳税款有困难的，可根据实际情况自行制定分期缴税计划，在不超过 5 个公历年度内（含）分期缴纳，并将有关资料报主管税务机关备案。

2. 个人获得股权奖励时，按照"工资薪金所得"项目，参照《财政部　国家税务总局关于个人股票期权所得征收个人所得税问题的通知》（财税〔2005〕35 号）有关规定计算确定应纳税额。股权奖励的计税价格参照获得股权时的公平市场价格确定。

3. 技术人员转让奖励的股权（含奖励股权孳生的送、转股）并取得现金收入的，该现金收入应优先用于缴纳尚未缴清的税款。

4. 技术人员在转让奖励的股权之前企业依法宣告破产，技术人员进行相关权益处置后没有取得收益或资产，或取得的收益和资产不足以缴纳其取得股权尚未缴纳的应纳税款的部分，税务机关可不予追征。

5. 本通知所称相关技术人员，是指经公司董事会和股东大会决议批准获得股权奖励的以下两类人员：

（1）对企业科技成果研发和产业化作出突出贡献的技术人员，包括企业内关键职务科技成果的主要完成人、重大开发项目的负责人、对主导产品或者核心技术、工艺流程作出重大创新或者改进的主要技术人员。

（2）对企业发展作出突出贡献的经营管理人员，包括主持企业全面生产经营工作的高级管理人员，负责企业主要产品（服务）生产经营合计占主营业务收入（或者主营业务利润）50% 以上的中、高级经营管理人员。

企业面向全体员工实施的股权奖励，不得按本通知规定的税收政策执行。

6. 本通知所称股权奖励，是指企业无偿授予相关技术人员一定份额的股权或一定数量的股份。

7. 本通知所称高新技术企业，是指实行查账征收、经省级高新技术企业认定管理机构认定的高新技术企业。

财政部　国家税务总局

2015 年 10 月 23 日

国家税务总局关于许可使用权技术转让
所得企业所得税有关问题的公告

国家税务总局公告 2015 年第 82 号

根据《中华人民共和国企业所得税法》及其实施条例、《财政部　国家税务总局关于将国家自主创新示范区有关税收试点政策推广到全国范围实施的通知》（财税〔2015〕116 号）规定，现就许可使用权技术转让所得企业所得税有关问题公告如下：

一、自 2015 年 10 月 1 日起，全国范围内的居民企业转让 5 年（含，下同）以上非独占许可使用权取得的技术转让所得，纳入享受企业所得税优惠的技术转让所得范围。居民企业的年度技术转让所得不超过 500 万元的部分，免征企业所得税；超过 500 万元的部分，减半征收企业所得税。

所称技术包括专利（含国防专利）、计算机软件著作权、集成电路布图设计专有权、植物新品种权、生物医药新品种，以及财政部和国家税务总局确定的其他技术。其中，专利是指法律授予独占权的发明、实用新型以及非简单改变产品图案和形状的外观设计。

二、企业转让符合条件的 5 年以上非独占许可使用权的技术，限于其拥有所有权的技术。技术所有权的权属由国务院行政主管部门确定。其中，专利由国家知识产权局确定权属；国防专利由总装备部确定权属；计算机软件著作权由国家版权局确定权属；集成电路布图设计专有权由国家知识产权局确定权属；植物新品种权由农业部确定权属；生物医药新品种由国家食品药品监督管理总局确定权属。

三、符合条件的 5 年以上非独占许可使用权技术转让所得应按以下方法计算：

技术转让所得＝技术转让收入－无形资产摊销费用－相关税费－应分摊期间费用

技术转让收入是指转让方履行技术转让合同后获得的价款，不包括销售或转让设备、仪器、零部件、原材料等非技术性收入。不属于与技术转让项目密不可分的技术咨询、服务、培训等收入，不得计入技术转让收入。技术许可使用权转让收入，应按转让协议约定的许可使用权人应付许可使用权使用费的日期确认收入的实现。

无形资产摊销费用是指该无形资产按税法规定当年计算摊销的费用。涉及自用和对外许可使用的，应按照受益原则合理划分。

相关税费是指技术转让过程中实际发生的有关税费，包括除企业所得税和允许抵扣的增值税以外的各项税金及其附加、合同签订费用、律师费等相关费用。

应分摊期间费用（不含无形资产摊销费用和相关税费）是指技术转让按照当年销售收入占比分摊的期间费用。

四、企业享受技术转让所得企业所得税优惠的其他相关问题，仍按照《国家税务总局关于技术转让所得减免企业所得税有关问题的通知》（国税函〔2009〕212 号）、《财政部　国家税务总局关于居民企业技术转让有关企业所得税政策问题的通知》（财税〔2010〕111 号）、《国家税务总局关于技术转让所得减免企业所得税有关问题的公告》（国家税务总局公告 2013 年第 62 号）规定执行。

五、本公告自 2015 年 10 月 1 日起施行。本公告实施之日起，企业转让 5 年以上非独占许可使用权确认的技术转让收入，按本公告执行。

特此公告。

国家税务总局

2015 年 11 月 16 日

中华人民共和国印花税法

（2021 年 6 月 10 日第十三届全国人民代表大会常务委员会第二十九次会议通过）

第一条 在中华人民共和国境内书立应税凭证、进行证券交易的单位和个人，为印花税的纳税人，应当依照本法规定缴纳印花税。

在中华人民共和国境外书立在境内使用的应税凭证的单位和个人，应当依照本法规定缴纳印花税。

第二条 本法所称应税凭证，是指本法所附《印花税税目税率表》列明的合同、产权转移书据和营业账簿。

第三条 本法所称证券交易，是指转让在依法设立的证券交易所、国务院批准的其他全国性证券交易场所交易的股票和以股票为基础的存托凭证。

证券交易印花税对证券交易的出让方征收，不对受让方征收。

第四条 印花税的税目、税率，依照本法所附《印花税税目税率表》执行。

第五条 印花税的计税依据如下：

（一）应税合同的计税依据，为合同所列的金额，不包括列明的增值税税款；

（二）应税产权转移书据的计税依据，为产权转移书据所列的金额，不包括列明的增值税税款；

（三）应税营业账簿的计税依据，为账簿记载的实收资本（股本）、资本公积合计金额；

（四）证券交易的计税依据，为成交金额。

第六条 应税合同、产权转移书据未列明金额的，印花税的计税依据按照实际结算的金额确定。

计税依据按照前款规定仍不能确定的，按照书立合同、产权转移书据时的市场价格确定；依法应当执行政府定价或者政府指导价的，按照国家有关规定确定。

第七条 证券交易无转让价格的，按照办理过户登记手续时该证券前一个交易日收盘价计算确定计税依据；无收盘价的，按照证券面值计算确定计税依据。

第八条 印花税的应纳税额按照计税依据乘以适用税率计算。

第九条 同一应税凭证载有两个以上税目事项并分别列明金额的，按照各自适用的税目税率分别计算应纳税额；未分别列明金额的，从高适用税率。

第十条 同一应税凭证由两方以上当事人书立的，按照各自涉及的金额分别计算应纳税额。

第十一条 已缴纳印花税的营业账簿，以后年度记载的实收资本（股本）、资本公积合计金额比已缴纳印花税的实收资本（股本）、资本公积合计金额增加的，按照增加部分计算应纳税额。

第十二条　下列凭证免征印花税：

（一）应税凭证的副本或者抄本；

（二）依照法律规定应当予以免税的外国驻华使馆、领事馆和国际组织驻华代表机构为获得馆舍书立的应税凭证；

（三）中国人民解放军、中国人民武装警察部队书立的应税凭证；

（四）农民、家庭农场、农民专业合作社、农村集体经济组织、村民委员会购买农业生产资料或者销售农产品书立的买卖合同和农业保险合同；

（五）无息或者贴息借款合同、国际金融组织向中国提供优惠贷款书立的借款合同；

（六）财产所有权人将财产赠与政府、学校、社会福利机构、慈善组织书立的产权转移书据；

（七）非营利性医疗卫生机构采购药品或者卫生材料书立的买卖合同；

（八）个人与电子商务经营者订立的电子订单。

根据国民经济和社会发展的需要，国务院对居民住房需求保障、企业改制重组、破产、支持小型微型企业发展等情形可以规定减征或者免征印花税，报全国人民代表大会常务委员会备案。

第十三条　纳税人为单位的，应当向其机构所在地的主管税务机关申报缴纳印花税；纳税人为个人的，应当向应税凭证书立地或者纳税人居住地的主管税务机关申报缴纳印花税。

不动产产权发生转移的，纳税人应当向不动产所在地的主管税务机关申报缴纳印花税。

第十四条　纳税人为境外单位或者个人，在境内有代理人的，以其境内代理人为扣缴义务人；在境内没有代理人的，由纳税人自行申报缴纳印花税，具体办法由国务院税务主管部门规定。

证券登记结算机构为证券交易印花税的扣缴义务人，应当向其机构所在地的主管税务机关申报解缴税款以及银行结算的利息。

第十五条　印花税的纳税义务发生时间为纳税人书立应税凭证或者完成证券交易的当日。

证券交易印花税扣缴义务发生时间为证券交易完成的当日。

第十六条　印花税按季、按年或者按次计征。实行按季、按年计征的，纳税人应当自季度、年度终了之日起十五日内申报缴纳税款；实行按次计征的，纳税人应当自纳税义务发生之日起十五日内申报缴纳税款。

证券交易印花税按周解缴。证券交易印花税扣缴义务人应当自每周终了之日起五日内申报解缴税款以及银行结算的利息。

第十七条　印花税可以采用粘贴印花税票或者由税务机关依法开具其他完税凭证的方式缴纳。

印花税票粘贴在应税凭证上的，由纳税人在每枚税票的骑缝处盖戳注销或者画销。

印花税票由国务院税务主管部门监制。

第十八条　印花税由税务机关依照本法和《中华人民共和国税收征收管理法》的规定征收管理。

第十九条　纳税人、扣缴义务人和税务机关及其工作人员违反本法规定的，依照《中华人民共和国税收征收管理法》和有关法律、行政法规的规定追究法律责任。

第二十条　本法自 2022 年 7 月 1 日起施行。1988 年 8 月 6 日国务院发布的《中华人民共和国印花税暂行条例》同时废止。

中华人民共和国印花税暂行条例（节选）

（1988 年 8 月 6 日中华人民共和国国务院令第 11 号发布　根据 2011 年 1 月 8 日《国务院关于废止和修改部分行政法规的决定》修订）

第二条　下列凭证为应纳税凭证：

（一）购销、加工承揽、建设工程承包、财产租赁、货物运输、仓储保管、借款、财产保险、技术合同或者具有合同性质的凭证；

（二）产权转移书据；

（三）营业账簿；

（四）权利、许可证照；

（五）经财政部确定征税的其他凭证。

中华人民共和国印花税暂行条例施行细则（略）

（1988 年 9 月 29 日财政部〔88〕财税 255 号发布　根据 2011 年 1 月 8 日《国务院关于废止和修改部分行政法规的决定》修订）

国家税务局关于对技术合同征收印花税问题的通知

（1989）国税地字第 34 号

各地在贯彻印花税暂行条例的过程中，对各类技术合同如何计税贴花，提出了一些问题。经研究，现明确如下：

一、关于技术转让合同的适用税目税率问题

技术转让包括：专利权转让、专利申请权转让、专利实施许可和非专利技术转让。为这些不同类型技术转让所书立的凭证，按照印花税税目税率表的规定，分别适用不同的税目、税率。其中，专利申请权转让、非专利技术转让所书立的合同，适用"技术合同"税目；专利权转让、专利实施许可所书立的合同、书据，适用"产权转移书据"税目。

二、关于技术咨询合同的征税范围问题

技术咨询合同是当事人就有关项目的分析、论证、评价、预测和调查订立的技术合同。有关项目包括：1. 有关科学技术与经济、社会协调发展的软科学研究项目；2. 促进科技进步和管理现代化，提高经济效益和社会效益的技术项目；3. 其他专业项目。对属于这些内容的合同，均应按照"技术合同"税目的规定计税贴花。

至于一般的法律、法规、会计、审计等方面的咨询不属于技术咨询，其所立合同不贴印花。

三、关于技术服务合同的征税范围问题

技术服务合同的征税范围包括：技术服务合同，技术培训合同和技术中介合同。

技术服务合同是当事人一方委托另一方就解决有关特定技术问题，如为改进产品结构、改良工艺流程、提高产品质量、降低产品成本、保护资源环境、实现安全操作、提高经济效益等，提出实施方案，进行实施指导所订立的技术合同。以常规手段或者为生产经营目的进行一般加工、修理、修缮、广告、印刷、测绘、标准化测试以及勘察、设计等所书立的合同，不属于技术服务合同。

技术培训合同是当事人一方委托另一方对指定的专业技术人员进行特定项目的技术指导和专业训练所订立的技术合同。对各种职业培训、文化学习、职工业余教育等订立的合同，不属于技术培训合同，不贴印花。

技术中介合同是当事人一方以知识、信息、技术为另一方与第三方订立技术合同进行联系、介绍、组织工业化开发所订立的技术合同。

四、关于计税依据问题

对各类技术合同，应当按合同所载价款、报酬、使用费的金额依率计税。

为鼓励技术研究开发，对技术开发合同，只就合同所载的报酬金额计税，研究开发经费不作为计税依据。但对合同约定按研究开发经费一定比例作为报酬的，应按一定比例的报酬金额计税贴花。

五、关于加强对技术合同征税的管理问题

为加强对技术合同缴纳印花税的征收管理，保证税款及时足额入库，各级税务部门要积极取得科委和技术合同登记、管理机构的支持配合，共同研究解决印花税源泉控制的管理办法，因地制宜建立监督纳税、代征税款、代售印花等管理制度。

1989 年 4 月 12 日

相关司法解释

最高人民法院关于印发全国法院知识产权审判工作会议
关于审理技术合同纠纷案件若干问题的纪要的通知（节选）

法〔2001〕84 号

一、一般规定

（一）技术成果和技术秘密

1. 合同法第十八章所称技术成果，是指利用科学技术知识、信息和经验作出的产品、工艺、材料及其改进等技术方案，包括专利、专利申请、技术秘密和其他能够取得知识产权的技术成果（如植物新品种、计算机软件、集成电路布图设计和新药成果等）。

2. 合同法第十八章所称的技术秘密，是指不为公众所知悉、能为权利人带来经济利益、具有实用性并经权利人采取保密措施的技术信息。

前款所称不为公众所知悉，是指该技术信息的整体或者精确的排列组合或者要素，并非为通常涉及该信息有关范围的人所普遍知道或者容易获得；能为权利人带来经济利益、具有实用性，是指该技术信息因属于秘密而具有商业价值，能够使拥有者获得经济利益或者获得竞争优势；权利人采取保密措施，是指该技术信息的合法拥有者根据有关情况采取的合理措施，在正常情况下可以使该技术信息得以保密。

合同法所称技术秘密与技术秘密成果是同义语。

（二）职务技术成果与非职务技术成果

3. 法人或者其他组织与其职工在劳动合同或者其他协议中就职工在职期间或者离职以后所完成的技术成果的权益有约定的，依其约定确认。但该约定依法应当认定为无效或者依法被撤销、解除的除外。

4. 合同法第三百二十六条第二款所称执行法人或者其他组织的工作任务，是指：

（1）职工履行本岗位职责或者承担法人或者其他组织交付的其他科学研究和技术开发任务。

（2）离职、退职、退休后一年内继续从事与其原所在法人或者其他组织的岗位职责或者交付的任务有关的科学研究和技术开发，但法律、行政法规另有规定或者当事人另有约定的除外。

前款所称岗位职责，是指根据法人或者其他组织的规定，职工所在岗位的工作任务和责任范围。

5. 合同法第三百二十六条第二款所称物质技术条件，是指资金、设备、器材、原材料、未公开的技术信息和资料。

合同法第三百二十六条第二款所称主要利用法人或者其他组织的物质技术条件，是指职工在完成技术成果的研究开发过程中，全部或者大部分利用了法人或者其他组织的资金、设备、器材或者原材料，或者该技术成果的实质性内容是在该法人或者其他组织尚未公开的技术成果、阶段性技术成果或者关键技术的基础上完成的。但对利用法人或者其他组织提供的物质技术条件，约定返还资金或者交纳使用费的除外。

在研究开发过程中利用法人或者其他组织已对外公开或者已为本领域普通技术人员公知的技术信息，或者在技术成果完成后利用法人或者其他组织的物质条件对技术方案进行验证、测试的，不属于主要利用法人或者其他组织的物质技术条件。

6. 完成技术成果的个人既执行了原所在法人或者其他组织的工作任务，又就同一科学研究或者技术开发课题主要利用了现所在法人或者其他组织的物质技术条件所完成的技术成果的权益，由其原所在法人或者其他组织和现所在法人或者其他组织协议确定，不能达成协议的，由双方合理分享。

7. 职工于本岗位职责或者其所在法人或者其他组织交付的任务之外从事业余兼职活动或者与他人合作完成的技术成果的权益，按照其与聘用人（兼职单位）或者合作人的约定确认。没有约定或者约定不明确，依照合同法第六十一条的规定不能达成补充协议的，按照合同法第三百二十六条和第三百二十七条的规定确认。

依照前款规定处理时不得损害职工所在的法人或者其他组织的技术权益。

8. 合同法第三百二十六条和第三百二十七条所称完成技术成果的个人，是指对技术成果单独或者共同作出创造性贡献的人，不包括仅提供资金、设备、材料、试验条件的人员，进行组织管理的人员，协助绘制图纸、整理资料、翻译文献等辅助服务人员。

判断创造性贡献时，应当分解技术成果的实质性技术构成，提出实质性技术构成和由此实现技术方案的人是作出创造性贡献的人。对技术成果做出创造性贡献的人为发明人或者设计人。

（三）技术合同的主体

9. 法人或者其他组织设立的从事技术研究开发、转让等活动的不具有民事主体资格的科研组织（包括课题组、工作室等）订立的技术合同，经法人或者其他组织授权或者认可的，视为法人或者其他组织订立的合同，由法人或者其他组织承担责任；未经法人或者其他组织授权或者认可的，由该科研组织成员共同承担责任，但法人或者其他组织因该合同受益的，应当在其受益范围内承担相应的责任。

（四）技术合同的效力

10. 技术合同不因下列事由无效：

（1）合同标的技术未经技术鉴定；

（2）技术合同未经登记或者未向有关部门备案；

（3）以已经申请专利尚未授予专利权的技术订立专利实施许可合同。

11. 技术合同内容有下列情形的，属于合同法第三百二十九条所称"非法垄断技术，妨碍技术进步"：

（1）限制另一方在合同标的技术的基础上进行新的研究开发，或者双方交换改进技术的条件不对等，包括要求一方将其自行改进的技术无偿地提供给对方、非互惠性的转让给对方、无偿地独占或者共享该改进技术的知识产权；

（2）限制另一方从其他来源吸收技术；

（3）阻碍另一方根据市场的需求，按照合理的方式充分实施合同标的技术，包括不合理地限制技术接受方实施合同标的技术生产产品或者提供服务的数量、品种、价格、销售渠道和出口市场；

（4）要求技术接受方接受并非实施技术必不可少的附带条件，包括购买技术接受方并不需要的技术、服务、原材料、设备或者产品等和接收技术接受方并不需要的人才等；

（5）不合理地限制技术接受方自由选择从不同来源购买原材料、零部件或者设备等。

（6）禁止技术接受方对合同标的技术的知识产权的有效性提出异议的条件。

12. 技术合同内容有下列情形的，属于合同法第三百二十九条所称侵害他人技术成果：

（1）侵害他人专利权、专利申请权、专利实施权的；

（2）侵害他人技术秘密成果使用权、转让权的；

（3）侵害他人植物新品种权、植物新品种申请权、植物新品种实施权的；

（4）侵害他人计算机软件著作权、集成电路电路布图设计权、新药成果权等技术成果权的；

（5）侵害他人发明权、发现权以及其他科技成果权的。

侵害他人发明权、发现权以及其他科技成果权等技术成果完成人人身权利的合同，合同部分无效，不影响其他部分效力的，其他部分仍然有效。

13. 当事人使用或者转让其独立研究开发或者以其他正当方式取得的与他人的技术秘密相同或者近似的技术秘密的，不属于合同法第三百二十九条所称侵害他人技术成果。

通过合法的参观访问或者对合法取得的产品进行拆卸、测绘、分析等反向工程手段掌握相关技术的，属于前款所称以其他正当方式取得。但法律另有规定或者当事人另有约定的除外。

14. 除当事人另有约定或者技术成果的权利人追认的以外，技术秘密转让合同和专利实施许可合同的受让人，将合同标的技术向他人转让而订立的合同无效。

15. 技术转让合同中既有专利权转让或者专利实施许可内容，又有技术秘密转让内容，专利权被宣告无效或者技术秘密被他人公开的，不影响合同中另一部分内容的效力。但当事人另有约定的除外。

16. 当事人一方采取欺诈手段，就其现有技术成果作为研究开发标的与他人订立委托开发合同收取研究开发费用，或者就同一研究开发课题先后与两个或者两个以上的委托人分别订立委托开发合同重复收取研究开发费用的，受损害方可以依照合同法第五十四条第二款的规定请求变更或者撤销合同，但属于合同法第五十二条和第三百二十九条规定的情形应当对合同作无效处理的除外。

17. 技术合同无效或者被撤销后，研究开发人、让与人、受托人已经履行了约定的义务，且造成合同无效或者被撤销的过错在对方的，其按约定应当收取的研究开发经费、技术使用费和提供咨询服务的报酬，可以视为因对方原因导致合同无效或者被撤销给其造成的损失。

18. 技术合同无效或者被撤销后，当事人因合同取得的技术资料、样品、样机等技术载体应当返还权利人，并不得保留复制品；涉及技术秘密的，当事人依法负有保密义务。

19. 技术合同无效或者被撤销后，因履行合同所完成的新的技术成果或者在他人技术成果的基础上完成的后续改进部分的技术成果的权利归属和利益分享，当事人不能重新协议确定的，由完成技术成果的一方当事人享有。

20. 侵害他人技术秘密成果使用权、转让权的技术合同无效后，除法律、行政法规另有规定的以外，善意、有偿取得该技术秘密的一方可以继续使用该技术秘密，但应当向权利人支付合理的使用费并承担保密义务。除与权利人达成协议以外，善意取得的一方（使用人）继续使用该技术秘密不得超过其取得时确定的使用范围。当事人双方恶意串通或者一方明知或者应知另一方侵权仍然与其订立或者履行合同的，属于共同侵权，应当承担连带赔偿责任和保密义务，因该无效合同而取得技术秘密的当事人不得继续使用该技术秘密。

前款规定的使用费由使用人与权利人协议确定，不能达成协议的，任何一方可以请求人民法院予以裁决。使用人拒不履行双方达成的使用费协议的，权利人除可以请求人民法院判令使用人支付已使用期间的使用费以外，还可以请求判令使用人停止使用该技术秘密；使用人拒不执行人民法院关于使用费的裁决的，权利人除可以申请强制执行已使用期间的使用费外，还可以请求人民法院判令使用人停止使用该技术秘密。在双方就使用费达成协议或者人民法院作出生效裁决以前，使用人可以不停止使用该技术秘密。

21. 人民法院在裁决前条规定的使用费时，可以根据权利人善意对外转让该技术秘密的费用并考虑使用人的使用规模和经济效益等因素来确定；也可以依据使用人取得该技术秘密所支付的费用并考虑该技术秘密的研究开发成本、成果转化和应用程度和使用人的使用规模和经济效益等因素来确定。

人民法院应当对已使用期间的使用费和以后使用的付费标准一并作出裁决。

合同被确认无效后，使用人不论是否继续使用该技术秘密，均应当向权利人支付其已使用期间的使用费，其已向无效合同的让与人支付的费用应当由让与人负责返还，该费用中已由让与人作为侵权损害的赔偿直接给付权利人的部分，在计算使用人向权利人支付的使用费时相应扣除。

22. 法律、法规规定生产产品或者提供服务须经有关部门审批手续或者领取许可证，而实际尚未办理该审批手续或者领取许可证的，不影响当事人就有关产品的生产或者服务的提供所订立的技术合同的效力。

当事人对办理前款所称审批手续或者许可证的义务没有约定或者约定不明确，依照合同法第六十一条的规定不能达成补充协议的，除法律、法规另有规定的以外，由实施技术的一方负责办理。

（五）技术合同履行内容的确定

23. 当事人对技术合同的价款、报酬和使用费没有约定或者约定不明确，依照合同法第六十一条的规定不能达成补充协议的，人民法院可以按照以下原则处理：

（1）对于技术开发合同和技术转让合同，根据有关技术成果的研究开发成本、先进性、实施转化和应用的程度，当事人享有的权益和承担的责任，以及技术成果的经济效益和社会效益等合理认定；

（2）对于技术咨询合同和技术服务合同，根据有关咨询服务工作的数量、质量和技术含量，以及预期产生的经济效益和社会效益等合理认定。

技术合同价款、报酬、使用费中包含非技术性款项的，应当分项计算。

24. 当事人对技术合同的履行地点没有约定或者约定不明确，依照合同法第六十一条的规定不能达成补充协议的，技术开发合同以研究开发人所在地为履行地，但依据合同法第三百三十条第四款订立的合同以技术成果实施地为履行地；技术转让合同以受让人所在地为履行地；技术咨询合同以受托人所在地为履行地；技术服务合同以委托人所在地为履行地。但给付合同价款、报酬、使用费的，以接受给付的一方所在地为履行地。

25. 技术合同当事人对技术成果的验收标准没有约定或者约定不明确，在适用合同法第六十二条的规定时，没有国家标准、行业标准或者专业技术标准的，按照本行业合乎实用的一般技术要求履行。

当事人订立技术合同时所作的可行性分析报告中有关经济效益或者成本指标的预测和分析，不应当视为合同约定的验收标准，但当事人另有约定的除外。

（六）技术合同的解除与违约责任

26. 技术合同当事人一方迟延履行主要债务，经催告后在 30 日内仍未履行的，另一方可以依据合同法第九十四条第（三）项的规定解除合同。

当事人在催告通知中附有履行期限且该期限长于 30 日的，自该期限届满时，方可解除合同。

27. 有下列情形之一，使技术合同的履行成为不必要或者不可能时，当事人可以依据合同法第九十四条第（四）项的规定解除合同：

（1）因一方违约致使履行合同必备的物质条件灭失或者严重破坏，无法替代或者修复的；

（2）技术合同标的的项目或者技术因违背科学规律或者存在重大缺陷，无法达到约定的技术、经济效益指标的；

28. 专利实施许可合同和技术秘密转让合同约定按照提成支付技术使用费，受让人无正当理由不实施合同标的技术，并以此为由拒绝支付技术使用费的，让与人可以依据合同法第九十四条第（四）项的规定解除合同。

29. 在技术秘密转让合同有效期内，由于非受让人的原因导致合同标的技术公开且已进入公有领域的，当事人可以解除合同，但另有约定的除外。

30. 技术合同履行中，当事人一方在技术上发生的能够及时纠正的差错，或者为适应情况变化所作的必要技术调整，不影响合同目的实现的，不认为是违约行为，因此发生的额外费用自行承担。但因未依照合同法第六十条第二款的规定履行通知义务而造成对方当事人损失的，应当承担相应的违约责任。

31. 在履行技术合同中，为提供技术成果或者咨询服务而交付的技术载体和内容等与约定不一致的，应当及时更正、补充。不按时更正、补充的和因更正、补充有关技术载体和内容等给对方造成损失或者增加额外负担的，应当承担相应的违约责任。但一方所作技术改进，使合同的履行产生了比原合同更为积极或者有利效果的除外。

三、技术转让合同

（一）技术转让合同的一般规定

52. 合同法第三百四十二条所称技术转让合同，是指技术的合法拥有者包括有权对外转让技术的人将特定和现有的专利、专利申请、技术秘密的相关权利让与他人或者许可他人使用所订立的合同，不包括就尚待研究开发的技术成果或者不涉及专利、专利申请或者技术秘密的知识、技术、经验和信息订立的合同。其中：

（1）专利权转让合同，是指专利权人将其专利权让与受让人，受让人支付价款所订立的合同。

（2）专利申请权转让合同，是指让与人将其特定的技术成果申请专利的权利让与受让人，受让人支付价款订立的合同。

（3）技术秘密转让合同，是指技术秘密成果的权利人或者其授权的人作为让与人将技术秘密提供给受让人，明确相互之间技术秘密成果使用权、转让权，受让人支付价款或者使用费所订立的合同。

（4）专利实施许可合同，是指专利权人或者其授权的人作为让与人许可受让人在约定的范围内实施专利，受让人支付使用费所订立的合同。

53. 技术转让合同让与人应当保证受让人按约定的方式实施技术达到约定的技术指标。除非明确约定让与人保证受让人达到约定的经济效益指标，让与人不对受让人实施技术后的经济效益承担责任。

转让阶段性技术成果，让与人应当保证在一定条件下重复试验可以得到预期的效果。

54. 技术转让合同中约定受让人取得的技术须经受让人小试、中试、工业性试验后才能投入批量生产的，受让人未经小试、中试、工业性试验直接投入批量生产所发生的损失，让与人不承担责任。

55. 合同法第三百四十三条所称实施专利或者使用技术秘密的范围，是指实施专利或者使用技术秘密的期限、地域和方式以及接触技术秘密的人员等。

56. 合同法第三百五十四条所称后续改进，是指在技术转让合同有效期内，当事人一方或各方对合同标的技术所作的革新或者改良。

57. 当事人之间就申请专利的技术成果所订立的许可使用合同，专利申请公开以前，适用技术秘密转让合同的有关规定；发明专利申请公开以后、授权以前，参照专利实施许可合同的有关规定；授权以后，原合同即为专利实施许可合同，适用专利实施许可合同的有关规定。

（二）专利权转让合同和专利申请权转让合同

58. 订立专利权转让合同或者专利申请权转让合同前，让与人自己已经实施发明创造的，除当事人另有约定的以外，在合同生效后，受让人有权要求让与人停止实施。

专利权或者专利申请权依照专利法的规定让与受让人后，受让人可以依法作为专利权人或者专利申请人对他人行使权利。

59. 专利权转让合同、专利申请权转让合同不影响让与人在合同成立前与他人订立的专利实施许可合同或者技术秘密转让合同的效力。有关当事人之间的权利义务依照合同法第五章的规定确定。

60. 专利申请权依照专利法的规定让与受让人前专利申请被驳回的，当事人可以解除专利申请权转让合同；让与受让人后专利申请被驳回的，合同效力不受影响。但当事人另有约定的除外。

专利申请因专利申请权转让合同成立时即存在尚未公开的同样发明创造的在先专利申请而被驳回的，当事人可以依据合同法第五十四条第一款第（二）项的规定请求予以变更或者撤销合同。

（三）专利实施许可合同

61. 专利实施许可合同让与人应当在合同有效期内维持专利权有效，但当事人另有约定的除外。

在合同有效期内，由于让与人的原因导致专利权被终止的，受让人可以依据合同法第九十四条第（四）项的规定解除合同，让与人应当承担违约责任；专利权被宣告无效的，合同终止履行，并依据专利法的有关规定处理。

62. 专利实施许可合同对实施专利的期限没有约定或者约定不明确，依照合同法第六十一条的规定不能达成补充协议的，受让人实施专利不受期限限制。

63. 专利实施许可可以采取独占实施许可、排他实施许可、普通实施许可等方式。

前款所称排他实施许可，是指让与人在已经许可受让人实施专利的范围内无权就同一专利再许可他人实施；独占实施许可，是指让与人在已经许可受让人实施专利的范围内无权就同一专利再许可他人实施或者自己实施；普通实施许可，是指让与人在已经许可受让人实施专利的范围内仍可以就同一专利再许可他人实施。

当事人对专利实施许可方式没有约定或者约定不明确，依照合同法第六十一条的规定不能达成补充协议的，视为普通实施许可。

专利实施许可合同约定受让人可以再许可他人实施该专利的，该再许可为普通实施许可，但当事人另有约定的除外。

64. 除当事人另有约定的以外，根据实施专利的强制许可决定而取得的专利实施权为普通实施许可。

65. 除当事人另有约定的以外，排他实施许可合同让与人不具备独立实施其专利的条件，与一个法人、其他组织或者自然人合作实施该专利，或者通过技术入股实施该专利，可视为让与人自己实施专利。但让与人就同一专利与两个或者两个以上法人、其他组织或者自然人分别合作实施或者入股联营的，属于合同法第三百五十一条规定的违反约定擅自许可第三人实施专利的行为。

66. 除当事人另有约定的以外，专利实施许可合同的受让人将受让的专利与他人合作实施或者入股联营的，属于合同法第三百五十二条规定的未经让与人同意擅自许可第三人实施专利的行为。

（四）技术秘密转让合同

67. 技术秘密转让合同对使用技术秘密的期限没有约定或者约定不明确，依照合同法第六十一条的规定不能达成补充协议的，受让人可以无限期地使用该技术秘密。

68. 合同法第三百四十七条所称技术秘密转让合同让与人的保密义务不影响其申请专利的权利，但当事人约定让与人不得申请专利或者明确约定让与人承担保密义务的除外。

69. 技术秘密转让可以采取本纪要第 63 条规定的许可使用方式，并参照适用合同法和本纪要关于专利实施许可使用方式的有关规定。

最高人民法院关于审理技术合同纠纷案件适用法律若干问题的解释（节选）

（2004 年 11 月 30 日最高人民法院审判委员会第 1335 次会议通过　根据 2020 年 12 月 23 日最高人民法院审判委员会第 1823 次会议通过的《最高人民法院关于修改〈最高人民法院关于审理侵犯专利权纠纷案件应用法律若干问题的解释（二）〉等十八件知识产权类司法解释的决定》修正）

一、一般规定

第一条　技术成果，是指利用科学技术知识、信息和经验作出的涉及产品、工艺、材料及其改进等的技术方案，包括专利、专利申请、技术秘密、计算机软件、集成电路布图设计、植物新品种等。

技术秘密，是指不为公众所知悉、具有商业价值并经权利人采取相应保密措施的技术信息。

第二条　民法典第八百四十七条第二款所称"执行法人或者非法人组织的工作任务"，包括：

（一）履行法人或者非法人组织的岗位职责或者承担其交付的其他技术开发任务；

（二）离职后一年内继续从事与其原所在法人或者非法人组织的岗位职责或者交付的任务有关的技术开发工作，但法律、行政法规另有规定的除外。

法人或者非法人组织与其职工就职工在职期间或者离职以后所完成的技术成果的权益有

约定的，人民法院应当依约定确认。

第三条 民法典第八百四十七条第二款所称"物质技术条件"，包括资金、设备、器材、原材料、未公开的技术信息和资料等。

第四条 民法典第八百四十七条第二款所称"主要是利用法人或者非法人组织的物质技术条件"，包括职工在技术成果的研究开发过程中，全部或者大部分利用了法人或者非法人组织的资金、设备、器材或者原材料等物质条件，并且这些物质条件对形成该技术成果具有实质性的影响；还包括该技术成果实质性内容是在法人或者非法人组织尚未公开的技术成果、阶段性技术成果基础上完成的情形。但下列情况除外：

（一）对利用法人或者非法人组织提供的物质技术条件，约定返还资金或者交纳使用费的；

（二）在技术成果完成后利用法人或者非法人组织的物质技术条件对技术方案进行验证、测试的。

第五条 个人完成的技术成果，属于执行原所在法人或者非法人组织的工作任务，又主要利用了现所在法人或者非法人组织的物质技术条件的，应当按照该自然人原所在和现所在法人或者非法人组织达成的协议确认权益。不能达成协议的，根据对完成该项技术成果的贡献大小由双方合理分享。

第六条 民法典第八百四十七条所称"职务技术成果的完成人"、第八百四十八条所称"完成技术成果的个人"，包括对技术成果单独或者共同作出创造性贡献的人，也即技术成果的发明人或者设计人。人民法院在对创造性贡献进行认定时，应当分解所涉及技术成果的实质性技术构成。提出实质性技术构成并由此实现技术方案的人，是作出创造性贡献的人。

提供资金、设备、材料、试验条件，进行组织管理，协助绘制图纸、整理资料、翻译文献等人员，不属于职务技术成果的完成人、完成技术成果的个人。

第七条 不具有民事主体资格的科研组织订立的技术合同，经法人或者非法人组织授权或者认可的，视为法人或者非法人组织订立的合同，由法人或者非法人组织承担责任；未经法人或者非法人组织授权或者认可的，由该科研组织成员共同承担责任，但法人或者非法人组织因该合同受益的，应当在其受益范围内承担相应责任。

前款所称不具有民事主体资格的科研组织，包括法人或者非法人组织设立的从事技术研究开发、转让等活动的课题组、工作室等。

第八条 生产产品或者提供服务依法须经有关部门审批或者取得行政许可，而未经审批或者许可的，不影响当事人订立的相关技术合同的效力。

当事人对办理前款所称审批或者许可的义务没有约定或者约定不明确的，人民法院应当判令由实施技术的一方负责办理，但法律、行政法规另有规定的除外。

第九条 当事人一方采取欺诈手段，就其现有技术成果作为研究开发标的与他人订立委托开发合同收取研究开发费用，或者就同一研究开发课题先后与两个或者两个以上的委托人分别订立委托开发合同重复收取研究开发费用，使对方在违背真实意思的情况下订立的合同，受损害方依照民法典第一百四十八条规定请求撤销合同的，人民法院应当予以支持。

第十条 下列情形，属于民法典第八百五十条所称的"非法垄断技术"：

（一）限制当事人一方在合同标的技术基础上进行新的研究开发或者限制其使用所改进的

技术，或者双方交换改进技术的条件不对等，包括要求一方将其自行改进的技术无偿提供给对方、非互惠性转让给对方、无偿独占或者共享该改进技术的知识产权；

（二）限制当事人一方从其他来源获得与技术提供方类似技术或者与其竞争的技术；

（三）阻碍当事人一方根据市场需求，按照合理方式充分实施合同标的技术，包括明显不合理地限制技术接受方实施合同标的技术生产产品或者提供服务的数量、品种、价格、销售渠道和出口市场；

（四）要求技术接受方接受并非实施技术必不可少的附带条件，包括购买非必需的技术、原材料、产品、设备、服务以及接收非必需的人员等；

（五）不合理地限制技术接受方购买原材料、零部件、产品或者设备等的渠道或者来源；

（六）禁止技术接受方对合同标的技术知识产权的有效性提出异议或者对提出异议附加条件。

第十一条 技术合同无效或者被撤销后，技术开发合同研究开发人、技术转让合同让与人、技术许可合同许可人、技术咨询合同和技术服务合同的受托人已经履行或者部分履行了约定的义务，并且造成合同无效或者被撤销的过错在对方的，对其已履行部分应当收取的研究开发经费、技术使用费、提供咨询服务的报酬，人民法院可以认定为因对方原因导致合同无效或者被撤销给其造成的损失。

技术合同无效或者被撤销后，因履行合同所完成新的技术成果或者在他人技术成果基础上完成后续改进技术成果的权利归属和利益分享，当事人不能重新协议确定的，人民法院可以判决由完成技术成果的一方享有。

第十二条 根据民法典第八百五十条的规定，侵害他人技术秘密的技术合同被确认无效后，除法律、行政法规另有规定的以外，善意取得该技术秘密的一方当事人可以在其取得时的范围内继续使用该技术秘密，但应当向权利人支付合理的使用费并承担保密义务。

当事人双方恶意串通或者一方知道或者应当知道另一方侵权仍与其订立或者履行合同的，属于共同侵权，人民法院应当判令侵权人承担连带赔偿责任和保密义务，因此取得技术秘密的当事人不得继续使用该技术秘密。

第十三条 依照前条第一款规定可以继续使用技术秘密的人与权利人就使用费支付发生纠纷的，当事人任何一方都可以请求人民法院予以处理。继续使用技术秘密但又拒不支付使用费的，人民法院可以根据权利人的请求判令使用人停止使用。

人民法院在确定使用费时，可以根据权利人通常对外许可该技术秘密的使用费或者使用人取得该技术秘密所支付的使用费，并考虑该技术秘密的研究开发成本、成果转化和应用程度以及使用人的使用规模、经济效益等因素合理确定。

不论使用人是否继续使用技术秘密，人民法院均应当判令其向权利人支付已使用期间的使用费。使用人已向无效合同的让与人或者许可人支付的使用费应当由让与人或者许可人负责返还。

第十四条 对技术合同的价款、报酬和使用费，当事人没有约定或者约定不明确的，人民法院可以按照以下原则处理：

（一）对于技术开发合同和技术转让合同、技术许可合同，根据有关技术成果的研究开发成本、先进性、实施转化和应用的程度，当事人享有的权益和承担的责任，以及技术成果的经济效益等合理确定；

（二）对于技术咨询合同和技术服务合同，根据有关咨询服务工作的技术含量、质量和数量，以及已经产生和预期产生的经济效益等合理确定。

技术合同价款、报酬、使用费中包含非技术性款项的，应当分项计算。

第十五条 技术合同当事人一方迟延履行主要债务，经催告后在 30 日内仍未履行，另一方依据民法典第五百六十三条第一款第（三）项的规定主张解除合同的，人民法院应当予以支持。

当事人在催告通知中附有履行期限且该期限超过 30 日的，人民法院应当认定该履行期限为民法典第五百六十三条第一款第（三）项规定的合理期限。

第十六条 当事人以技术成果向企业出资但未明确约定权属，接受出资的企业主张该技术成果归其享有的，人民法院一般应当予以支持，但是该技术成果价值与该技术成果所占出资额比例明显不合理损害出资人利益的除外。

当事人对技术成果的权属约定有比例的，视为共同所有，其权利使用和利益分配，按共有技术成果的有关规定处理，但当事人另有约定的，从其约定。

当事人对技术成果的使用权约定有比例的，人民法院可以视为当事人对实施该项技术成果所获收益的分配比例，但当事人另有约定的，从其约定。

二、技术开发合同

第十七条 民法典第八百五十一条第一款所称"新技术、新产品、新工艺、新品种或者新材料及其系统"，包括当事人在订立技术合同时尚未掌握的产品、工艺、材料及其系统等技术方案，但对技术上没有创新的现有产品的改型、工艺变更、材料配方调整以及对技术成果的验证、测试和使用除外。

第十八条 民法典第八百五十一条第四款规定的"当事人之间就具有实用价值的科技成果实施转化订立的"技术转化合同，是指当事人之间就具有实用价值但尚未实现工业化应用的科技成果包括阶段性技术成果，以实现该科技成果工业化应用为目标，约定后续试验、开发和应用等内容的合同。

第十九条 民法典第八百五十五条所称"分工参与研究开发工作"，包括当事人按照约定的计划和分工，共同或者分别承担设计、工艺、试验、试制等工作。

技术开发合同当事人一方仅提供资金、设备、材料等物质条件或者承担辅助协作事项，另一方进行研究开发工作的，属于委托开发合同。

第二十条 民法典第八百六十一条所称"当事人均有使用和转让的权利"，包括当事人均有不经对方同意而自己使用或者以普通使用许可的方式许可他人使用技术秘密，并独占由此所获利益的权利。当事人一方将技术秘密成果的转让权让与他人，或者以独占或者排他使用许可的方式许可他人使用技术秘密，未经对方当事人同意或者追认的，应当认定该让与或者许可行为无效。

第二十一条 技术开发合同当事人依照民法典的规定或者约定自行实施专利或使用技术秘密，但因其不具备独立实施专利或者使用技术秘密的条件，以一个普通许可方式许可他人实施或者使用的，可以准许。

三、技术转让合同和技术许可合同

第二十二条 就尚待研究开发的技术成果或者不涉及专利、专利申请或者技术秘密的知识、技术、经验和信息所订立的合同，不属于民法典第八百六十二条规定的技术转让合同或者技术许可合同。

技术转让合同中关于让与人向受让人提供实施技术的专用设备、原材料或者提供有关的技术咨询、技术服务的约定，属于技术转让合同的组成部分。因此发生的纠纷，按照技术转让合同处理。

当事人以技术入股方式订立联营合同，但技术入股人不参与联营体的经营管理，并且以保底条款形式约定联营体或者联营对方支付其技术价款或者使用费的，视为技术转让合同或者技术许可合同。

第二十三条 专利申请权转让合同当事人以专利申请被驳回或者被视为撤回为由请求解除合同，该事实发生在依照专利法第十条第三款的规定办理专利申请权转让登记之前的，人民法院应当予以支持；发生在转让登记之后的，不予支持，但当事人另有约定的除外。

专利申请因专利申请权转让合同成立时即存在尚未公开的同样发明创造的在先专利申请被驳回，当事人依据民法典第五百六十三条第一款第（四）项的规定请求解除合同的，人民法院应当予以支持。

第二十四条 订立专利权转让合同或者专利申请权转让合同前，让与人自己已经实施发明创造，在合同生效后，受让人要求让与人停止实施的，人民法院应当予以支持，但当事人另有约定的除外。

让与人与受让人订立的专利权、专利申请权转让合同，不影响在合同成立前让与人与他人订立的相关专利实施许可合同或者技术秘密转让合同的效力。

第二十五条 专利实施许可包括以下方式：

（一）独占实施许可，是指许可人在约定许可实施专利的范围内，将该专利仅许可一个被许可人实施，许可人依约定不得实施该专利；

（二）排他实施许可，是指许可人在约定许可实施专利的范围内，将该专利仅许可一个被许可人实施，但许可人依约定可以自行实施该专利；

（三）普通实施许可，是指许可人在约定许可实施专利的范围内许可他人实施该专利，并且可以自行实施该专利。

当事人对专利实施许可方式没有约定或者约定不明确的，认定为普通实施许可。专利实施许可合同约定被许可人可以再许可他人实施专利的，认定该再许可为普通实施许可，但当事人另有约定的除外。

技术秘密的许可使用方式，参照本条第一、二款的规定确定。

第二十六条 专利实施许可合同许可人负有在合同有效期内维持专利权有效的义务，包括依法缴纳专利年费和积极应对他人提出宣告专利权无效的请求，但当事人另有约定的除外。

第二十七条 排他实施许可合同许可人不具备独立实施其专利的条件，以一个普通许可的方式许可他人实施专利的，人民法院可以认定为许可人自己实施专利，但当事人另有约定的除外。

第二十八条 民法典第八百六十四条所称"实施专利或者使用技术秘密的范围"，包括实施专利或者使用技术秘密的期限、地域、方式以及接触技术秘密的人员等。

当事人对实施专利或者使用技术秘密的期限没有约定或者约定不明确的，受让人、被许可人实施专利或者使用技术秘密不受期限限制。

第二十九条　当事人之间就申请专利的技术成果所订立的许可使用合同，专利申请公开以前，适用技术秘密许可合同的有关规定；发明专利申请公开以后、授权以前，参照适用专利实施许可合同的有关规定；授权以后，原合同即为专利实施许可合同，适用专利实施许可合同的有关规定。

人民法院不以当事人就已经申请专利但尚未授权的技术订立专利实施许可合同为由，认定合同无效。

六、其他

第四十六条　计算机软件开发等合同争议，著作权法以及其他法律、行政法规另有规定的，依照其规定；没有规定的，适用民法典第三编第一分编的规定，并可以参照民法典第三编第二分编第二十章和本解释的有关规定处理。

第四十七条　本解释自 2005 年 1 月 1 日起施行。

最高人民法院关于审理不正当竞争民事案件
应用法律若干问题的解释（节选）

（2006 年 12 月 30 日由最高人民法院审判委员会第 1412 次会议通过　根据 2020 年 12 月 23 日最高人民法院审判委员会第 1823 次会议通过的《最高人民法院关于修改〈最高人民法院关于审理侵犯专利权纠纷案件应用法律若干问题的解释（二）〉等十八件知识产权类司法解释的决定》修正）

第九条　有关信息不为其所属领域的相关人员普遍知悉和容易获得，应当认定为反不正当竞争法第十条第三款规定的"不为公众所知悉"。

具有下列情形之一的，可以认定有关信息不构成不为公众所知悉：

（一）该信息为其所属技术或者经济领域的人的一般常识或者行业惯例；

（二）该信息仅涉及产品的尺寸、结构、材料、部件的简单组合等内容，进入市场后相关公众通过观察产品即可直接获得；

（三）该信息已经在公开出版物或者其他媒体上公开披露；

（四）该信息已通过公开的报告会、展览等方式公开；

（五）该信息从其他公开渠道可以获得；

（六）该信息无需付出一定的代价而容易获得。

第十条　有关信息具有现实的或者潜在的商业价值，能为权利人带来竞争优势的，应当认定为反不正当竞争法第十条第三款规定的"能为权利人带来经济利益、具有实用性"。

第十一条　权利人为防止信息泄漏所采取的与其商业价值等具体情况相适应的合理保护措施，应当认定为反不正当竞争法第十条第三款规定的"保密措施"。

人民法院应当根据所涉信息载体的特性、权利人保密的意愿、保密措施的可识别程度、他人通过正当方式获得的难易程度等因素，认定权利人是否采取了保密措施。

具有下列情形之一，在正常情况下足以防止涉密信息泄漏的，应当认定权利人采取了保密措施：

（一）限定涉密信息的知悉范围，只对必须知悉的相关人员告知其内容；

（二）对于涉密信息载体采取加锁等防范措施；

（三）在涉密信息的载体上标有保密标志；

（四）对于涉密信息采用密码或者代码等；

（五）签订保密协议；

（六）对于涉密的机器、厂房、车间等场所限制来访者或者提出保密要求；

（七）确保信息秘密的其他合理措施。

第十二条 通过自行开发研制或者反向工程等方式获得的商业秘密，不认定为反不正当竞争法第十条第（一）、（二）项规定的侵犯商业秘密行为。

前款所称"反向工程"，是指通过技术手段对从公开渠道取得的产品进行拆卸、测绘、分析等而获得该产品的有关技术信息。当事人以不正当手段知悉了他人的商业秘密之后，又以反向工程为由主张获取行为合法的，不予支持。

第十四条 当事人指称他人侵犯其商业秘密的，应当对其拥有的商业秘密符合法定条件、对方当事人的信息与其商业秘密相同或者实质相同以及对方当事人采取不正当手段的事实负举证责任。其中，商业秘密符合法定条件的证据，包括商业秘密的载体、具体内容、商业价值和对该项商业秘密所采取的具体保密措施等。

其他部分

药品技术转让注册管理规定

国食药监注〔2009〕518号

第一章　总　则

第一条 为促进新药研发成果转化和生产技术合理流动，鼓励产业结构调整和产品结构优化，规范药品技术转让注册行为，保证药品的安全、有效和质量可控，根据《药品注册管理办法》，制定本规定。

第二条 药品技术转让注册申请的申报、审评、审批和监督管理，适用本规定。

第三条 药品技术转让，是指药品技术的所有者按照本规定的要求，将药品生产技术转让给受让方药品生产企业，由受让方药品生产企业申请药品注册的过程。

药品技术转让分为新药技术转让和药品生产技术转让。

第二章　新药技术转让注册申报的条件

第四条 属于下列情形之一的，可以在新药监测期届满前提出新药技术转让的注册申请：

（一）持有《新药证书》的；

（二）持有《新药证书》并取得药品批准文号的。

对于仅持有《新药证书》、尚未进入新药监测期的制剂或持有《新药证书》的原料药，自

《新药证书》核发之日起，应当在按照《药品注册管理办法》附件六相应制剂的注册分类所设立的监测期届满前提出新药技术转让的申请。

第五条　新药技术转让的转让方与受让方应当签订转让合同。

对于仅持有《新药证书》，但未取得药品批准文号的新药技术转让，转让方应当为《新药证书》所有署名单位。

对于持有《新药证书》并取得药品批准文号的新药技术转让，转让方除《新药证书》所有署名单位外，还应当包括持有药品批准文号的药品生产企业。

第六条　转让方应当将转让品种的生产工艺和质量标准等相关技术资料全部转让给受让方，并指导受让方试制出质量合格的连续 3 个生产批号的样品。

第七条　新药技术转让申请，如有提高药品质量，并有利于控制安全性风险的变更，应当按照相关的规定和技术指导原则进行研究，研究资料连同申报资料一并提交。

第八条　新药技术转让注册申请获得批准之日起，受让方应当继续完成转让方原药品批准证明文件中载明的有关要求，例如药品不良反应监测和Ⅳ期临床试验等后续工作。

第三章　药品生产技术转让注册申报的条件

第九条　属于下列情形之一的，可以申请药品生产技术转让：

（一）持有《新药证书》或持有《新药证书》并取得药品批准文号，其新药监测期已届满的；

持有《新药证书》或持有《新药证书》并取得药品批准文号的制剂，不设监测期的；

仅持有《新药证书》、尚未进入新药监测期的制剂或持有《新药证书》不设监测期的原料药，自《新药证书》核发之日起，按照《药品注册管理办法》附件六相应制剂的注册分类所设立的监测期已届满的；

（二）未取得《新药证书》的品种，转让方与受让方应当均为符合法定条件的药品生产企业，其中一方持有另一方 50% 以上股权或股份，或者双方均为同一药品生产企业控股 50% 以上的子公司的；

（三）已获得《进口药品注册证》的品种，其生产技术可以由原进口药品注册申请人转让给境内药品生产企业。

第十条　药品生产技术转让的转让方与受让方应当签订转让合同。

第十一条　转让方应当将所涉及的药品的处方、生产工艺、质量标准等全部资料和技术转让给受让方，指导受让方完成样品试制、规模放大和生产工艺参数验证实施以及批生产等各项工作，并试制出质量合格的连续 3 个生产批号的样品。受让方生产的药品应当与转让方生产的药品质量一致。

第十二条　受让方的药品处方、生产工艺、质量标准等应当与转让方一致，不应发生原料药来源、辅料种类、用量和比例，以及生产工艺和工艺参数等影响药品质量的变化。

第十三条　受让方的生产规模应当与转让方的生产规模相匹配，受让方生产规模的变化超出转让方原规模十倍或小于原规模十分之一的，应当重新对生产工艺相关参数进行验证，验证资料连同申报资料一并提交。

第四章　药品技术转让注册申请的申报和审批

第十四条　药品技术转让的受让方应当为药品生产企业，其受让的品种剂型应当与《药品生产许可证》中载明的生产范围一致。

第十五条 药品技术转让时，转让方应当将转让品种所有规格一次性转让给同一个受让方。

第十六条 麻醉药品、第一类精神药品、第二类精神药品原料药和药品类易制毒化学品不得进行技术转让。

第二类精神药品制剂申请技术转让的，受让方应当取得相应品种的定点生产资格。

放射性药品申请技术转让的，受让方应当取得相应品种的《放射性药品生产许可证》。

第十七条 申请药品技术转让，应当填写《药品补充申请表》，按照补充申请的程序和规定以及本规定附件的要求向受让方所在地省、自治区、直辖市药品监督管理部门报送有关资料和说明。

对于持有药品批准文号的，应当同时提交持有药品批准文号的药品生产企业提出注销所转让品种药品批准文号的申请。

对于持有《进口药品注册证》、同时持有用于境内分包装的大包装《进口药品注册证》的，应当同时提交转让方注销大包装《进口药品注册证》的申请。已经获得境内分包装批准证明文件的，还要提交境内分包装药品生产企业提出注销所转让品种境内分包装批准证明文件的申请。

对于已经获准药品委托生产的，应当同时提交药品监督管理部门同意终止委托生产的相关证明性文件。

第十八条 对于转让方和受让方位于不同省、自治区、直辖市的，转让方所在地省、自治区、直辖市药品监督管理部门应当提出审核意见。

第十九条 受让方所在地省、自治区、直辖市药品监督管理部门对药品技术转让的申报资料进行受理审查，组织对受让方药品生产企业进行生产现场检查，药品检验所应当对抽取的 3 批样品进行检验。

第二十条 国家食品药品监督管理局药品审评中心应当对申报药品技术转让的申报资料进行审评，作出技术审评意见，并依据样品生产现场检查报告和样品检验结果，形成综合意见。

第二十一条 国家食品药品监督管理局依据药品审评中心的综合意见，作出审批决定。符合规定的，发给《药品补充申请批件》及药品批准文号。

转让前已取得药品批准文号的，应同时注销转让方原药品批准文号。

转让前已取得用于境内分包装的大包装《进口药品注册证》、境内分包装批准证明文件的，应同时注销大包装《进口药品注册证》、境内分包装批准证明文件。

第二类精神药品制剂的技术转让获得批准后，转让方已经获得的该品种定点生产资格应当同时予以注销。

新药技术转让注册申请获得批准的，应当在《新药证书》原件上标注已批准技术转让的相关信息后予以返还；未获批准的，《新药证书》原件予以退还。

对于持有《进口药品注册证》进行技术转让获得批准的，应当在《进口药品注册证》原件上标注已批准技术转让的相关信息后予以返还。

需要进行临床试验的，发给《药物临床试验批件》；不符合规定的，发给《审批意见通知件》，并说明理由。

第二十二条　经审评需要进行临床试验的，其对照药品应当为转让方药品生产企业原有生产的、已上市销售的产品。转让方仅获得《新药证书》的，对照药品的选择应当按照《药品注册管理办法》的规定及有关技术指导原则执行。

第二十三条　完成临床试验后，受让方应当将临床试验资料报送国家食品药品监督管理局药品审评中心，同时报送所在地省、自治区、直辖市药品监督管理部门。省、自治区、直辖市药品监督管理部门应当组织对临床试验进行现场核查。

第二十四条　具有下列情形之一的，其药品技术转让注册申请不予受理，已经受理的不予批准：

（一）转让方或受让方相关合法登记失效，不能独立承担民事责任的；

（二）转让方和受让方不能提供有效批准证明文件的；

（三）在国家中药品种保护期内的；

（四）申报资料中，转让方名称等相关信息与《新药证书》或者药品批准文号持有者不一致，且不能提供相关批准证明文件的；

（五）转让方未按照药品批准证明文件等载明的有关要求，在规定时间内完成相关工作的；

（六）经国家食品药品监督管理局确认存在安全性问题的药品；

（七）国家食品药品监督管理局认为不予受理或者不予批准的其他情形。

第五章　附　　则

第二十五条　药品技术转让产生纠纷的，应当由转让方和受让方自行协商解决或通过人民法院的司法途径解决。

第二十六条　本规定自发布之日起施行，原药品技术转让的有关规定同时废止。

附件：药品技术转让申报资料要求及其说明

附件：

药品技术转让申报资料要求及其说明

第一部分　新药技术转让

1. 药品批准证明文件及附件

1.1　《新药证书》所有原件。

1.2　药品批准证明性文件及其附件的复印件，包括与申请事项有关的本品各种批准文件，如药品注册批件、补充申请批件、药品标准颁布件、修订件等。

附件指上述批件的附件，如药品质量标准、说明书、标签样稿及其他附件。

2. 证明性文件

2.1　转让方《药品生产许可证》及其变更记录页、营业执照复印件。转让方不是药品生产企业的，应当提供其机构合法登记证明文件复印件。

受让方《药品生产许可证》及其变更记录页、营业执照的复印件。

2.2　申报制剂的，应提供原料药的合法来源证明文件，包括原料药的批准证明文件、药品质量标准、检验报告书、原料药生产企业的营业执照、《药品生产许可证》、《药品生产质量管理规范》认证证书、销售发票、供货协议等复印件。

2.3　直接接触药品的包装材料和容器的《药品包装材料和容器注册证》或者《进口包装材料和容器注册证》复印件。

2.4　转让方和受让方位于不同省、自治区、直辖市的，应当提交转让方所在地省、自治区、直辖市药品监督管理部门对新药技术转让的审核意见。

2.5　对于已经获准药品委托生产的，应提交药品监督管理部门同意注销委托生产的相关证明性文件。

2.6　转让方拟转让品种如有药品批准文号，应提交注销该文号申请。

3. 新药技术转让合同原件。

4. 受让方药品说明书和标签样稿及详细修订说明。

5. 药学研究资料：应当符合《药品注册管理办法》附件1、附件2、附件3"药学研究资料"的一般原则，并遵照以下要求：

5.1　工艺研究资料的一般要求

详细说明生产工艺、生产主要设备和条件、工艺参数、生产过程、生产中质量控制方法与转让方的一致性，生产规模的匹配性，并同时提供转让方详细的生产工艺、工艺参数、生产规模等资料。

根据《药品注册管理办法》和有关技术指导原则等要求，对生产过程工艺参数进行验证的资料。

5.2　原料药制备工艺的研究资料

原料药制备工艺研究资料要求同5.1项的一般要求。

5.3　制剂处方及生产工艺研究资料

除了遵照5.1的一般要求之外，资料中还应详细说明药品处方的一致性，并提供转让方详细的处方资料。

5.4　质量研究工作的试验资料

5.4.1　对转让方已批准的质量标准中的检查方法进行验证，以确证已经建立起的质量控制方法能有效地控制转让后产品的质量。

5.4.2　根据原料药的理化性质和/或剂型特性，选择适当的项目与转让方原生产的药品进行比较性研究，重点证明技术转让并未引起药品中与药物体内吸收和疗效有关的重要理化性质和指标的改变，具体可参照相关技术指导原则中的有关研究验证工作进行。

如研究发现生产的样品出现新的杂质等，需参照杂质研究的技术指导原则研究和分析杂质的毒性。

5.5　样品的检验报告书

对连续生产的3批样品按照转让方已批准的质量标准进行检验合格。

5.6　药材、原料药、生物制品生产用原材料、辅料等的来源及质量标准、检验报告书。

注意说明与转让方原使用的药材、原料药、生物制品生产用原材料、辅料的异同，以及重要理化指标和质量标准的一致性。

5.7　药物稳定性研究资料

对生产的3批样品进行3~6个月加速试验及长期留样稳定性考察，并与转让方药品稳定性情况进行比较。

对药品处方、生产工艺、主要工艺参数、原辅料来源、生产规模等与转让方保持严格一致的，可无需提交稳定性试验资料，其药品有效期以转让方药品有效期为准。

5.8　直接接触药品的包装材料和容器的选择依据及质量标准。

直接接触药品的包装材料和容器一般不得变更。

5.9　上述内容如发生变更，参照相关技术指导原则进行研究，并提供相关研究资料。

第二部分　生产技术转让

1. 药品批准证明文件及附件的复印件

药品批准证明性文件及其附件的复印件，包括与申请事项有关的本品各种批准文件，如药品注册批件、补充申请批件、药品标准颁布件、修订件等。

附件指上述批件的附件，如药品质量标准、说明书、标签样稿及其他附件。

2. 证明性文件

2.1　转让方《药品生产许可证》及其变更记录页、营业执照复印件。

受让方《药品生产许可证》及其变更记录页、营业执照复印件。

2.2　申请制剂的，应提供原料药的合法来源证明文件，包括原料药的批准证明文件、药品标准、检验报告、原料药生产企业的营业执照、《药品生产许可证》、《药品生产质量管理规范》认证证书、销售发票、供货协议等的复印件。

2.3　直接接触药品的包装材料和容器的《药品包装材料和容器注册证》或者《进口包装材料和容器注册证》复印件。

2.4　转让方和受让方位于不同省、自治区、直辖市的，应当提交转让方所在地省、自治区、直辖市药品监督管理部门对生产技术转让的审核意见。

2.5　转让方注销拟转让品种文号的申请。

2.6　属于《药品技术转让注册管理规定》第九条第二款情形的，尚需提交转让方和受让方公司关系的证明材料，包括：

2.6.1　企业登记所在地工商行政管理部门出具的关于双方控股关系的查询证明文件。

2.6.2　申请人出具的公司关系说明及企业章程复印件。

2.6.3　《企业法人营业执照》及变更登记复印件。

2.7　进口药品生产技术转让的，尚需提交下列资料：

2.7.1　经公证的该品种境外制药厂商同意进行生产技术转让的文件，并附中文译本。

2.7.2　《进口药品注册证》（或者《医药产品注册证》）正本或者副本和药品批准证明文件复印件。

2.7.3　进口药品注册或者再注册时提交的药品生产国或者地区出具的药品批准证明文件复印件。

2.7.4　如转让方还持有同品种境内大包装注册证，还需提交注销其进口大包装注册证的申请。已获得分包装批件的还需提交境内分包装药品生产企业注销其分包装批件的申请。

2.8　对于已经获准药品委托生产的，应提交药品监督管理部门同意注销委托生产的相关证明性文件。

3. 生产技术转让合同原件。

4. 受让方药品说明书和标签样稿及详细修订说明。

5. 药学研究资料：应当符合《药品注册管理办法》附件 1、附件 2、附件 3 "药学研究资料"的一般原则，并遵照以下要求：

5.1 工艺研究资料的一般要求

详细说明生产工艺、生产主要设备和条件、工艺参数、生产过程、生产中质量控制方法与转让方的一致性，生产规模的匹配性，并同时提供转让方详细的生产工艺、工艺参数、生产规模等资料。

根据《药品注册管理办法》和有关技术指导原则等要求，对生产过程工艺参数进行验证的资料。

受让方生产规模的变化超出转让方原规模的十倍或小于原规模的十分之一的，应当重新对生产工艺相关参数进行验证，并提交验证资料。

5.2 原料药生产工艺的研究资料

原料药制备工艺研究资料要求同 5.1 项的一般要求。

受让方所使用的起始原料、试剂级别、生产设备、生产工艺和工艺参数一般不允许变更。

5.3 制剂处方及生产工艺研究资料。

制剂的生产工艺研究资料除按照 5.1 项的一般要求外，还需：

详细说明药品处方的一致性，并同时提供转让方详细的处方资料。

受让方所使用的辅料种类、用量、生产工艺和工艺参数，以及所使用的原料药来源不允许变更。

5.4 质量研究工作的试验资料

参照 "第一部分新药技术转让" 附件 5.4.1、5.4.2 有关剂型的要求。

5.5 样品的检验报告书。

对连续生产的 3 批样品按照转让方已批准的质量标准进行检验合格。

5.6 药材、原料药、生物制品生产用原材料、辅料等的来源及质量标准、检验报告书。

注意说明与转让方原使用的药材、原料药、生物制品生产用原材料和辅料等的异同，以及重要理化指标和质量标准的一致性。

5.7 药物稳定性研究资料

对受让方生产的 3 批样品进行 3～6 个月加速试验及长期留样稳定性考察，并与转让方药品稳定性情况进行比较。

对药品处方、生产工艺、主要工艺参数、原辅料来源、直接接触药品的包装材料和容器、生产规模等与转让方保持严格一致的，可无需提交稳定性试验资料，其药品有效期以转让方药品有效期为准。

5.8 直接接触药品的包装材料和容器的选择依据及质量标准。

直接接触药品的包装材料和容器不得变更。

关于推进中央企业知识产权工作
高质量发展的指导意见（节选）

国资发科创规〔2020〕15 号

（九）加强知识产权合规使用。在知识产权许可、转让、收购时，通过评估、协议、挂牌交易、拍卖等市场化方式确定价格。在新技术、新工艺、新材料、新产品等投放市场前，开展知识产权法律风险分析，有效防范法律风险。尊重他人知识产权，严格按照约定的范围使用。

（十）拓宽知识产权价值实现渠道。通过质押融资、作价入股、证券化、构建专利池等市场化方式，挖掘和提升企业知识产权价值。鼓励企业运用知识产权开展海外股权投资，支撑国际业务拓展。积极发展知识产权金融，提升资本化运作水平。

中国科学院关于新时期加快促进科技
成果转移转化指导意见（节选）

科发促字〔2016〕97 号

三、资产管理

……

（八）科技成果转移转化所获得的收入全部留归单位，院属单位应依法纳入单位预算，合理支配转化收益。扣除对完成和转化职务科技成果做出重要贡献人员的奖励和报酬后，应当主要用于科学技术研发与成果转化等相关工作。

（九）院属单位应完善无形资产管理制度，切实维护单位利益。要加强对投资股权的监管，保障单位合法权益；加强对单位名称、商誉等特殊无形资产的保护，避免对院的形象造成不良影响。

关于废止以高新技术成果出资入股有关文件的通知

国科发政字〔2006〕150 号

各省、自治区、直辖市、计划单列市科技厅（委、局）、工商行政管理局：

根据《公司法》有关规定，下列有关以高新技术成果出资入股的文件予以废止：

原国家科委、国家工商行政管理局《印发〈关于以高新技术成果出资入股若干问题的规定〉的通知》（国科发政字〔1997〕326 号）；科技部、国家工商行政管理局《关于印发〈关于以高新技术成果出资入股若干问题的规定实施办法〉的通知》（国科发政字〔1998〕171 号）；科技部、国家工商行政管理局《关于以高新技术成果作价入股有关问题的通知》（国科发政字〔1999〕351 号）；科技部、国家工商行政管理局《关于以高新技术成果出资入股有关问题的补充通知》（国科发政字〔2000〕255 号）。

以技术成果出资入股执行《公司法》的有关规定，不再经科技管理部门认定。

科学技术部

二〇〇六年五月二十三日

北京市促进科技成果转化条例（节选）

（2019 年 11 月 27 日北京市第十五届人民代表大会常务委员会第十六次会议通过）

第九条　政府设立的研发机构、高等院校，可以将其依法取得的职务科技成果的知识产权，以及其他未形成知识产权的职务科技成果的使用、转让、投资等权利，全部或者部分给予科技成果完成人，并同时约定双方科技成果转化收入分配方式。

前款规定的情况不得损害国家安全、国家利益、社会公共利益。

第十条　政府设立的研发机构、高等院校对其持有的科技成果，可以自主决定实施转化，除涉及国家秘密、国家安全外，不需审批或者备案；可以自主决定是否进行资产评估。科技成果转化收入留归本单位。

第十一条　政府设立的研发机构、高等院校持有的职务科技成果，在不变更权属的前提下，科技成果完成人可以与本单位依法签订协议实施转化。

单位自职务科技成果在本单位登记后无正当理由超过一年未组织实施转化的，科技成果完成人可以自行投资实施或者与他人合作实施转化，单位应当对科技成果完成人的科技成果转化活动予以支持、配合。

第十二条　科技成果完成单位持有的职务科技成果转化后，应当由单位对完成、转化该项科技成果做出重要贡献的人员给予奖励和报酬。

单位可以依法规定或者与科技人员约定奖励和报酬的方式、数额和时限。单位未规定、也未与科技人员约定的，按照《中华人民共和国促进科技成果转化法》的规定执行。

政府设立的研发机构、高等院校可以按照下列标准对完成、转化该项科技成果做出重要贡献的人员给予奖励和报酬：

（一）将职务科技成果转让、许可给他人实施的，从该项科技成果转让净收入或者许可净收入中提取不低于百分之七十的比例；

（二）利用职务科技成果作价投资的，从该项科技成果形成的股份或者出资比例中提取不低于百分之七十的比例；

（三）将职务科技成果自行实施转化或者与他人合作实施转化的，在实施转化成功投产后，从开始盈利的年度起连续五年内，每年从实施转化该项科技成果的营业利润中提取不低于百分之五的比例。五年奖励期限满后依据其他法律法规应当继续给予奖励或者报酬的，从其规定。

前款所称净收入，是指转让、许可收入扣除本次交易发生的相关税金、维护该科技成果的费用及交易过程中的评估、鉴定、谈判等直接成本后的余额。

政府设立的研发机构、高等院校及国有企业依照本条例规定对完成、转化职务科技成果做出重要贡献的人员给予奖励和报酬的支出计入当年本单位工资总额，但不受当年本单位工资总额和绩效工资总量限制、不纳入本单位工资总额基数。

北京市工商行政管理局关于简化工商登记程序优化准入服务的意见（节选）

京工商发〔2013〕85号

二、简化注册资本登记手续

不再执行注册资本入资专户管理制度。股东或投资者可以自主选择商业银行机构作为货币资本（金）的缴存机构。

以非货币财产出资，凭验资机构出具的验资证明办理登记，不再要求提交资产评估报告。

三、实行章程、合伙协议非重点内容免审制度

对章程、合伙协议内容，登记机关仅审查其中的企业名称、住所、投资人姓名或名称、注册资本（金）数额、出资方式、分期缴付数额及缴付期限等重点内容，其他内容全面免审。

股东或投资人可以依法在章程或合伙协议中约定企业自治管理事项。登记机关可以提供章程或合伙协议参考格式服务，但不得要求企业按照统一参考格式制作章程或合伙协议。

四、简化变更登记手续

变更登记申请书可由法定代表人或拟任法定代表人签署，不再要求加盖公章。申请人应当如实向登记机关提交有关材料，反映真实情况，并对申请材料实质内容的真实性负责。

内资企业变更住所、经营范围，不再要求提交相关决议、决定和修改后的章程或协议。企业自愿要求提交决议、决定、修改后的章程或章程修正案的，登记机关应当接受。

经所从属企业书面同意，内资企业分支机构经营项目可以超出所从属企业，不再要求所从属企业办理经营范围增项。

五、简化股份公司股东变更登记手续

进入场外交易市场的股份有限公司，已经在股权登记托管机构办理登记托管的，不再要求向工商部门申办股东变更登记手续。

上海市教育委员会系统高等学校科技成果转化及其股权激励暂行实施细则

沪教委科〔2013〕14号

第一章　总　则

第一条　为充分调动高校科技人员的积极性和创造性，促进科技成果创新和科技成果转化，提升高校知识服务功能，推动高校学科建设，根据市政府批转的《张江国家自主创新示范区企业股权和分红激励试行办法》（沪府发〔2011〕36号）和张江高新管委会等7市政府部门印发的《张江国家自主创新示范区企业股权和分红激励试点实施细则》（修订稿）（沪高新管委合〔2013〕1号）精神，制定本细则。

第二条　本细则适用范围为市教委系统以科技成果无形资产进行投资，实施科技成果转化，并按照《张江国家自主创新示范区企业股权和分红激励试点实施细则》申请成为股权激励试点单位的高等学校。

第三条　本细则所称"科技成果"，是指由高校名义承接的、高校在编或特聘科技人员以职务发明性质完成的科技成果，包括计算机软件、集成电路布图设计、植物新品种、产品新品种、外形设计、生产新工艺以及法律法规规定的其他科技成果。本细则所称"科技成果无形资产"，是指由科技成果形成的专利权、非专利技术等无形资产。

第四条　本细则所称"科技成果转化"，是指高校科学研究与技术开发所产生的具有实用价值的科技成果所进行的后续试验、开发、应用、推广直至形成新产品、新工艺、新材料，发展新产业等活动。

第五条　本细则所称"科技成果无形资产投资"，是指高校和职务发明人以科技成果无形资产为资本，经评估和批准后，出资组建新的科技企业或向存续科技企业增资股权的行为。

第六条　本细则所称的"科技成果转化股权激励"，是指高校科技成果无形资产投资企业形成股权时，高校职务发明人依本细则获得的股权奖励。

第二章　高校职能部门及职责

第七条　高校科技成果转化及其股权激励的管理体制，实行在张江国家自主创新示范区股权激励改革试点协调工作组的统一协调管理下，市教委实施监督管理，高校实施具体管理。

第八条　高校应有专门负责科技成果转化管理的职能部门或委托具有科技成果转化经营主业的高校企业，授权其代表高校负责科技成果转化及其股权激励的管理工作。其主要职责为：

（一）根据国家法律法规和政府规范性文件，起草本校科技成果转化及其股权激励管理以及无形资产管理的规章制度；

（二）负责高校科技成果无形资产的管理；

（三）负责高新技术成果转化项目的认定申报；

（四）负责科技成果转化权益奖励比例的认定；

（五）负责科技成果转化及其股权激励项目的试点申报；

（六）负责建立高校与产业界、金融界的沟通渠道，培育科技企业；

（七）负责采集、发布应用领域的科技信息，推广国内外科技成果，开展产学研成果信息交流；

（八）负责与从事高校科技成果转化的中介服务机构的沟通和合作；参与本市高校科技成果转化的机构联合；

（九）负责受理高校科技成果转化中受奖权益人的转让或投资委托。

第三章　科技成果转化权益奖励比例的认定

第九条　科技成果转化权益奖励实行认定制度。申请科技成果转化权益奖励认定的职务发明人应向高校提出申请，阐明科技成果转化行为，并提交专利权认定证书、可行性报告、科技团队情况以及科技成果技术的成熟程度和水平。

第十条　高校科技成果转化权益奖励比例的认定，原则上以科技成果的技术水平为奖励调整系数，高校可以根据实际增加一些其他方面的认定指标。科技成果的技术水平一般分为，国际先进、国内首创、国内同类三个等级。根据不同等级，按照职务发明科技成果权益奖励不低于20%且不高于30%的比例奖励职务发明人，具体奖励调整系数由高校自行制定。

第十一条　高校聘请专家对科技成果转化项目进行评审，认定其技术水平。高校根据专家评审结果，按照本细则第十条规定形成科技成果转化权益奖励比例的认定结果。认定结果按照决策程序，应通过高校职代会审议或在高校指定的内部媒体上公示，在充分汲取教职工合法意见和建议的基础上，经校（院）长办公会同意。

第十二条　职务发明人为 2 人及以上的，由职务发明人协商约定奖励权益的分配比例。对有奖励权益分配比例约定的从约定；没有约定的，可以协议补充约定；不能达成补充协议的，按照有关法律法规处理。

第十三条　能够形成专利权的高校科技成果，在申请专利权前，可以按照本细则第九条和第十条的规定认定科技成果权益奖励比例，并以此为据确定并登记高校和职务发明人的专利权享有比例。高校在实施科技成果转化时，原则上以此作为科技成果转化股权激励的依据。

第四章　科技成果转化的股权激励

第十四条　高校科技成果转化的股权激励纳入《张江国家自主创新示范区企业股权和分红激励试点实施细则》规定的试点范围和要求进行管理，并按照如下程序办理：

（一）高校向市教委提出试点备案申请，报送试点申请报告、奖励方案（按照科技成果转化权益奖励认定结果拟订的高校和奖励给职务发明人的权益比例）及相关文件。按照法律法规和政策性文件规定需要进行清产核资、产权界定、资产评估和备案、出具法律意见的，应履行相关程序，并将评估备案文件一并纳入试点备案申请。

（二）市教委负责确认高校提出的试点备案申请是否符合试点条件，初审同意的，提请试点协调工作组进行联合审议，经试点协调工作组同意备案的，由市教委出具《准予备案通知书》，并确认科技成果权益比例分配方案，载明激励对象名单。

第十五条　科技成果转化的股权激励对象限于职务发明人。奖励比例按照市教委出具的《准予备案通知书》中确认的高校科技成果权益比例分配方案为依据。

第十六条　高校在科技成果无形资产出资组建新的科技企业或向存续科技企业增资股权过程中，应根据市教委出具的《准予备案通知书》与科技企业合作方确定职务发明人的股权比例。

第十七条　享有科技成果无形资产投资科技企业股权激励的职务发明人，入股工商注册股东时，一般不超过 3 位自然人，多于 3 人的，职务发明人应协商，指定股东代表，签订股权委托协议。股东代表原则上应是该科技成果的核心研发人员。

第五章　科技成果无形资产的投资

第十八条　高校科技成果在转化过程中，应以无形资产作为资产形态。无形资产在实施投资时，其价值应以评估价值为准，高校应委托具有合法资质的资产评估机构对科技成果无形资产进行评估，评估价值的有效期为评估基准日起一年，超过评估有效期的应重新评估。无形资产评估报告应于评估基准日起 6 个月内报市教委备案，备案核准后方可实施投资。

第十九条　高校科技成果无形资产（限高校权益部分，下同）出资组建新的科技企业或向存续科技企业增资股权，按照《上海市教育委员会系统企业国有资产管理暂行办法》，在科技成果无形资产对外投资科技企业的同时，应将由此形成的高校对外投资无偿划转高校资产经营有限公司，由高校资产经营有限公司作为法定出资人。

第二十条　高校实施科技成果无形资产出资组建新的科技企业或向存续科技企业增资股权并将由此形成的高校对外投资无偿划转高校资产经营有限公司，应根据《上海市市级事业单位国有资产使用管理暂行办法》和《上海市市级事业单位国有资产处置管理暂行办法》，报请市教委审核，转报市财政局审批。

第二十一条 高校申请科技成果无形资产投资科技企业及由此形成的对外投资无偿划转高校资产经营有限公司，应向市教委提交如下材料：

（一）高校对外投资及对外投资划转请示文件；

（二）《市级事业单位国有资产对外投资申报单》；

（三）《市级事业单位国有资产划转处置申报单》；

（四）专利权认定文件；

（五）科技成果转化可行性报告；

（六）科技成果无形资产评估报告及其核准备案文件；

（七）市教委出具的《准予备案通知书》；

（八）对外投资合作意向书或框架协议等材料。

第二十二条 高校和高校资产经营有限公司应根据市财政局同意高校科技成果无形资产对外投资及对外投资划转的批复，以及市教委出具的《准予备案通知书》，在科技成果无形资产评估有效期内，与科技企业投资合作方（含股权激励人员）签订合作投资或增资股权协议（协议中应明确高校股权划转高校资产经营有限公司行为），制定或修改公司章程，办理验资。上述工作完成后，按规定办理国有资产产权新设或变更登记、工商新设或变更登记，以及税务新设或变更登记。

第二十三条 经批准，科技成果无形资产投资组建新的科技企业或向存续科技企业增资股权，其科技成果具有专利权的，应在验资前，向国家专利管理部门提出申请，将专利权人变更至被投资的科技企业。

第二十四条 高校及高校资产经营有限公司在完成科技成果无形资产出资组建新的科技企业或向存续科技企业增资股权工作后，应根据市财政局批复分别做好投资和划转的相关账务处理。

第二十五条 参与高校科技成果无形资产出资组建新的科技企业或向存续科技企业增资股权的职务发明人，应按照合作协议负有提供技术服务与指导的责任，确保科技成果转化的顺利实施，以达到预先确定的技术水平和转化效果。

第六章 操作程序

第二十六条 高校科技成果无形资产出资组建新的科技企业或向存续科技企业增资股权及股权激励的工作流程：

（一）科技成果职务发明人提交科技成果转化权益奖励认定申请；

（二）高校组织专家评审，确定技术水平，并以此形成科技成果转化权益奖励比例的认定结果，通过职代会审议或公示，在充分汲取教职工合法意见和建议的基础上，经校（院）长办公会同意；

（三）聘请具有合法资质的评估机构对科技成果进行无形资产评估，并评估备案；

（四）向市教委提出股权激励试点申请，初审同意的，提请试点协调小组进行联合审议，同意备案的，由市教委出具《准予备案通知书》；

（五）向市教委提出高校科技成果无形资产投资科技企业及其形成的对外投资无偿划转高

校资产经营有限公司的申请，市教委审核，转报市财政局审批；

（六）市财政局批复同意后，按照市教委出具的《准予备案通知书》，高校和高校资产经营有限公司与科技企业投资合作方（含股权激励人员）签定正式合作协议，制定或修改公司章程；

（七）具有专利权的科技成果应向国家专利管理部门申请变更专利权人为被投资科技企业；

（八）办理验资，办理工商新设或变更登记手续和企业国有资产产权新设或变更登记手续，以及税务新设或变更登记手续；

（九）高校和高校资产经营有限公司根据市教委出具的《准予备案通知书》和市财政局同意投资和对外投资划转的批复进行账务处理。

第七章　权益保障

第二十七条　依本细则获得科技成果出资企业股权激励的职务发明人，个人所持的由科技成果无形资产投资形成的企业股权享有合法继承权。

第二十八条　依本细则获得科技成果出资企业股权激励的职务发明人，有权出让个人所持的由科技成果无形资产投资形成的企业股权，高校资产经营有限公司作为科技成果无形资产出资股东的第一权利人对该股权享有优先受让权。

第二十九条　依本细则获得科技成果出资企业股权激励的职务发明人，其个人所持的由科技成果无形资产投资形成的企业股权申请退股时，其股权由高校资产经营有限公司收回，个人不享有无形资产股权退股的对价收益，但可根据公司对基准日无形资产的累计摊销额，按持股比例由高校资产经营有限公司支付其摊销收益。

第八章　附　则

第三十条　本细则指的高校职务发明科技成果属国有资产，职务发明人不得擅自利用进行投资，擅自投资的，一经查实，收缴全部投资权益，给予行政处分，违反法律的将追究其法律责任。

第三十一条　高校科技成果转化股权激励未经股权激励试点申请备案，擅自进行股权激励的，依法追究当事人的违规责任，以及校（院）领导的责任；造成国有资产损失的，依法追究当事人的民事赔偿责任；违反法律的，追究法律责任。

第三十二条　在本细则印发即日以前已实现科技成果无形资产投资企业的，职务发明人按照与高校原有的约定已获得其他方式奖励补偿的，按原有约定继续履行；未获得任何其他方式奖励补偿的可以按照本细则执行。

第三十三条　市教委系统独立法人的科研院（所）实施科技成果转化及其股权激励，按照本细则执行。

第三十四条　本细则自印发即日起实施，有效期按照《张江国家自主创新示范区企业股权和分红激励试点实施细则》（修订稿）（沪高新管委合〔2013〕1号）规定的有效期执行。

第三十五条　本细则解释权为上海市教育委员会。

广东省经营性领域技术入股改革实施方案

粤府办〔2015〕46号

第一条 为贯彻落实《中共广东省委广东省人民政府关于全面深化科技体制改革加快创新驱动发展的决定》（粤发〔2014〕12号）和《广东省人民政府关于加快科技创新的若干政策意见》（粤府〔2015〕1号）的精神，开展经营性领域技术入股改革工作，促进科技成果转化，特制定本实施方案。

第二条 坚持改革创新、权责一致、利益共享、激励与约束并重的原则，积极推动我省科技成果产出率高、科技成果推广应用基础较好的高等院校和科研院所开展技术入股改革工作。本实施方案适用于利用财政资金设立的高等院校和科研院所等单位。

第三条 改革科技成果类无形资产处置方式。高等院校和科研院所可自主决定对其持有的科技成果采取技术入股方式开展转移转化活动，有关主管部门和财政部门对高等院校和科研院所科技成果的使用、处置和收益分配不再进行审批或备案。涉及国家安全、国家利益和重大社会公共利益的科技成果技术入股，严格按相关法律法规规定实施。

第四条 深化收益分配及激励制度改革。高等院校和科研院所以科技成果作价入股的企业，应从该科技成果技术入股股权或收益中提取不低于50%的比例，分配给高等院校或科研院所的科研负责人、骨干技术人员等重要贡献人员。科技人员所获科技成果技术入股奖励股权权属授予个人所有。高等院校和科研院所科技成果技术入股收益在完成重要贡献人员的股权收益分配后，留归单位的部分，纳入单位预算实行统一管理，处置收入不上缴国库，可用于奖励从事基础研究的科研人员。科技成果技术入股所获收益用于人员激励的支出部分，暂不纳入绩效工资管理。

第五条 建立重大事项领导班子集体决策制度。高等院校和科研院所要建立科技成果转化重大事项领导班子集体决策制度，探索建立事业导向、利益驱动并重的科技成果转化激励机制，鼓励科技成果技术入股或有偿转让，开展科技人员持股改革。开展经营性领域技术入股工作中涉及的重要事项，须由领导班子集体研究决策。

第六条 制定科技成果技术入股改革方案。高等院校和科研院所要制定本单位科技成果技术入股改革方案。改革方案要明确推进思路、任务目标、管理办法、实施步骤、组织保障等内容，充分听取本单位科技人员的意见，提交职工代表大会讨论，在单位内进行公示，并经领导班子集体研究决策后，报主管部门和财政部门备案。

第七条 成立科技成果转移转化技术委员会（以下简称技术委员会）。高等院校和科研院所要成立技术委员会，负责组织科技成果价值评估和拟订技术入股方案。技术入股方案应明确技术入股收益激励对象、激励方式、奖励比例和科技成果收益奖励等内容。激励对象仅限于对科技成果创造及转化作出直接和重要贡献的科技人员（包含担任行政职务的科技人员）。技术入股方案由技术委员会确定，在单位内进行公示，并经领导班子集体审定后实施。

第八条 运用市场机制科学确定科技成果技术入股价格。高等院校和科研院所可通过技术市场挂牌交易、拍卖或者协议定价等方式确定科技成果技术入股的价格。实行协议定价的，应在本单位公示科技成果名称、拟交易价格以及技术入股方案等重要内容。

第九条　建立健全科技成果技术入股相关制度。高等院校和科研院所要建立有利于科技成果转移转化的岗位管理、考核评价和奖励制度，完善科技人员职称评审政策，将专利创造、标准制定及技术入股等作为职称评审的重要依据。科技人员参与职称评审与岗位考核时，发明专利转化应用情况与论文指标，技术转让成交额与纵向课题指标均应同等对待。

第十条　健全科技成果市场化收益回报激励机制。推动科技人员利用科技成果技术入股进行转移转化或股权流动，鼓励高等院校和科研院所建立科技成果市场化收益回报激励机制，依法采取科技成果转让、质押、许可等方式，促进科技成果实施转化。

第十一条　鼓励科研人员在事业单位和企业间合理流动。高等院校和科研院所的科研人员经所在单位批准，可保留基本待遇到企业开展创新工作或创办企业。在高等院校和科研院所设立一定比例流动岗位，鼓励有创新实践经验的企业家和企业科技人才到高等院校和科研院所兼职。

第十二条　依法依规实施科技成果技术入股工作。鼓励科技成果技术入股优先在广东省内实施。科技成果技术入股涉及向境外转让的，要依法履行审批程序。对列入《中国禁止出口限制出口技术目录》中禁止出口以及其他影响、损害国家竞争力和国家安全的科技成果，禁止向境外转让。

第十三条　建立年度报告制度。高等院校和科研院所要向省级科技行政主管部门和财政行政主管部门报送上一年度科技成果技术入股相关情况，主要包括获得的科技成果、科技成果技术入股、收益及分配等内容。

第十四条　规范担任行政领导职务的科技人员参与技术入股。成立由分管省领导为召集人，相关部门参加的广东省经营性领域技术入股改革联席会议（以下简称联席会议）。担任处级以下（含处级）领导职务的科技人员参与技术入股事宜，由高等院校和科研院所领导班子集体研究决定；担任厅级以上（含厅级）领导职务的科技人员参与技术入股报联席会议审批。严禁未作贡献人员利用职务便利获取科技成果转化相关权益。对领导干部违规获取科技成果转化相关权益的行为，按有关规定严肃处理。

第十五条　建立健全评价体系。省级科技等行政主管部门要将科技成果转移转化和知识产权创造运用等作为对高等院校、科研院所及科技人员审查评价、资金支持的重要内容和依据，并建立有利于促进科技成果转移转化的绩效考核评价体系。

第十六条　共同推动改革工作。省直各有关单位要大力支持改革创新，准确把握法律和政策界限，共同营造良好创新环境，保障高等院校和科研院所及科技人员开展科技成果技术入股所获收益。财政、国有资产管理、知识产权和监察等行政主管部门对高等院校和科研院所技术入股方案中明确给予个人奖励的股份或出资比例等股权要予以承认，并切实落实国有资产确权、国有资产变更、知识产权作价量化奖励个人等相关事项。科技人员以所获奖励股权成为被投资公司股东或者发起人的，在办理工商登记时，工商行政主管部门应对该公司章程中的公司股东或发起人及其出资方式、出资额等事项，或相应的变更内容予以登记或备案。

第十七条　本方案自印发之日起实施，具体由省科技厅负责解释。

深圳经济特区技术转移条例

（2013 年 2 月 25 日深圳市第五届人民代表大会常务委员会第二十一次会议通过　根据

2019 年 10 月 31 日深圳市第六届人民代表大会常务委员会第三十六次会议《关于修改〈深圳经济特区人体器官捐献移植条例〉等四十五项法规的决定》修正)

第一章 总 则

第一条 为了促进技术转移，推动技术创新，提高城市核心竞争力，根据法律、行政法规的基本原则，结合深圳经济特区（以下简称特区）实际，制定本条例。

第二条 本条例适用于特区内技术转移及其相关活动。

技术转移涉及国家安全、国家秘密的，按照有关规定办理。

第三条 本条例所称技术转移，是指将制造某种产品、应用某种工艺或者提供某种服务的系统知识从技术供给方向技术需求方转移，包括科技成果、信息、能力（统称技术成果）的转让、移植、引进、运用、交流和推广。

第四条 市、区人民政府应当将促进技术转移工作纳入科学技术发展规划，建立和完善技术转移体系，引导、整合、聚集科技资源与服务资源，发挥市场机制在科技资源配置中的基础性作用，制定技术转移激励措施，营造良好技术转移环境。

技术转移应当实施国际化发展战略，鼓励依法开展国际间以及与境外地区的技术转移交流与合作。

第五条 市、区科技创新部门负责技术转移的促进、协调和服务工作，履行下列职责：

（一）拟订技术转移政策并组织实施；

（二）推动技术转移服务体系建设；

（三）推进技术转移的产学研合作；

（四）维护技术转移市场秩序；

（五）法律、法规规定的其他职责。

发展改革、财政、人力资源保障、国资、市场监管、税务以及其他相关部门应当按照职责分工，做好技术转移相关工作。

第六条 市人民政府设立的技术转移促进机构（以下简称市技术转移促进机构），在市科技创新部门指导下开展工作，履行下列职责：

（一）落实技术转移有关的规划、计划；

（二）技术转移公共服务平台的组建、运行和管理；

（三）为技术转移机构建设、运营提供咨询；

（四）推动技术转移交流、合作；

（五）技术合同登记与技术市场统计分析；

（六）为技术转移提供其他公共服务。

第二章 技术转移服务

第七条 市人民政府应当推动建立区域性技术转移服务体系，实现区域间科技信息共享和技术转移从业人员资质互认，加快技术转移要素流动，提升区域创新能力和辐射带动能力。

第八条 市人民政府应当在市科技研发资金中每年安排一定比例经费专门用于下列技术转移事项：

（一）技术转移机构和技术转移联盟建设与发展的资助；

（二）技术转移公共服务平台的组建、运行和管理；

（三）对重点技术转移成果产品化的支持；

（四）技术转移服务的资助；

（五）技术转移人才的培训与交流；

（六）与技术转移有关的其他事项；

前款规定的经费使用办法由市科技创新部门会同市财政部门另行制定。

第九条 市人民政府应当建立和完善技术成果质押融资多层次风险保障机制，鼓励融资性担保机构为中小企业技术成果质押融资提供担保服务，引导企业开展同业担保业务。

市人民政府设立的再担保机构可以引导担保机构对技术转移活动提供担保。

第十条 市人民政府应当完善培养和引进技术转移人才的政策措施，为高端技术转移人才在居留和出入境、安居、子女入学、配偶安置以及医疗等方面提供便利条件。

市科技创新部门应当指导市技术转移促进机构建立技术转移人才培训机制，设立培训机构，培养技术转移人才。

第十一条 市科技创新部门应当加强技术转移公共服务平台及其载体建设，为技术转移提供中试熟化、技术集成与运营、技术交易与投融资、信息资源与协作途径等公共服务，提高技术转移能力。

技术转移公共服务平台以财政性资金和社会资金所建设的不同层次的平台资源为基础，以信息化网络为手段，合理整合、有机调配，建立联动与共享工作机制，形成技术转移公共服务平台体系。

市技术转移促进机构应当建立技术成果目录和技术转移服务指引，并通过技术转移公共服务平台定期向社会公布。

技术转移公共服务平台组建、运行和管理办法由市科技创新部门另行制定。

第十二条 从事应用技术研发的高等院校、科研机构应当确定专门机构负责处理技术转移事务，履行下列职责：

（一）识别、收集和评估本单位的技术成果，并加以管理和保护；

（二）技术推广和技术授权；

（三）探索创新技术转移和利益分配模式；

（四）技术转移政策和机制研究。

第十三条 从事应用技术研发的高等院校、科研机构应当安排专项经费用于下列技术转移事项：

（一）识别、收集和评估技术成果；

（二）保护和推广技术成果；

（三）与技术转移有关的其他活动。

第十四条 支持高等院校、科研机构和企业之间实行技术转移人才双向流动。

高等院校、科研机构可以设立客座教授、研究员等岗位，引进企业科技人才，开展技术转移研究和教学工作。

经高等院校、科研机构同意，企业可以选聘科研人员到企业兼职，从事技术创新和技术转移工作。

第十五条 鼓励企业根据生产经营需要，设立技术转移工作部门或者技术转移专员，负责收集、识别企业技术成果，分析企业技术能力和技术需求，研究技术成果运用和保护策略。

第十六条 鼓励科技企业孵化器设立技术转移平台，为初创科技企业提供技术集成、中间试验等服务，促进技术转移。

第十七条 鼓励设立各类技术转移机构，为技术转移提供下列服务：

（一）技术信息搜集、筛选、分析、加工；

（二）技术咨询与评估；

（三）技术集成和运营；

（四）中间试验、工业性试验等；

（五）技术转让与技术代理；

（六）技术投资、融资；

（七）技术转移人才培训。

第十八条 鼓励引进国际技术转移机构，共建技术转移机构和基地，集聚国际技术转移人才，开展国际技术转移合作。

鼓励技术成果在本市实施技术转移。对技术成果在本市实现产业化做出突出贡献的，应当给予资助或者奖励。具体办法由市人民政府另行制定。

第十九条 鼓励引进和培育发展新型金融机构，为技术成果产业化提供融资服务。

鼓励金融机构开展创业投资基金和融资型综合金融专业化服务等金融业务，为技术转移提供融资服务。

鼓励社会资金捐赠资助技术转移活动。

第二十条 市科技创新部门应当会同有关部门建立技术转移诚信评价体系和信用评级标准规范，组织开展诚信监督和信用评级。

监督情况和评级结果通过技术转移公共服务平台予以公示，并作为技术转移机构申请财政性资金资助的重要参考依据之一。

第二十一条 受市科技创新部门委托，市技术转移促进机构对高等院校、科研机构的技术转移活动进行评价，评价内容主要包括下列方面：

（一）技术转移制度建设；

（二）技术转移的效率和成果；

（三）技术成果转让费相对于研发资金的投入产出率；

（四）技术成果转让费相对于技术转移机构经费的投入产出率；

（五）市科技创新部门规定的其他内容。

前款规定的评价结果应当作为确定高等院校、科研机构申请财政资金资助及其他政府扶持的重要参考依据之一。

第二十二条 行业协会、商会等社会组织应当挖掘行业共性技术和关键技术需求，推广行业技术品牌。

技术经纪人行业协会应当建立行业自律惩戒机制，并会同市技术转移促进机构建立技术经纪从业人员诚信评价体系，定期在技术转移公共服务平台向社会公布技术经纪从业人员的投诉情况及信用记录。

第三章　技术转移激励

第二十三条 高等院校、科研机构对主要利用财政性资金形成的具有实用价值的技术成果在完成后两年内没有以转让、许可或者入股等方式运用的，技术成果完成人有权要求有偿受让该技术成果，高等院校、科研机构应当予以转让。

高等院校、科研机构应当自收到技术成果完成人申请之日起三十日内办理转让手续。有关转让价格、权利义务等内容由双方协商约定。协商不成的，高等院校、科研机构应当将技术成果移交市技术转移促进机构，由市技术转移促进机构委托专业交易机构实施交易。交易不成的，由市科技创新部门许可他人运用，并将许可情况告知高等院校、科研机构。

第二十四条　高等院校、科研机构对利用财政性资金形成的具有实用价值的技术成果在完成后两年内没有以转让、许可或者入股等方式运用的，技术成果完成人有权对技术成果进行运用。

高等院校、科研机构应当自收到技术成果完成人申请之日起三十日内向其移交技术成果资料。该技术成果运用产生的利益分配按照约定执行；没有约定的，按照同等比例分配。

第二十五条　高等院校、科研机构对主要利用财政性资金形成的具有实用价值的技术成果在完成后两年内没有以转让、许可或者入股等方式运用且技术成果完成人未提出有偿受让或者运用要求的，高等院校、科研机构应当将技术成果移交市技术转移促进机构，由市技术转移促进机构委托专业交易机构实施交易。交易不成的，由市科技创新部门许可他人运用，并将许可情况告知高等院校、科研机构。

第二十六条　高等院校、科研机构将利用财政性资金形成的技术成果转让或者许可他人使用的，应当从所得净收入中提取不低于百分之三十的比例，用于一次性奖励完成该项技术成果以及对技术成果运用做出重要贡献的人员。

第二十七条　高等院校、科研机构将利用财政性资金形成的技术成果入股公司的，应当从技术成果作价所得股份中提取不低于百分之三十的比例，用于奖励完成该项技术成果以及对技术成果运用做出重要贡献的人员。

第二十八条　高等院校、科研机构利用财政性资金形成的技术成果投产产生效益的，应当连续十年从实施技术成果新增留利中提取不低于百分之三十的比例，用于奖励完成该项技术成果以及对技术成果运用做出重要贡献的人员。

第二十九条　高等院校、科研机构应当与技术成果完成人以及对技术成果运用做出重要贡献的人员按照本条例规定约定具体的奖励比例。

第三十条　以技术成果入股公司的，技术成果出资额和出资比例由当事人约定。当事人认为需要进行价值评估的，应当委托具有资质的评估机构进行评估，评估文件作为技术成果作价投资、折算股份和出资比例认定的依据。

第三十一条　高等院校、科研机构将利用财政性资金形成的技术成果入股公司并以股权方式奖励技术成果完成人以及对技术成果运用做出重要贡献的人员的，由技术成果完成人以及对技术成果运用做出重要贡献的人员直接持有股权，并办理股权登记手续。

第三十二条　高等院校、科研机构应当依法将利用财政性资金形成的技术成果通过技术转移公共服务平台进行披露，并可以通过技术转移公共服务平台采用公开招标、拍卖的方式实施技术转移。

第三十三条　高等院校、科研机构应当对利用财政性资金形成的技术成果运用实行专项财务核算。会计核算资料应当向完成该项技术成果以及对技术成果运用做出重要贡献的人员公开。

第三十四条 鼓励企业与高等院校、科研机构在技术转移方面进行产学研合作。

企业与高等院校、科研机构开展技术合作，联合申报科技计划项目的，市、区政府在同等条件下应当给予优先支持。

第三十五条 市科技创新部门应当对在技术转移工作中有突出贡献的单位和个人给予奖励。奖励办法由市科技创新部门另行制定。

第四章　法律责任

第三十六条 单位或者个人虚报、冒领、贪污、挪用、截留本条例第八条规定的技术转移经费的，由科技创新部门、财政部门、审计部门按照科技研发资金管理的有关规定处理，并记载于技术转移诚信评价档案；构成犯罪的，依法追究刑事责任。

单位或者个人有前款违法行为之一的，五年内不予受理其财政性资金资助申请。

第三十七条 违反本条例第二十三条、第二十四条、第二十五条规定，有关单位拒不办理转让手续或者拒不配合进行成果运用活动的，由市科技创新部门责令改正；情节严重的，对单位主管人员和其他直接责任人员依法给予处分。

第三十八条 有关部门或者市技术转移促进机构及其工作人员违反本条例规定不履行职责的，依照有关法律、法规规定，追究主要负责人和其他直接责任人员行政责任；构成犯罪的，依法追究刑事责任。

第五章　附　则

第三十九条 市人民政府可以根据本条例制定实施细则。

本条例规定另行制定具体办法的，相关部门应当自本条例实施之日起六个月内制定。

第四十条 本条例自 2013 年 6 月 1 日起施行。

深圳市企业非专利技术出资登记办法（试行）

深市监规〔2010〕12 号

第一条 为规范非专利技术出资登记行为，拓宽融资渠道，鼓励民营经济和高新技术产业发展，根据《中华人民共和国公司法》（以下简称《公司法》）、《中华人民共和国公司登记管理条例》（以下简称《公司登记管理条例》）等法律法规的规定，结合我市实际，制定本办法。

第二条 投资人以其所有的非专利技术作为出资，投资于有限责任公司和股份有限公司（以下统称被投资公司）的登记管理，适用本办法。

第三条 本办法所称的非专利技术是指处于未公开、未授予专利权、具有实用价值、所有人采取适当保密措施拥有的技术成果。包括技术知识、经验和信息的技术方案或技术诀窍，如设计图纸、资料、数据、技术规范、工艺流程、材料配方等。

第四条 非专利技术出资应当具备下列条件：

（一）非专利技术载体或表现形式有设计图纸、资料、数据、技术规范、工艺流程、材料配方等；

（二）该非专利技术为投资人所有；

（三）该非专利技术可以用货币评估；

（四）该非专利技术可以依法转让；

（五）以非专利技术出资的，须经非专利技术的全体所有人一致同意；

（六）以非专利技术作为出资的，应当经被投资公司全体股东一致同意。

第五条　下列情形不适合作为非专利技术出资：

（一）已授予专利权的；

（二）已投资于其他有限责任公司或者股份有限公司的；

（三）已设置担保物权的；

（四）权属不清的。

第六条　以非专利技术出资的，其作价金额应当不高于整体评估值作价出资，并一次到位。以非专利技术出资后，被投资公司全体股东的货币财产出资不得低于公司注册资本的30%。

公司设立时，投资人以非专利技术出资的，被投资公司的注册资本可以按照《公司法》、《公司登记管理条例》有关规定办理分期缴纳，也可以一次全部缴清。注册资本分期缴纳的，自被投资公司成立之日起2年内，应当依法办理该非专利技术财产权的转移手续。被投资公司应当办理实收资本的变更登记。

公司以非专利技术增加注册资本的，应当依法办理该非专利技术财产权的转移手续。被投资公司应当办理注册资本和实收资本的变更登记。

投资人为外国自然人、公司、其他经济组织，应当取得外商投资主管部门的批准文件和批准证书。

第七条　用作出资的非专利技术应当经依法设立的评估机构评估。非专利技术出资办理财产权转移手续后，应当经依法设立的验资机构验资。验资证明应当载明该非专利技术的评估情况，包括该非专利技术的所有人、评估机构名称、评估基准日、评估报告的文号、评估值等事项。登记机关只收取验资报告，不收取评估报告。

第八条　被投资公司应当在章程中记载非专利技术的评估值、股东协商同意的出资作价金额及出资期限、出资时间。

第九条　以非专利技术出资的，除提交《公司登记管理条例》和国家工商行政管理总局规定的材料外，还应当提交下列材料：

（一）非专利技术出资承诺书；

（二）被投资公司全体股东一致同意以非专利技术出资的决议；

（三）非专利技术全体所有人一致同意出资的文件；

（四）非专利技术出资协议（公司尚未成立的，由非专利技术所有人与全体股东签定协议；公司已成立的，由非专利技术所有人与公司签定协议）；

第十条　非专利技术出资承诺书的范本见附件。内容主要包括：

（一）该非专利技术为投资人所有；

（二）该非专利技术未授予专利权；

（三）该非专利技术未设置担保物权；

（四）该非专利技术未曾投资于其他有限责任公司或者股份有限公司；

（五）该非专利技术全体所有人一致同意；

（六）该非专利技术未交付、未按时交付，或者该非专利技术权利主体存在瑕疵，包括权利主体虚构、权利主体非投资人、权利主体不清晰，或者该非专利技术设置有担保物权的，或者已投资于其他有限责任公司或者股份有限公司，导致非专利技术出资不实的，被投资公司的该非专利技术投资人以外的其他股东应当承担连带责任。

第十一条 出资协议书主要包括以下内容：

（一）投资人的姓名或名称；

（二）被投资公司的名称、住所、法定代表人；

（三）投资人和被投资公司的权利义务；

（四）非专利技术所有权交付的时间、地点、方式；

（五）协议签署的时间、地点；

（六）投资人和被投资公司签名或盖章等。

第十二条 投资人虚假出资，未交付或者未按时交付作为出资的非专利技术的，由公司登记机关依照《公司登记管理条例》第七十条予以处罚；拒不改正的，由公司登记机关责令公司限期办理注册资本、出资期限变更登记，逾期不办理的，依照《公司登记管理条例》第七十三条予以处罚。

被投资公司提交虚假材料或者采取其他欺诈手段隐瞒重要事实取得公司登记的，由公司登记机关按照《公司登记管理条例》第六十九条予以处罚。

第十三条 承担公司非专利技术出资的资产评估、验资机构提供虚假材料或者因过失提供有重大遗漏的报告的，由公司登记机关按照《公司登记管理条例》第七十九条予以处罚。

第十四条 本办法由深圳市市场监督管理局负责解释。

第十五条 本办法自印发之日起实施，有效期5年。

附件：非专利技术出资承诺书范本

附件

非专利技术出资承诺书范本

经全体股东一致同意，以＿＿＿＿＿＿＿＿的非专利技术作为出资，拟设立＿＿＿＿＿＿＿＿公司（或者增资入股＿＿＿＿＿＿＿＿公司），并就该出资事宜做出以下承诺：

一、该非专利技术为投资人所有；

二、该非专利技术未授予专利权；

三、该非专利技术未设置担保物权；

四、该非专利技术的全体所有人一致同意以非专利技术出资（一致同意的文件另行提交）；

五、该非专利技术未曾投资于其他有限责任公司或者股份有限公司；

六、非专利技术未交付、未按时交付，或者该非专利技术权利主体存在瑕疵，包括权利主体虚构、权利主体非投资人、权利主体不清晰，或者该非专利技术设置有担保物权的，或者已投资于其他有限责任公司或者股份有限公司，导致非专利技术出资不实的，被投资公司的该非专利技术投资人以外的其他股东应当承担连带责任。

全体股东保证以上承诺的内容属实，如有不实，愿意承担法律责任。

全体股东签字或盖章：

汕尾市经营性领域技术入股改革实施方案

汕府办〔2017〕19 号

第一条 为贯彻落实《广东省人民政府关于加快科技创新的若干政策意见》（粤府〔2015〕1 号）、《中共汕尾市委、汕尾市人民政府关于全面深化科技体制改革加快创新驱动发展的实施意见》（汕尾发〔2015〕5 号）和《广东省人民政府办公厅关于印发〈广东省经营性领域技术入股改革实施方案〉的通知》（粤府办〔2015〕46 号）精神，开展经营性领域技术入股改革工作，促进科技成果转化，特制定本实施方案。

第二条 坚持改革创新、权责一致、利益共享、激励与约束并重的原则，积极推动我市科技成果产出率高、科技成果推广应用基础较好的高等院校和科研院所开展技术入股改革工作。本实施方案适用于利用财政资金设立的高等院校和科研院所等单位。

第三条 改革科技成果类无形资产处置方式。高等院校和科研院所可自主决定对其持有的科技成果采取技术入股方式开展转移转化活动，有关主管部门和财政部门对高等院校和科研院所科技成果的使用、处置和收益分配不再进行审批或备案。涉及国家安全、国家利益和重大社会公共利益的科技成果技术入股，严格按相关法律法规规定实施。

第四条 深化收益分配及激励制度改革。高等院校和科研院所以科技成果作价入股的企业，应从该科技成果技术入股股权或收益中提取不低于50%的比例，分配给高等院校或科研院所的科研负责人、骨干技术人员等重要贡献人员。科技人员所获科技成果技术入股奖励股权权属授予个人所有。高等院校和科研院所科技成果技术入股收益在完成重要贡献人员的股权收益分配后，留归单位的部分，纳入单位预算实行统一管理，处置收入不上缴国库，可用于奖励从事基础研究的科研人员。科技成果技术入股所获收益用于人员激励的支出部分，暂不纳入绩效工资管理。

第五条 建立重大事项领导班子集体决策制度。高等院校和科研院所要建立科技成果转化重大事项领导班子集体决策制度，探索建立事业导向、利益驱动并重的科技成果转化激励机制，鼓励科技成果技术入股或有偿转让，开展科技人员持股改革。开展经营性领域技术入股工作中涉及的重要事项，须由领导班子集体研究决策。

第六条 制定科技成果技术入股改革方案。高等院校和科研院所要制定本单位科技成果技术入股改革方案。改革方案要明确推进思路、任务目标、管理办法、实施步骤、组织保障等内容，充分听取本单位科技人员的意见，提交职工代表大会讨论，在单位内进行公示，并经领导班子集体研究决策后，报主管部门和财政部门备案。

第七条 成立科技成果转移转化技术委员会（以下简称技术委员会）。高等院校和科研院所要成立技术委员会，负责组织科技成果价值评估和拟订技术入股方案。技术入股方案应明确技术入股收益激励对象、激励方式、奖励比例和科技成果收益奖励等内容。激励对象仅限于对科技成果创造及转化作出直接和重要贡献的科技人员（包含担任行政职务的科技人员）。技术入股方案由技术委员会确定，在单位内进行公示，并经领导班子集体审定后实施。

第八条 运用市场机制科学确定科技成果技术入股价格。高等院校和科研院所可通过技术市场挂牌交易、拍卖或者协议定价等方式确定科技成果技术入股的价格。实行协议定价的，应在本单位公示科技成果名称、拟交易价格以及技术入股方案等重要内容。

第九条 建立健全科技成果技术入股相关制度。高等院校和科研院所要建立有利于科技成果转移转化的岗位管理、考核评价和奖励制度，完善科技人员职称评审政策，将专利创造、标准制定及技术入股等作为职称评审的重要依据。科技人员参与职称评审与岗位考核时，发明专利转化应用情况与论文指标，技术转让成交额与纵向课题指标均应同等对待。

第十条 健全科技成果市场化收益回报激励机制。推动科技人员利用科技成果技术入股进行转移转化或股权流动，鼓励高等院校和科研院所建立科技成果市场化收益回报激励机制，依法采取科技成果转让、质押、许可等方式，促进科技成果实施转化。

第十一条 鼓励科研人员在事业单位和企业间合理流动。高等院校和科研院所的科研人员经所在单位批准，可保留基本待遇到企业开展创新工作或创办企业。在高等院校和科研院所设立一定比例流动岗位，鼓励有创新实践经验的企业家和企业科技人才到高等院校和科研院所兼职。

第十二条 依法依规实施科技成果技术入股工作。鼓励科技成果技术入股优先在汕尾市内实施。科技成果技术入股涉及向境外转让的，要依法履行审批程序。对列入《中国禁止出口限制出口技术目录》中禁止出口以及其他影响、损害国家竞争力和国家安全的科技成果，禁止向境外转让。

第十三条 建立年度报告制度。高等院校和科研院所要向市级科技行政主管部门和财政行政主管部门报送上一年度科技成果技术入股相关情况，主要包括获得的科技成果、科技成果技术入股、收益及分配等内容。

第十四条 规范担任行政领导职务的科技人员参与技术入股。严禁未作贡献人员利用职务便利获取科技成果转化相关权益。对领导干部违规获取科技成果转化相关权益的行为，按有关规定严肃处理。

第十五条 建立健全评价体系。市级科技等行政主管部门要将科技成果转移转化和知识产权创造运用等作为对高等院校、科研院所及科技人员审查评价、资金支持的重要内容和依据，并建立有利于促进科技成果转移转化的绩效考核评价体系。

第十六条 共同推动改革工作。市直各有关单位要大力支持改革创新，准确把握法律和政策界限，共同营造良好创新环境，保障高等院校和科研院所及科技人员开展科技成果技术入股所获收益。财政、国有资产管理、知识产权和监察等行政主管部门对高等院校和科研院所技术入股方案中明确给予个人奖励的股份或出资比例等股权要予以承认，并切实落实国有资产确权、国有资产变更、知识产权作价量化奖励个人等相关事项。科技人员以所获奖励股权成为被投资公司股东或者发起人的，在办理工商登记时，工商行政主管部门应对该公司章程中的公司股东或发起人及其出资方式、出资额等事项，或相应的变更内容予以登记或备案。

第十七条 本方案自印发之日起实施，具体由市科技局负责解释。

嘉兴市鼓励技术要素参与收益分配的若干规定

嘉政办发〔2012〕67号

第一条 为鼓励科技人员技术创新、促进科技成果转化，进一步发挥技术资本和人才资本对经济的推动作用，根据财政部、科技部等《关于企业实行自主创新激励分配制度的若干意见》、《浙江省鼓励技术要素参与收益分配若干规定》、《中共嘉兴市委嘉兴市人民政府关于加强科技创新促进转型升级的意见》精神及有关法律、法规的规定，结合本市实际，特制定本规定。

第二条 鼓励技术要素以多种形式参与收益分配，建立技术要素拥有者、完成者和转化者按比例共享成果交易和转化收益机制。技术要素拥有者、完成者和转化者可以根据技术要素转化的不同方式，以资金奖励、享有股权、期股（权）等方式参与收益分配。

第三条 可参与收益分配的技术要素是指：

（一）专利。包括发明、实用新型和外观设计专利。

（二）技术秘密。指研制或者以其他合法的方式掌握的、未公开的、能带来经济效益或竞争优势，具有实用性且采取保密措施的技术信息。

（三）植物及其他生物新品种的使用权。

（四）计算机软件、集成电路布图设计等知识产权。

（五）法律、法规认可的其他可作为生产要素的高新技术成果。

第四条 参与收益分配的形式有：

（一）实行报酬与效益挂钩的工资和奖励制度；

（二）与科技人员签订科技项目承包协议，按协议支付报酬；

（三）从技术开发、技术转让、技术咨询、技术服务的净收入中，提取20%—50%分配给科技人员；

（四）从单位拥有的技术股份中提取一定比例划给作出贡献的科技人员；

（五）将拥有的非职务科技成果作价入股。

第五条 技术要素拥有者可将技术要素进行作价、认缴有限责任公司或股份有限公司股份，并成为公司股东，相应的技术要素形成公司的法人财产。

技术要素股东与其他股东具有同等的法律地位，按所持股份享有资产受益、重大决策和选择管理者等权利，并对公司承担有限责任。

第六条 出资入股的专利技术剩余法定保护期，软件一般不少于10年；发明专利一般不少于5年；实用新型专利和外观设计专利一般不少于3年。

已申请专利但尚未获得授权的技术视同技术秘密，该技术作价入股后，专利申请获得授权，技术要素出资方必须在收到授权证书之日起2个月内向公司办理专利权转让手续或专利实施许可权转让。

第七条 未开发完成的技术、经检索属非首次申请的实用新型和外观设计专利、零散的技术知识和信息以及与科技人员人身难以分离的技术能力和经验，一般不得按技术要素作价入股。

第八条 技术要素入股，一般可由股东各方协商作价，也可委托具有法定资格的评估机构评估作价。如果出资涉及国有资产的，拟入股技术必须由具有法定资格的资产评估机构进行评估作价，评估结果经科技行政主管部门审核，报同级国有资产管理部门确认。无论采取上述何种方式，股东均需对技术要素作价金额达成协议。

第九条 以技术要素作价入股的，作价金额最高不超过有限责任公司和股份有限公司注册资本的 70%。

第十条 技术要素作价入股进行转化，相应的技术要素财产权转归受让公司所有，并按有关规定办理相应手续。投资各方可在允许的范围内以协议方式确定技术要素所占股份、使用范围和入股者对该项技术要素保留的权利范围以及违约责任等。

第十一条 职务技术要素出资入股的，可从该职务技术要素股份中提取 20%—50% 的比例，折股划给该职务技术要素的完成者和转化实施者。具体比例可由职务技术要素的完成单位、完成人和有关各方根据实际贡献程度确定。

第十二条 技术要素完成单位转让或许可他人实施其职务技术的，可从所得净收入中提取 20%—50% 的比例，用于一次性奖励该技术要素完成者和转化实施者。

第十三条 职务技术要素由拥有者自行或与其他单位合作转化的，技术要素拥有者可自该项目开始盈利连续 3—5 年内，按该技术要素转化后实现的税后利润中提取 10%—30% 的比例，用于奖励或者折成股份奖励该项技术要素完成者和转化实施者。

第十四条 本规定第十一、十二、十三条分配比例涉及国有控股、参股企业的职务技术成果收益的，提成比例需经公司股东大会同意，报市国有资产管理部门审核确认。

第十五条 职务技术要素单位对技术要素在 2 年内不实施转化的，该技术要素主要完成者在不变更职务成果权属的前提下，可根据与本单位的协议自行实施转化，并享有协议规定的权益。对作为技术储备而未能及时适时实施转化的职务技术要素，单位可根据实际情况，对技术要素完成者给予相应的利益补偿。

第十六条 职务技术要素完成人不得阻碍本单位对该项技术要素实施转让和转化，不得将该项技术要素的技术资料和数据占为己有。

第十七条 企事业单位应当与参加技术要素成果转化的有关人员签订在职期间和离职、退休后一定期限内保守本单位技术秘密的协议。

第十八条 建立完善科技成果转化税收促进政策。在一个纳税年度内，居民企业技术转让所得不超过 500 万元的部分，免征企业所得税；超过 500 万元的部分，减半征收企业所得税。科研机构、高等学校职务科技成果转化以股份或出资比例等股权形式给予个人奖励，被奖励人在取得股份、出资比例所得时，暂不缴纳个人所得税；取得按股份、出资比例分红或转让股权、出资比例时，应依法缴纳个人所得税。3 年内按规定应缴纳的个人所得税，由同级财政部门按其缴纳的个人所得税地方留成部分给予返还奖励，返还奖励最高不超过 100 万元。

第十九条 技术作为生产要素，允许根据该技术要素作价金额与有效保护年份分年度平均摊入成本。

第二十条 以技术要素出资或对外投资或提供合作条件的有限责任公司、股份合作制、中外合资经营、中外合作经营企业适用本办法。

第二十一条 本规定由市科技局负责解释。

第二十二条 本规定自发布之日起实施。原《关于印发嘉兴市鼓励技术要素参与收益分配的若干规定的通知》（嘉政〔1999〕5 号）同时废止。

四川省技术成果作价出资入股暂行管理办法

川府发〔1998〕27号

第一条　为了加速科技进步，促进科技成果转化为现实生产力，推动经济建设和社会发展，特制定本办法。

第二条　本办法所称的技术成果是指利用科学技术知识、信息和经验作出的产品、工艺、原材料及技术改进方案等，包括专利技术和非专利技术。

第三条　鼓励以技术成果作价出资入股、参与收益分配。以技术成果作价出资入股额一般不得超过有限责任公司注册资本的百分之二十。以高新技术成果作价出资入股，作价总金额不得超过公司注册资金的百分之三十五。

第四条　技术成果作价出资入股者应对该项技术成果合法享有作价出资入股的处分权利，应保证受让方对该项技术成果的财产权可以对抗任何第三人。

第五条　以技术成果作价出资入股者应当与其他出资者协议约定该项技术成果使用的范围、技术成果出资入股者对该项技术保留的权利范围以及违约责任等。

第六条　作价出资入股的技术成果须经工商行政管理部门登记注册，由省科技行政管理部门委托的具有技术成果评估资格的评估机构评估作价。国有资产评估结果依法须由国有资产行政管理部门进行确认并办理确认手续。

第七条　作价出资入股的高新技术成果应属于国家和省颁布的高新技术并经省科技行政管理部门认定。

第八条　作价金额超过公司注册资本百分之二十的高新技术成果，需提交下列文件，报省级科技行政管理部门给予认定：

（一）技术成果作价出资申请书，需载明技术成果的权利状态，使用权出让情况及其实施效果；（二）技术成果作价出资人对该项成果享有权利的证明文件，包括专利证书、软件登记证书、植物新品种登记证书、专利权受让合同、技术合同等有关法律文件；（三）技术成果入股协议书，以及公司实施该项成果的立项批文或投产计划；（四）技术成果价值评估报告和确认书；（五）科技管理部门要求提供的其他文件。

第九条　高新技术成果作价出资入股经科技行政管理部门审查认定后，公司股东应就出资入股金额达成协议，并将该项技术成果及与之相当的出资额写入章程。

第十条　技术成果出资入股者在公司成立后，应当根据出资协议，办理技术成果的权利转移手续，提供技术资料，并协助技术成果的应用实施。违反协议约定，不履行技术成果交付义务，或超出协议约定保留的技术成果权利范围使用该成果的，应当向其他出资者承担违约责任。

第十一条　公司股东应当根据国家关于公司设立登记或变更登记的规定，持省级以上科技行政管理部门出具的有关技术成果出资入股的审查认定文件和其他文件（其中涉及国有资产的，应提交国有资产管理部门出具的产权登记证和有关文件），到工商行政管理机关办理公司设立登记或变更登记。

第十二条　技术成果作价出资入股的评估人员、有关审核和登记人员应当为技术成果作价出资入股者保守技术秘密和商业秘密。

第十三条 对作价出资入股技术成果作出突出贡献的科技人员，可享有不高于该技术成果所占股份中百分之五十的份额。

第十四条 股份制科技企业的股权可向本单位职工有偿转让，向高层管理人员和科技人员有偿转让的股权视其对企业的贡献，可高于普通职工的三至十倍。

第十五条 科技企业改组为股份制企业时，对原企业的创办和发展作出过突出贡献，起着不可替代作用的科技人员和管理人员，经职工大会通过，国有科技企业经主管部门批准，可享有不低于原企业净资产中无形资产百分之二十的股份。

第十六条 鼓励科技人员为自己研究开发的技术成果或本单位研究开发的技术成果寻求技术转让和技术入股，单位可将转让收入或股份的百分之十至百分之三十奖励给寻求技术转让、技术入股的科技人员。

第十七条 鼓励省外、境外、国外单位或个人以技术成果向我省内企业入股，股份比例由技术出让方和受让方商定。

第十八条 以技术成果向有限责任公司出资入股的，中外合资经营企业、中外合作经营企业中外双方以技术成果投资或提供合作条件的，适用本办法。

第十九条 本办法由省科委负责解释。

江西省技术转让所得减免企业所得税认定办法

赣科发成字〔2010〕124 号

第一条 为鼓励技术创新和科技成果转化，进一步落实有关所得税优惠政策，规范减免税的管理，根据《中华人民共和国企业所得税法》、《国家税务总局关于技术转让所得减免企业所得税有关问题的通知》（国税函〔2009〕212 号）精神，结合我省实际情况，特制定本办法。

第二条 企业从事符合条件的境内技术转让所得，可以免征、减征企业所得税。具体是指一个纳税年度内，居民企业境内转让技术所有权所得不超过 500 万元的部分，免征企业所得税；超过 500 万元的部分，减半征收企业所得税。

第三条 技术转让包括专利权转让、专利申请权转让、专利实施许可、技术秘密转让：

（一）专利权转让，是指一方当事人（让与方）将其发明创造专利权转让受让方，受让方支付相应价款。

（二）专利申请权转让，是指一方当事人（让与方）将其就特定的发明创造申请专利的权利转让受让方，受让方支付相应价款。

（三）专利实施许可，是指一方当事人（让与方、专利权人或者其授权的人）许可受让方在约定的范围内实施专利，受让方支付相应的使用费。

（四）技术秘密转让，是指一方当事人（让与方）将其拥有的技术秘密提供给受让方，明确相互之间技术秘密使用权、转让权，受让方支付相应使用费。

第四条 符合条件的境内技术转让所得应按以下方法计算：

$$技术转让所得 = 技术转让收入 - 技术转让成本 - 相关税费$$

技术转让收入是指当事人履行技术转让合同后获得的价款，包括与技术转让相关的技术咨询、技术服务收入，不包括销售或转让设备、仪器、零部件、原材料等非技术性收入。与技术转让相关的技术咨询、技术服务收入是指转让方根据技术转让合同的规定，为帮助受让方掌握所转让的技术，而提供的技术咨询、技术服务业务所得的收入，且这部分技术咨询、服务的价款与技术转让的价款是开在同一张发票上的。不属于与技术转让项目密不可分的技术咨询、技术服务、技术培训等收入，不得计入技术转让收入。

技术转让成本是指转让的无形资产的净值，即该无形资产的计税基础减除在资产使用期间按照规定计算的摊销扣除额后的余额。

相关税费是指技术转让过程中实际发生的有关税费，包括除企业所得税和允许抵扣的增值税以外的各项税金及其附加、合同签订费用、律师费等相关费用及其他支出。

第五条 企业享受境内技术转让所得免征、减征企业所得税优惠应符合以下条件：

（一）享受优惠的技术转让主体是企业所得税法规定的居民企业；

（二）技术转让属于财政部、国家税务总局规定的范围；

（三）境内技术转让应经省级科技行政部门认定。

第六条 企业享受境内技术转让所得免征、减征企业所得税优惠应在科技行政部门办理技术转让合同登记认定手续，技术合同登记认定程序为：

（一）企业签定境内技术转让合同后，应及时到设区市以上科技行政部门办理合同登记手续，并核定技术性收入。

（二）企业取得技术转让收入，应在纳税年度终了后，向设区市以上科技行政部门提交下列材料：

1. 技术合同信息表；

2. 江西省技术合同审定清单（一式 3 份）；

3. 技术合同收入分类核算单（一式 3 份）；

4. 技术合同成本核算单（一式 3 份）。

（三）设区市科技行政部门审核后将以上有关材料报省级科技行政部门审定，由省级科技行政部门对符合技术转让条件的出具《江西省技术合同收入减免企业所得税审定证明单》。

第七条 企业享受境内技术转让所得免征、减征企业所得税优惠政策，在办理企业所得税年度纳税申报表时，应向主管地税机关报送以下资料，进行企业所得税减免税备案。

（一）技术转让合同（副本）；

（二）省级科技行政部门出具的《江西省技术合同收入免征企业所得税审定证明单》；

（三）技术转让所得归集、分摊、计算的相关资料；

（四）实际缴纳相关税费的证明资料；

（五）主管地税机关要求提供的其他资料。

对企业未提供上述相关资料进行备案登记的境内技术转让所得不能给予减免企业所得税，应按规定征收企业所得税。

第八条 根据《江西省技术市场管理条例》第 34 条规定，对于订立假技术合同骗取技术合同登记证明，或在技术性收入核算中弄虚作假的单位，由当地科技局撤销其登记证明或免征所得税证明单，处 5000 元以上 10000 元以下罚款，并追究单位或直接责任人员的行政责任；

已经享受减免企业所得税优惠政策的，当地地税机关应依法补征企业所得税。

第九条　本办法自二○一○年一月一日起实施。

第十条　本办法由江西省科学技术厅和江西省地方税务局负责解释。

贵阳市知识产权入股管理暂行办法

筑知〔2008〕47 号

第一条　为鼓励和引导法人、自然人及其他经济组织以知识产权投资入股，加强对知识产权入股行为的管理，促进知识产权转化为现实生产力，推动我市经济发展和社会进步，根据《中华人民共和国公司法》、《中华人民共和国专利法》、《中华人民共和国商标法》等法律法规，制定本办法。

第二条　贵阳市行政辖区内的市属企事业单位、非公有制经济、机关团体或其他组织及个人以知识产权作价出资入股的，均适用本办法。

第三条　本办法所称的知识产权特指专利权、商标权、著作权、植物新品种权、地理标志专用权、集成电路布图设计专用权等知识产权中依法可转让的财产权。

第四条　以知识产权作价出资入股，最高比例可达到公司注册资本的百分之七十。

第五条　以知识产权出资入股者应享有拟出资入股知识产权的处分权利，应能保证受让方能以该入股知识产权对抗任何第三人。

第六条　有限责任公司的股东以知识产权出资入股或增加注册资本的，可由股东协商确定该知识产权的入股比例或作价值，或经具有无形资产评估资格并专业从事知识产权评估业务的评估机构评估；股份有限公司的发起人以知识产权出资入股或增加注册资本的，必须经具有无形资产评估资格并专业从事知识产权评估业务的评估机构评估；协商作价或评估作价后，应当经具有法定验资资格的验资机构验证并出具验资报告。

第七条　以知识产权出资入股设立公司或增加注册资本的，公司章程或入股协议中应当明确下列内容：

（一）知识产权出资标的；

（二）知识产权的作价及其计算方法；

（三）知识产权出资占全部注册资本的比例；

（四）知识产权出资人对该项知识产权的权利范围以及违约责任等；

（五）股东对后续改进技术所形成的知识产权的分享办法。

第八条　以知识产权出资入股设立公司或增加注册资本的，应及时到有关部门办理知识产权转让登记或权利变更登记。

第九条　以知识产权出资入股设立公司或增加注册资本的，在办理公司注册登记或变更手续时，应当向公司注册登记机关提交下列文件：

（一）知识产权入股协议书、验资报告；

（二）以专利技术出资的，附专利证书复印件和专利登记簿副本复印件；以其他知识产权出资的，附权利有效证明文件。

（三）已办理知识产权权利转移手续的证明文件。

第十条　市属企事业单位、非公有制经济、机关团体或其他组织组建中外合资、合作企业以及涉及国有单位或国有控股企业的知识产权入股的，应当对拥有的知识产权进行无形资产评估，并将评估报告或入股协议报送有关知识产权管理部门备案。

第十一条　市属企事业单位、非公有制经济、机关团体从事经济活动，投资规模在 500 万元以上或有关部门认为有必要的，除应当对涉及知识产权进行无形资产评估外，还应根据《贵阳市重大专利合作项目审查制度》进行专利技术特别审查。

第十二条　本办法自 2009 年 1 月 1 日起施行。

后 记

科学技术是一座丰富的宝藏。人类的原生有形资源比如土地、矿藏等或许终将耗尽，而科技成果这样的无形财富，通过改变生产要素，创造新产品，提高生产效率，为人类社会的进步发展提供了永续动力，取用不竭。只要人类大脑存在一天，创新发明便不会停止，技术成果源源不断，增量无限。随着中国经济增长动能转换，越来越需要将科研成果、技术资产导入资本市场，加以有效利用。技术入股，未来可期。

在成书过程中，国家市场监督管理总局登记注册局注册指导处王丹处长给予了重要指导，常州君和瑞税务师事务所有限公司副总经理顾坚先生给予了专业指导，在此对他们的热忱帮助和关怀致以衷心的感谢！感谢国内的吴寿仁博士、张晓宇老师，他们的分享也让我们受到启发。本书参考或引用的国内外研究者和业内同仁的研究成果，在书中尽可能予以注明。由于条件、能力所限，个别参考资料几经努力却无法查明准确、具体的作品信息，也联系不上作者，在此致以诚恳的歉意，也欢迎原创作者与我们联系，并致以特别的鸣谢！

由于水平所限，本书存在的不足在所难免，敬请广大读者批评指正，提出宝贵意见，作者将不胜感激！如有任何疑问或业务探讨，或索取、更新相关法规文件、专业资讯，或咨询、获取技术股权设计、股权激励等专业服务，读者可以电话联系13520933853（微信同号），或发送电子邮件至：jishurugu@126.com，搜索、关注微信公众号"技术与股权"。